本书为内蒙古自治区高校人文社会科学重点研究基地基金资助课题：

制度变迁视角下内蒙古城市养老服务供给体系优化研究

（KFSM-KDSK0102）成果

福利制度变迁
与城市养老服务供给研究

——基于包头的实地调查分析

闫金山◎著

FULI ZHIDU BIANQIAN
YU CHENGSHI YANGLAO FUWU GONGJI YANJIU
--JIYU BAOTOU DE SHIDI DIAOCHA FENXI

中国政法大学出版社

2025·北京

图书在版编目（CIP）数据

福利制度变迁与城市养老服务供给研究 ： 基于包头的实地调查分析 ／ 闫金山著.

北京 ： 中国政法大学出版社，2025. 2. -- ISBN 978-7-5764-1955-9

Ⅰ. D632.1；D669.6

中国国家版本馆CIP数据核字第2025S5971L号

出 版 者	中国政法大学出版社
地　　址	北京市海淀区西土城路 25 号
邮寄地址	北京 100088 信箱 8034 分箱　邮编 100088
网　　址	http://www.cuplpress.com（网络实名：中国政法大学出版社）
电　　话	010-58908285(总编室) 58908433 （编辑部） 58908334(邮购部)
承　　印	固安华明印业有限公司
开　　本	720mm×960 mm　1/16
印　　张	16.75
字　　数	270 千字
版　　次	2025 年 2 月第 1 版
印　　次	2025 年 2 月第 1 次印刷
定　　价	79.00 元

序 言

在中国式现代化进程中，如何在福利制度构建层面解决养老服务供给不足的问题，是积极应对人口老龄化、不断增进老年人福祉的一项重要课题。福利多元主义表明，一个社会的福利是由国家、家庭、市场和志愿部门等共同提供的。对此，本书取径组织社会学的新制度主义，将组织视为制度，从纵向和横向两个维度展开研究，即：一方面在福利制度变迁视角下，分析国家、家庭、市场和社会组织供给养老服务的实践历程、路径和方式；另一方面以养老服务需要满足为参照，实证考察多元福利制度供给养老服务的实效。

概而言之。中华人民共和国成立以来我国城市福利制度供给养老服务的历史大体可以分为四个阶段。计划经济时期，国家在城市推行"高福利"政策，通过单位向职工及其直系亲属提供免费或低费的福利服务。较之于传统社会，这一时期的养老服务供给具有明显的"去家庭化"特征。另外，由于单位是养老服务生产和传输的主要平台，不同单位提供的养老服务因单位性质和规模而存在差异。改革开放以后，经济社会转型导致养老服务供给方式发生重大变化，从"单位办社会"转向社会福利社会化。然而，刚刚从计划经济体制中走出来的社会，尚无能力承担企业分离出来的福利服务，其结果是养老服务供给表现出明显的"再家庭化"趋势。我国进入老龄化社会以后，国家和家庭提供的养老服务日益不能满足老年人的养老服务需要，于是国家将市场纳入社会福利供给体系，由此形成了养老服务供给的福利三角制度结构。新时代随着人口老龄化程度的不断加剧，老年人多样化、多层次的养老服务需要日益突出，国家、家庭、市场已然不能供给足量的养老服务，社会组织顺应时代需要，积极活跃在居家养老、社区养老、机构养老等领域，成为养老服务供给不可或缺的组成部分。基于福利制度变迁的宏大背景，本书还通过实地调查，实证分析了多元福利制度供给养老服务满足城市老年人养老需要的历史及现状。分析发现，当前福利多元制度结构虽然能够在多个领域供给养老服务，但仍然不能充分满足老年人群不断增长的养老服务需要，究其原因，福利多元制度之间存在"结构洞"。本书认为，多元福利制度之间并不是相互独立的，其地位和角色也不是完全对等的。新时代的养老服务供给体系构建，既要理清不同福利制度的分工和角色，又要着力构建协同互补的养老服务供给体系，国家居中通盘规划，将不同福利制度有效组织在一起，以达成养老服务高效有序供给的目的。

当前及今后一段时期，人口老龄化是我国社会发展的一个重要趋势。由于我国老年人口具有基数大、增长快、空巢多等特点，不仅养老服务的数量需要会不断增加，而且多样化的养老服务需要也日益突出。针对目前我国养老服务供给能力整体不足，难以充分满足老年人养老需要的实际情形，制度视角下的养老服务供给研究在理论和实践方面具有重要价值。理论方面，本书深化了对福利多元主义的本土化认识。福利多元主义主张福利来源的多元化，福利产品或服务应该由国家、家庭、市场部门、社会志愿机构等多个主体供给。然而在实践当中，福利多元主体供给福利存在不少内生性和外源性的困境。本书在新制度主义视角下，着眼于城市养老服务供给实践，历时性地分析了中华人民共和国成立以来我国城市福利多元制度的构建过程和逻辑，既呈现了多元福利主体供给养老服务的路径和方式，又显现了福利治理过程中的国家中心角色。实践方面：一是可以为相关部门完善养老服务政策提供些许参考或启发。我国的福利多元主义制度结构是国家承担福利责任的同时，不断发掘市场、家庭和社会组织的福利提供能力逐步构建起来的。老龄化社会的相关养老服务政策设置，政府部门需要适当转变角色，在养老服务的供给策略上探索创新。二是改变民众对养老服务供给的"国家依赖"认知。养老服务不能完全由国家提供，这将促进民众改变对"国家养老"的认识和理解，正确看待国家在养老服务供给中的角色。最后想要说的是，社会发展要以民生为本，努力满足老年人日益增长的美好生活需要是一项需要持续研究的大课题，希望本书的出版能够为推动这方面的学术交流和深入研究尽绵薄之力。

目 录

◇ 第一部分　理论基础与研究方法 ◇

◇ 第三部分 理论诠释与研究发现 ◇

第一部分
理论基础与研究方法

第一章
为什么要重视养老服务供给研究

随着我国社会物质文明的不断提高，人口老龄化及其导致的养老服务供给问题也日趋显现。倘若对这一问题不能很好应对，将对经济社会的持续发展和人民生活幸福感的提升带来一定的冲击和挑战。因此，探究如何提供充足的、有效的养老服务以完善养老服务供给体系，对于国家政治稳定、经济社会协调发展、尊老养老传统美德传承具有重要意义。

第一节　养老与养老服务

一、养老内涵解析

首先需要明确的是，养老并不是人类历史上任何时代、任何社会都要面临的普遍问题。在人类社会初期阶段，人类如同动物一样，居无定所、食不果腹，面对大型食肉动物或恶劣天气甚至朝不保夕。在那样的时代，人活到老态龙钟是不多见的，自然也就不存在普遍的养老问题。随着人类社会的向前发展，一方面人的生存能力不断提高，生活经验越来越丰富，使人的生活条件日益改善，群体中老年人数量开始增多；另一方面生产生活资料从匮乏转变为有所剩余的过程中出现了家庭，也使家庭成员对老年人的照顾成为可能。而当人类进入农业社会之后，这种特征及趋势更加明显。由于农业生产生活以家庭为主要单位，老年人可以以自己的经验和余力辅助家庭，因此那个时期的老年人对家庭的负担并不是很重，贡献却是很大。进入工业革命以后，大规模的工厂化生产逐渐代替了家庭作坊，致使家庭规模日渐小型化，家庭养老功能也随之式微，在机器和科技面前，老年人更是被排挤出劳动大军的队伍，相应的社会地位也急剧下降，于是老年人养老逐渐成为一个社会问题。从这个历程来看，老年人养老受所处时代物质条件以及其间萌生的养老文化的制约，每个时代的经济、社会、文化状况不同，养老的内涵也具有了历史性和时代性。

讲到养老，理应明确三个问题：谁是老年人？为什么要养老年人？如何养老年人？

1. 谁是老年人

多大年龄的人应该被看作是老年人，古今中外的看法并不完全一致。人是社会的动物，人的年龄除了具有生物性意义外，还具有社会性意涵，因为人们总是赋予不同年龄段的人不同的角色期待。[1]正因如此，不同历史时期、不同地域、不同文化情境中的人们对谁是老年人的看法便存在差异，也就不难理解为何时至今日，全世界对老年人的年龄仍然没有一个统一的界定。

我国古代对于老年人的认定主要是以赋税和徭役为根据，正所谓"古之治民者，有田则税之，有身则役之，未有税其身者也"。《文献通考》卷十之《户口考》记载："汉法：民年十五而算，出口赋，至五十六而除；二十而傅，给徭役，亦五十六而除"；到了晋代，"男女年十六以上至六十为正丁，十五以下至十三、六十一以上至六十五为次丁，十二以下、六十六以上为老小，不事"；隋朝颁布新令，"男女三岁以下为黄，十岁以下为小，十七岁以下为中，十八岁以上为丁，以从课役，六十为老乃免"；唐制以"民始生为黄，四岁为小，十六为中，二十一为丁，六十为老。"明代延续唐制，《明史》志卷五记载："民始生，籍其名曰不成丁，年十六曰成丁。成丁而役，六十而免。"可见，我国古代一般将60岁以上的人视为老年人并免除税役。当然，这个标准并不适用于官员，《礼记·曲礼》曰："大夫七十而致事。"到了宋代，国家更是明文规定官员到了70岁才可告老辞官，如王安石称："大夫七十而致仕，其礼见于经，而于今为成法。"古代日本借鉴唐代，规定60岁以上的人为老人，缴纳庸调的数量为正丁的一半，并免除兵役。[2]

在近代西方国家，老年人的年龄规定则与领取养老金相关。19世纪80年代，德国为了创造安定的国内环境以快速发展产业经济，于俾斯麦执政时期

---

〔1〕 参见顾大男：《老年人年龄界定和重新界定的思考》，载《中国人口科学》2000年第3期。

〔2〕 参见宋金文：《日本养老历史的社会现象学分析》，载《日本学刊》2004年第2期。

先后颁布了《疾病保险法》、《意外事故保险法》和《老年和残废保险法》等一系列福利法案来安抚工人阶级，其中的《老年和残废保险法》规定，工人年满 70 岁之后每年可以领取老年赡养费。[1]第二次世界大战以后，西方国家经济快速恢复，人民生活水平和医疗卫生条件不断改善，老年人口整体增长速度加快，尤其是一些发达国家的老龄化速度上升很快，由此产生的社会问题和潜在危机日益受到本国政府和社会的关注。1956 年联合国在题为《人口老龄化及其社会经济后果》的报告中将"一个国家或地区 65 岁及以上老年人口数量占总人口比例超过 7%"作为这个国家或地区进入老龄化社会的标准，这实际上是将 65 岁视为老年人的年龄起点。1982 年世界老龄问题大会通过的《维也纳老龄问题国际行动计划》将 60 岁及 60 岁以上的人看作是老年人。

　　当前，我国对于老年人的年龄界限划分并不统一，而且存在性别差异。《中华人民共和国老年人权益保障法》将 60 周岁以上的公民视为老年人。2020 年第 7 次全国人口普查也将 60 岁及以上的人当作老年人。但是，目前我国老年人法定退休年龄仍然参照 1978 年 5 月 24 日第五届全国人民代表大会常务委员会第二次会议批准的《国务院关于安置老弱病残干部的暂行办法》和《国务院关于工人退休、退职的暂行办法》（国发〔1978〕104 号）之规定，国家机关、事业单位、国有企业等单位按照男性 60 周岁，女性 55 周岁退休并领取养老金。《劳动和社会保障部关于完善城镇职工基本养老保险政策有关问题的通知》（劳社部发〔2001〕20 号）规定，城镇个体工商户等自谋职业者以及采取各种灵活方式就业的人员，在其参加养老保险后，男性年满 60 周岁、女性年满 55 周岁时，累计缴费年限满 15 年可按规定领取基本养老金。按照古代免税赋徭役和西方国家领取养老金的规定，这里的退休年龄实际成了划分老年人的标准。借鉴发达国家应对人口老龄化的经验，综合考虑我国历史沿革与文化传统、经济社会发展状况、人口结构、人口平均寿命以及老年人主观认知等因素，适当调整和统一老年人的起点年龄势在必行。2015 年10 月 29 日召开的中国共产党第十八届中央委员会第五次全体会议通过的《中共中央关于制定国民经济和社会发展第十三个五年规划的建议》提出要出台渐进式延迟退休年龄政策。2020 年 10 月 29 日中国共产党第十九届中央委员

---

〔1〕　参见韦红、邢来顺：《浅论近代德国社会保险立法》，载《中南民族学院学报（哲学社会科学版）》1995 年第 1 期。

会第五次全体会议通过的《中共中央关于制定国民经济和社会发展第十四个五年规划和二〇三五年远景目标的建议》中再次明确，要实现基本养老保险全国统筹，实施渐进式延迟法定退休年龄。由此看来，面对我国人口结构正在发生的显著变化，现行退休政策默认的老年人年龄界限已与人均预期寿命不相匹配，造成人力资源巨大浪费的同时，加剧了养老问题的严峻化。2024 年 9 月 13 日第十四届全国人民代表大会常务委员会第十一次会议通过的《关于实施渐进式延迟法定退休年龄的决定》中指出："用十五年时间，逐步将男职工的法定退休年龄从原来的六十周岁延迟至六十三周岁，将女职工的法定退休年龄从原五十周岁、五十五周岁分别延迟至五十五周岁、五十八周岁。"以上决定自 2025 年 1 月 1 日起施行后，达到统一的退休年龄，仍需要一段时间，因此本书暂且将 60 岁作为老年人的年龄起点，也就是将 60 周岁及以上的人视为老年人。

2. 为什么要养老年人

人是一个复杂的生物体，除了满足生理性需要之外，还有情感的、社会的、政治的等多方面的需要，而由人组成的群体、组织和国家更是如此。因此，对于为什么要养老年人这一问题的答案不是单一的，而是混合人类进化动力、人道主义、政治智慧和社会交换等多方面因素的结果。

（1）自然选择说

在《物种起源》一书中，达尔文通过对大量动植物的变异和品种形成过程的观察发现，自然界中普遍存在变异，并且生存斗争保存了有利的变异，结果是适应环境的物种生存下来并留下了后代，而不能适应环境的物种则被淘汰。受马尔萨斯人口增长论的启发，达尔文指出："各种生物，在其自然的一生中，产生若干卵或种子，必然在它的生命的某一时期，某一季节或某一年，遭到毁灭，否则按照几何比率增加的原理，它的数目会很快地变为非常之多，以致没有地方能够容纳。因此由于产生的个体比能够生存的多，在各种情况下必定发生生存斗争。"[1]也就是说，生物个体为了获得资源和繁殖，相互之间进行着损人利己的生存竞争。社会达尔文主义者以生物进化论来解释人类社会生活，认为人既然是一种生物，也受物竞天择规律的支配。然而，俄国无政府主义的活动家和理论家克鲁泡特金却指出："互助才是一切生物（包括人类在内）进化的真正因素"，"即使在动物十分繁盛的几个地方，虽

---

[1] ［英］达尔文：《物种起源》，周建人等译，商务印书馆 1981 年版，第 80—81 页。

然我竭力寻找，我也从未发现同种动物之间存在着争取生活资料的残酷斗争。"[1]他以蜜蜂、蝴蝶、蜻蜓等群居营生生物例证说明，互助性强的生物群得以延续，互助性弱的生物群被淘汰，最后经过世代存续下来的生物都是互助性强的生物，人类便是互助性最强的生物。

达尔文的进化论和克鲁泡特金的互助论社会影响力都很大，问题是生物进化的动力到底是竞争还是互助？利己还是利他？20世纪60年代以后，一些生物学家着力解决两者之间的分歧，相继提出了亲属选择理论、互惠利他理论和自私基因理论。亲属选择理论的代表Hamilton指出，生物个体间的利他（或互助）主要发生在亲属群体中，因为利他者携带的基因与受益者相近，当行动能够增加基因遗传的机会时，利他行为就会发生。[2]Hamilton进一步指出，当能够减少它的两个兄弟，或者四个同父异母的兄弟，或者八个堂兄弟的牺牲时，个体愿意牺牲自己的生命。[3]Trivers将亲属利他行为扩展至非亲缘群体之间，认为生物体当前的损己利他是基于以后的回报，影响互惠利他行为要满足三个条件：一是一生中有许多类似利他主义的情境；二是利他者和受益者存在反复互动；三是利他者"对称地"暴露在利他主义情境中，即相互能够以大致相等的成本给对方带来大致相等的利益。[4]Hamilton和Trivers一致认为，无论是亲属利他还是非亲属利他，目的都是利己的。在此基础上，道金斯进一步解释了生物体行为的终极目的为何是自私的，他指出："我们以及其他一切动物都是各自的基因所创造的机器"，"成功基因的一个突出特性就是其无情的自私性。这种基因的自私性通常会导致个体行为的自私性。然而我们也会看到，基因为了更有效地达到其自私的目的，在某些特殊情况下，也会滋长一种优先的利他主义。"[5]自私基因的遗传和遗传的自私基因使生物个体的任何行为都是为了发展与自己相同的基因。

人作为一种生物体，不可避免地受到生物自然选择规律的影响。鲍勒指

〔1〕［俄］克鲁泡特金：《互助论》，李平沤译，商务印书馆2008年版，第5页。

〔2〕See Hamilton, W. D. ,"The Evolution of Altruistic Behavior", *The American Naturalist*, Vol. 97, No. 896, 1963.

〔3〕See Hamilton, W. D. ,"The Genetical Evolution of Social Behaviour. I", *Journal of Theoretical Biology*, Vol. 7, No. 1, 1964.

〔4〕See Trivers, R. L. ,"The Evolution of Reciprocal Altruism", *The Quarterly Review of Biology*, Vol. 46, No. 1, 1971.

〔5〕［英］理查德·道金斯：《自私的基因》，卢允中等译，中信出版社2012年版，第3页。

出："我们没有先验的理由期望我们的本性不控制我们的任何行为；事实上，我们不可能不受我们过去进化历程的支配。"〔1〕趋利避害，自我保存这是自然法则。就人类养老而言，父代对子代的养育包含着未来子代对父代的回报，如果子代不选择回报父代，子代中表现出利他行为的个体就会越来越少，子代不顾人类群体利益大量繁衍后代，结果必然导致人类个体之间赤裸裸的相互侵害，也必然导致人类物种的减少或淘汰。因此，养老行为所体现的代际互助实质上是人类为了繁衍和发展，使人类基因在人体内复制自身的表现。在人类古代原始部落时期曾经出现的弃养、杀害老年人现象，现在几乎很少耳闻，这多少也间接证明了这一点。对于人类的社会性行为，威尔逊认为"问题的关键已不在于人类社会行为是否由遗传决定，而在于遗传决定的程度到底有多大。"〔2〕这充分肯定了自然选择过程中基因对人类行为的影响。尽管随着人类的进化和社会的发展，人类的利他行为由于受其创造的社会文化规范的规训，已经超越了纯粹的动物性行为，养老形式也发生了很大的变化，但必须看到，人的利他或互助行为的原始动力在于自然选择。著名遗传学家多布赞斯基指出："从某种意义上说，在人类进化过程中，人的基因的首要作用已经让位于一种全新的、非生物的或超机体的力量——文化了。但是，也不要忘记，这一力量完全依赖于人类的基因型。"〔3〕

（2）人道主义说

从自然选择的角度讲，人类养老行为具有内生性，但这并不意味着要将自然与文化完全对立起来，排斥文化的维持模式功能。文化具有超越人的自然属性的特征和能力，这就使得人类养老行为的延续不再局限于生物学的基因传递，而是被更多地赋予人类社会的伦理意义，即人道。

什么是人道？字面意思就是人类行走的道路，是人类与动物区别的根本规定性。相比于动物，人具有理性思考的能力，能区分善恶、美丑，因此，人道的根本特征在于价值判断。当人类践行人道时，肯定人的价值、关怀人的生死，自然成了各种行为规则的价值准则。老子指出："天之道，其犹张弓与？高者抑之，下者举之，有余者损之，不足者补之。天之道，损有余而补

---

〔1〕 ［英］皮特·J·鲍勒：《进化思想史》，田洺译，江西教育出版社1999年版，第421页。

〔2〕 ［美］E.O.威尔逊：《论人的天性》，林和生等译，贵州人民出版社1987年版，第18页。

〔3〕 转引自［美］E.O.威尔逊：《论人的天性》，林和生等译，贵州人民出版社1987年版，第20页。

不足。人之道，则不然，损不足以奉有余。孰能有余以奉天下，唯有道者。是以圣人为而不恃，功成而不处，其不欲见贤。"老子在这里所讲的人道，实际上是圣人领悟到的天道，要求圣人依天道主持社会公平正义、扶贫济困、慈爱天下人而不弃人。"仁人不过乎物，孝子不过乎亲。是故，仁人之事亲也如事天，事天如事亲，此谓孝子成身。"孔子不仅将孝道视为天道，还以孝敬父母来区分人与动物，并作为评价人之善恶的根本依据。孔子曰："今之孝者，是谓能养。至于犬马，皆能有养。不敬，何以别乎?"有子曰："其为人也孝弟，而好犯上者，鲜矣；不好犯上而好作乱者，未之有也。君子务本，本立而道生。孝弟也者，其为仁之本与!"孟子进一步指出人如何守人道、尽孝道。孟子曰："恻隐之心，仁之端也；羞恶之心，义之端也；辞让之心，礼之端也；是非之心，智之端也。人之有是四端也，犹其有四体也。苟能充之，足以保四海；苟不充之，不足以事父母。"儒家、道家等有关人道本源的价值哲学源远流长，其结果是尊天孝老为核心的人道主义传统发展成为中华民族的共同文化基因和人伦原则。

孝道即人道，人道即天道。尊天孝老思想在科技不发达的古代社会不断系统化、理论化的过程中，自然衍生出了一种崇天敬祖的天命观，即敬祖宗、孝父母会有福报，否则，要遭天谴。例如，在《二十四孝》中记载了上古五帝之一的舜以孝感动天的故事，其大意是：舜心性孝顺，尽管父亲和继母以及所生儿子待舜刻薄，但舜仍然十分孝顺父母。舜的孝行感动了鸟兽，大象帮他耕地，小鸟帮他除草。尧知道以后，派九个男子帮舜干活，将自己的女儿嫁给舜，最后还将帝位也禅让给舜。这种天命观念使民众的养老行为有了舆论和精神上的支持，而且这种舆论环境不断建构现实生活中的养老习俗，稳固了养老传统。时至今日，尽管人的日常生活越来越理性化，但基于人道主义的养老行为仍然为人们所传颂。

（3）政治统治说

政治统治的稳定和持续并不完全取决于法律、制度的外在规定性和强制性，而必须依赖民众对政治系统的自愿服从和维护。也就是说，政治系统"如果要保持最终的稳定，该系统就要有一种建立于对该政治系统更为普遍的依恋基础之上的政治信仰形式——我们已称之为'系统感情'的一种信仰。"[1]

---

〔1〕 ［美］加布里埃尔·A.阿尔蒙德、西德尼·维巴：《公民文化——五个国家的政治态度和民主制》，徐湘林等译，东方出版社 2008 年版，第 434 页。

孝，本是人类基于自身生存而内生的对于祖先及父母敬养的伦理感情和行为。西周初始，周王实行同姓分封制，使血缘关系与政治关系合一，也将孝从家庭伦理领域推及至国家政治文化领域，继而发展成为政治统治的精神基础，成为维护和延续天子政治的工具。春秋战国时期，礼乐征伐自诸侯出，霸道代替王道致使分封制逐渐瓦解，社会剧烈变革不断。面对礼崩乐坏的社会局面，以孔子为核心的儒家重振孝道，希望重建社会秩序。子曰：“君子之事亲孝，故忠可移于君。事兄悌，故顺可移于长。居家理，故治可移于官。”孟子亦曰：“尧舜之道，孝弟而已矣”，只要“人人亲其亲、长其长而天下平”。汉初的统治者奉行黄老之学，实行休养生息的无为之治。到了汉武帝时期，国力已经得到恢复，在吸收先秦法家依严刑酷法治国而亡国的历史教训后，实行罢黜百家、独尊儒术的统治策略，从儒家那里找到了维护大一统政治的孝文化，确定了以孝治天下的基本国策。汉武帝及之后的汉朝历代统治者大力倡导学习《孝经》，躬亲示孝的同时，以举孝廉的方式选拔任用官员，同时对不孝行为进行严惩。“夫孝，始于事亲，中于事君，终于立身”，《孝经》虽然也大谈孝道，说到了一些行孝的具体事项，但是它的核心却并不在阐发孝道，而在以“孝”劝“忠”。[1]家庭伦理与政治文化的同构有效增强了国家的凝聚力，取得了良好的政治与社会效果。汉代以后，《孝经》及孝道仍旧受到历代王朝统治者的尊崇和推行，并日积月累地在国家、社会和家庭层面建立起了一套系统的孝道政治社会化体系，尽管王朝更替，但整个封建社会的政治结构和社会伦理道德却极具稳定性。

虽然西方国家并没有将孝文化作为稳定政治统治的伦理基础，但保障老年人生活对政治有序发展仍然发挥了重要的作用。16世纪末，英国纺织业的迅速发展需要大量羊毛，于是土地贵族将农民驱赶出村子，强占土地种草养羊。失去土地的农民被迫流入城市却又找不到工作，很快陷入贫困，迫于生计，他们流落街头行乞，甚至偷盗、抢劫，严重威胁社会稳定安全。在此情形下，都铎王朝的伊丽莎白一世在1601年颁布了《济贫法》，其中规定教会向教区内的老弱病残提供经济救助。Boulton指出，《济贫法》是救济和控制

---

〔1〕 胡平生译注：《孝经译注》，中华书局2009年版，第2页。

的混合，提供救济的真正目的是控制和识别穷人手段的一部分。[1]19世纪中叶以后，德国工业化的迅速发展，造就了一个规模日益庞大的劳工阶级，也使以往个人面临的疾病、工伤、养老等风险演变为一种社会性风险。与此同时，马克思主义及社会民主党领导的工人运动蓬勃发展，要求政府实施保护劳工阶级的政策。为稳定国内环境，保证经济快速发展，当时的俾斯麦政府向劳工阶级做出妥协，于1881年至1889年间先后颁布了《疾病保险法》、《意外事故保险法》和《老年和残废保险法》。美国为克服1929年-1933年经济危机带来的巨大影响，罗斯福政府将保障民众免受生活中不测风云的影响作为新政计划的重要组成部分。1935年在《总统签署社会保险法发表的声明》中，罗斯福指出社会保障"将对普通公民及其家庭提供一定程度的保护，使他们不受失业和老年潦倒之苦"，"它也将保护未来的行政当局，使它因需向穷人提供救济而难免沉重负债"。[2]二战以后，公民权利成为现代国家社会福利政治观念的主流话语。在这方面，马歇尔做出了杰出贡献。公民权利（亦称公民资格）包括三个部分，即民事权利、政治权利和社会权利，其中社会权利指的是从某种程度的经济福利与安全到充分享有社会遗产并依据社会通行标准享受文明生活的一系列权利。[3]公民权利理论的重要意义在于改变了社会福利的救济观念，社会权利作为公民权利的一个重要部分，使得国家有义务满足公民必需的福利需要，这改变了福利受助者的被动地位。更为长远的影响是，在多党制的政治选举制度下，公民利用手中的选票迫使执政党妥协，尽可能提高福利水平。新马克思主义者Gough认为，工人阶级斗争的力量和形式，以及资本主义国家制定和实施保障资本主义社会关系再生产的政策能力，是福利国家形成和发展的两个重要因素，即大规模的罢工和强大的工会力量，使得统治阶级不断调整社会政策，以降低劳工阶级的不满情绪。[4]与此同时，社会福利也成了整合和控制工人阶级的工具，如此反复的斗争与妥协

---

〔1〕　See Boulton, J., "Going on the Parish: The Parish Pension and its Meaning in the London Suburbs, 1640-1724", in T. Hitchcock, et al (eds.), *Chronicling Poverty The Voices and Strategies of the English Poor*, Macmillan, 1997, p. 19.

〔2〕　关在汉编译：《罗斯福选集》，商务印书馆1982年版，第86-87页。

〔3〕　参见［英］T. H. 马歇尔等：《公民身份与社会阶级》，郭忠华等译，江苏人民出版社2008年版，第34页。

〔4〕　See Gough, I., *The Political Economy of the Welfare State*, Macmillan, 1979, pp. 64-69.

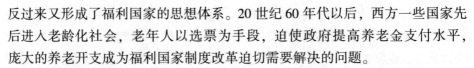

反过来又形成了福利国家的思想体系。20 世纪 60 年代以后，西方一些国家先后进入老龄化社会，老年人以选票为手段，迫使政府提高养老金支付水平，庞大的养老开支成为福利国家制度改革迫切需要解决的问题。

（4）社会交换说

当前，获得养老资源已经成为老年人应该享有的社会权利。但是，在社会交换论看来，这种权利的根源既不是人道主义的慈善救助，也不是阶级间纯粹的政治妥协，"确定老年人地位的关键因素在于他们对经济社会的贡献和社会为支持他们所付出的费用之间是否平衡"。[1]也就是说，老年人获得的养老资源是用先前的劳动贡献换取的，而这种交换集中体现在家庭成员代际之间和国家与家庭之间。

家庭成员代际之间的交换，是指家庭中未成年人、成年人、老年人之间物品和劳务的交换。每一代人都在用自己生产的物品和劳务与上一代人和下一代人进行交换，代际之间相互依存、相互养活，不存在无代价的代际供养；代际交换具有跨时代性，传统社会的代际供养主要在家庭内部发生，现代社会的供养由家庭不断扩展至社会，表现为用货币购买他人子女提供的劳动产品和服务。[2]也有研究指出，一个人在老年阶段能达到老有所养，是因为其劳动年龄阶段的产出投资于家庭成员的结果，养老的实质是代际交换，每一代人既被上一代人抚养又要抚养下一代人，代代相传，代际间实现经济、精力、情感等方面的交换。[3]家庭中处在中间位置的成年人是代际间物品和服务的主要供给者，当他们遭遇困境或处在上有老、下有小的两难境地时，家庭间的代际交换便不能顺利进行，尤其是被迫在养老与养小之间做出选择时，通常人们都会养小弃老，这对于家庭而言是一种理性行为，因为养小是投资未来。但在整个社会层面，大规模弃老的人伦悲剧又不利于国家和社会的稳定。每当这个时候，国家便出场了。

国家与家庭之间的交换，主要目的是补缺家庭所困，辅助家庭代际养老。前文所述，我国家庭养老传统文化的生成与儒家养老思想及其制度化安排有密切关系，但是仅靠养老礼典及其实践并不能保证家庭养老持续不断，家庭养老

〔1〕 ［美］N. R. 霍曼、H. A. 基亚克：《社会老年学——多学科展望》，冯韵文、屠敏珠译，社会科学文献出版社 1992 年版，第 85 页。

〔2〕 参见杜亚军：《代际交换与养老制度》，载《人口研究》1989 年第 5 期。

〔3〕 参见徐诗举：《家庭养老的经济学思考》，载《北方经贸》2005 年第 6 期。

的前提是家庭必须具备养老能力。从人的物质生产本身来看，老年人体力日衰，劳动产出效率越来越低的同时，所耗费的养老资源会因身体机能的衰退而增加。在我国古代，为了缓解劳动力减员带来的家庭养老困境，国家便在赋税、劳役等方面给予老年人家庭相应的减免，教导家庭守望相助，积极发展生产以增加经济收入。[1]如此一来，作为交换方的家庭，赡养能力增强了，家庭养老问题缓解了；作为交换另一方的国家，收获了民心，经济社会秩序稳定了。在现代社会，国家与家庭间的交换还扩展至市场领域，国家通过财政补贴市场供给，价廉养老产品和劳务被家庭购买以后发挥了明显的正外部效应，既有利于保障老年人生活，有利于养老经济蓬勃发展，还有利于社会稳定和谐。尽管这些外部效应难以用货币量化，但国家无疑是家庭与市场交易之外获益颇丰的第三方。[2]在社会福利领域，助力于增强家庭养老的社会政策，尤其是西方国家的"再家庭化"，实质上也反映了国家与家庭之间的这种交换。

需要注意的是，以上关于养老的种种缘由，并不是截然分立的，而是相互影响、相互渗透，往往处于混沌状态。本书将其分类归纳为四种观点论，主要是出于三个目的：一是扩大人们对养老原因的认识，突破对养老问题探究的单一视野；二是呈现养老资源供给主体的历史处境及其变化；三是基于养老资源供给主体的多元化趋势，勾勒家庭、国家、市场等提供养老服务的内在逻辑。

3. 如何养老年人

往大了讲，养老是一个历史问题；往小了讲，养老是一个时代问题。不同历史时期，甚至同一历史时期的不同年代，老年人的养老需要不同，对于如何养老在具体认识和行动方面就存在差异。

养老的实质是满足老年人的养老需要，而需要是一个包含主观界定性和客观限定性的概念，不同取径的研究者对需要及其满足的理解并不一样。

古希腊的智者德谟克利特认为，饮食是人最基本的需要，"一生没有宴饮，就像一条长路没有旅店一样。"[3]伊壁鸠鲁学派主张人必须满足"自然

---

〔1〕　参见孔祥来：《儒家养老制度的经济安排——基于思想史的视域》，载《贵州社会科学》2018年第8期。

〔2〕　参见吕立邦：《公共经济学视角下的养老保障问题研究》，载《四川行政学院学报》2018年第2期。

〔3〕　北京大学哲学系外国哲学史教研室编译：《古希腊罗马哲学》，商务印书馆1961年版，第109页。

的"和"必要的"的需要，诸如快乐、肉体的健康和灵魂的平静等。[1]人的需要包含物质的和精神的两个方面，但是在一切需要中，"人的推动力是肉体的快乐与痛苦"，"这是最经常重视的，是支配人最为紧迫的。"[2]

经典马克思主义认为，人的需要是在历史中形成的，是"人对物质生活条件和精神生活条件依赖关系的自觉反映。"[3]马克思进一步指出，人的需要及其满足受人们自身实践创造的历史条件的制约，在资本主义社会，资本主义把工人变成了没有感觉和没有需要的存在物，人的需要被异化了。[4]卢卡奇继承了马克思主义对资本主义的批判，指出"商品拜物教问题……，即现代资本主义的一个特有问题。"[5]"异化"和"物化"使人的需要问题的讨论延伸至社会精神层面。在此基础上，马尔库塞将人的需要分为真实需要和虚假需要：真实需要是指"那些无条件的要求满足的需要，……即在可达到的物质水平上的衣、食、住"；虚假需要是"为了特定的社会利益而从外部强加在个人身上的那些需要，使艰辛、侵略、痛苦和非正义永恒化的需要。"[6]弗洛姆批判了资本主义社会中的人的需要及其满足状况，指出"人的需要是一个极其复杂的问题，解决这个问题取决于很多因素，最终（不是至少）得看其社会是怎样组织起来的，以及这样组织起来的社会如何决定着人与人之间的关系"，为此，他从社会结构所决定的社会性格，即"在某一文化中，大多数人所共同拥有的性格结构的核心"，分析了资本主义社会中人的精神需要问题。[7]鲍曼将需要看成是由"消费机遇引发的欲望"，并将需要区分为真需要和伪需要，与真需要相比，伪需要是指由极端的虚荣和病态的贪图钱财、

〔1〕 参见侯钧生：《西方社会思想史》，南开大学出版社 2007 年版，第 71 页。

〔2〕 北京大学哲学系外国哲学史教研室编译：《西方哲学原著选读》，商务印书馆 1981 年版，第 178 页。

〔3〕 中共中央马克思恩格斯列宁斯大林著作编译局编译：《马克思恩格斯全集（第 1 卷）》，人民出版社 1956 年版，第 164 页。

〔4〕 参见中共中央马克思恩格斯列宁斯大林著作编译局编译：《1844 年经济学哲学手稿》，人民出版社 2000 年版，第 123 页。

〔5〕 参见［匈］卢卡奇：《历史与阶级意识》，杜章智等译，商务印书馆 1996 年版，第 144 页。

〔6〕 ［美］赫伯特·马尔库塞：《单向度的人：发达工业社会意识形态研究》，刘继译，上海译文出版社 2008 年版，第 6-7 页。

〔7〕 ［美］E. 弗洛姆：《健全的社会》，孙恺祥译，贵州人民出版社 1994 年版，第 61-62 页、第 71 页。

奢侈和炫耀引发的需要。[1]通过这些研究可以发现，需要及其满足始终不能脱离人的实践和社会环境，正如马克思所言："需要的产生，也像它们的满足一样，本身是一个历史过程。"[2]

马斯洛考虑了需要与文化特殊性之间的关系后指出，不同社会的人们之间"最惊人的差异不过是表面的，不是根本的"，基于这个认识，将人的基本需要从高到低依次分为生理需要、安全需要、归属和爱的需要、自尊需要、自我实现需要等，而且这些"需要通常是在占优势的需要得到满足后才会出现"。[3]Alderfer 修正了马斯洛的需要层次理论，提出了 ERG 需要理论，认为人有三种核心需要，即生存需要、和谐的相互关系的需要和成长的需要。[4]Bradshaw 将人的需要分为四类：规范性需要、感知性需要、表达性需要、比较性需要，其中：规范性需要是指专家或专业权威机构在特定情境中界定的需要；感知性需要是指基于欲望感觉到的需要；表达性需要是指通过语言、形态等中介显现出来的需要；比较性需要是指自我和他人、他群体进行比较而产生的需要。[5]Manning 将需要分为感受性需要、专家定义的需要和比较性需要。[6]Macarov 将人的需要分为共同的需要、特殊的需要和社会造成的需要。其中：特殊的需要主要表现在儿童、年老体弱者、患病者、残疾者、灾难受害者等人群上；社会造成的需要可以定义为剥夺，主要包括对物质资源、精神或情绪、认知、人际关系、机会、个人权利以及身体的剥夺。[7]尽管人的需要具有多样性，但是人类具有一些普遍性需要。多亚尔和高夫将人的需要分为基本需要和中介需要。基本需要是指健康与自主，它们

---

〔1〕 参见 [英] 齐格蒙特·鲍曼：《被围困的社会》，郇建立译，江苏人民出版社 2005 年版，第 144 页。

〔2〕 中共中央马克思恩格斯列宁斯大林著作编译局编译：《马克思恩格斯全集》（第 3 卷），人民出版社 1960 年版，第 80 页。

〔3〕 [美] A. H. 马斯洛：《动机与人格》，许金声、程朝翔译，华夏出版社 1987 年版，第 63 页、第 66 页。

〔4〕 Alderfer, C. P., "An Empirical Test of a New Theory of Human Needs", *Organizational Behavior and Human Performance*, Vol. 4, No. 2, 1969.

〔5〕 See Bradshaw, J., "A Taxonomy of Social Need", in McLachlan, G. (ed.), *Problems and Progress in Medical Care*, Oxford University Press, 1972, pp. 69–82.

〔6〕 See Manning, N., "Welfare, Ideology and Social Theory", in Baldock, J. et al (eds.), *Social Policy*, Oxford University Press, 1998, pp. 63–90.

〔7〕 See Macarov, D., *Social welfare: structure and practice*, SAGE Publications, 1995, pp. 23–27.

是使人避免严重伤害的基本前提；中介需要是那些对健康和自主产生积极作用的需要，包括：食物和水、住房、无害的工作环境、无害的自然环境、保健、童年安全、重要的初级关系、经济安全、人身安全、教育、安全的节育和生育等。[1] Munro 提供了一份基本需要的清单，内容包括：最低限度的饮食、穿衣、居住、健康照顾、识字、就业以及安全。[2]

老年是人生的一个阶段，界定老年人的养老需要及其满足条件，必须参照上述有关人的需要的研究框架，它有一般性，也有特殊性。一般性需要是指老年人和其他年龄段的人一样，要吃饭、穿衣、社会交往等；特殊性需要是基于老年人生理、心理机能衰弱而需要辅助满足一般性需要的需要，如经济支持、日常生活照顾等服务。在我国古代，人们就认识到养老不仅仅是赡养，既要"事父母几谏，见志不从，又敬不违，劳而不怨"，又要"啜菽饮水，尽其欢，斯之谓孝"。但是，由于当时生活条件有限，养老需要主要集中体现在饮食保障方面。《礼记·王制》记载："五十异粮。六十宿肉。七十贰膳。八十常珍。九十饮食不离寝。膳饮从于游可也。"到了汉代，朝廷除了赐食，还授予老年人王杖，给予其尊崇荣誉，如《王权诏令册》记载："高皇帝以来，至本始二年，朕甚哀怜耆老，高年赐王杖。上有鸠，使百姓望见之，比于节。吏民有敢骂詈、欧辱者，逆不道。得出入官府郎第，行驰道旁道市卖。复毋所与。"隋朝时期，在恩赐粮食和布帛基础上实施养疾制度，要求亲属在老年人得了重病之后给予照顾。《隋书》记载："高年之老，加其版授，并依别条，赐以粟帛。笃疾之徒，给侍丁者，虽有侍养之名，曾无赒赡之实，明加检校，使得存养。"到了唐宋时期，由于生产力不断提高，养老更加注重对老年人日常生活照顾和"色养"。《唐六典》记载："凡庶人年八十及笃疾，给侍丁一人；九十，给二人；百岁，给三人。"对于不侍奉老人的子女，朝廷对其惩治。宋代之后的各个朝代，基本沿袭了先前的养老做法，给老年人赐食、赐杖、赐爵、赐匾、赐财物等，国家的这些举措，既宣扬了孝道，也指明了如何养老。穆光中指出，养老需要随着社会的进步而变化，在先前五个"老有"的

---

[1] 参见［英］莱恩·多亚尔、伊恩·高夫：《人的需要理论》，汪淳波、张宝莹译，商务印书馆 2008 年版，第 73-279 页。

[2] See Munro, L. T., "Risks, Needs and Rights: Compatible or Contradictory Bases for Social Protection", in Ahmad, M. M. (ed.), *Social Protection for the Poor and Poorest: Concepts, Policies and Politics*, Macmillan, 2008, p.34.

基础上，把养老需要分为五个层次：第一个层次是老年人在衣食住行及健康、卫生和安全等方面的基本生存需要，对应老有所养、老有所助和老有所医；第二个层次是老年人的感情需要，对应老有所爱、老有所伴；第三个层次是老年人在娱乐、交友、爱美等方面肯定自我的发展需要，对应老有所乐、老有所亲；第四个层次是自我实现方面的价值需要，对应老有所为、老有所用；第五个层次是人生最后时刻的归宿需要，对应老有所终。[1]2018年我国修正的《中华人民共和国老年人权益保障法》第14条规定，养老的核心任务是对老年人要经济供养、生活照料和精神慰藉，并照顾老年人的特殊需要。对于这三点，国内研究已经基本形成共识。Kettner指出，在确定个人或群体需要时，重要的是要看现实条件是否低于那些已经建立起来的标准，除了需要本身的弹性外，社会政治环境、资源和技术的可利用性等都会影响需要的界定。[2]当前，我国已经打赢脱贫攻坚战，全面建成小康社会，总体上老年人的经济供养问题已经解决，养老的重心开始转向日常照顾和精神慰藉需要的满足，这就需要大量的养老服务来提高老年人的生活质量。

二、什么是养老服务

目前，国内学界关于养老服务的认识和界定并不统一。邬沧萍和杜鹏对养老服务进行了广义和狭义之分：广义的养老服务是指"家庭、政府和社会为老年人安享晚年所提供的所有正式、非正式的安排，包括物质、精神保障方式及其相应的制度安排"；狭义的养老服务是指"家庭、社会对老年人提供的生活照料、健康维护、精神慰藉、文化教育、尊严保护、医疗保健等服务，以及围绕这一劳动形成的设施和制度等其与物质保障体系相辅相成，成为养老体系的重要组成部分。"[3]董红亚认为"养老服务是各类供给主体根据老年人的特点提供的提高老年人生活和生命质量的有偿或无偿的活动。"[4]黄俊辉与李放将养老服务定义为"满足老年人晚年正常生活所需的各种非现金形

---

〔1〕 参见穆光中：《挑战孤独——空巢家庭》，河北人民出版社2002年版，第79-81页。

〔2〕 See Kettner, P. M., et al., *Designing and Managing Programs: An Effectiveness-Based Approach*, Sage Publications, 2008, pp. 52-58.

〔3〕 邬沧萍、杜鹏主编：《老龄社会与和谐社会》，中国人口出版社2012年版，第442页。

〔4〕 董红亚：《我国社会养老服务体系的解析和重构》，载《社会科学》2012年第3期。

式，主要包括生活照料、医疗护理、精神慰藉等服务。"[1]姚远在分析多个养老服务定义的基础上，认为"养老服务是养老服务主体为满足老年人晚年生活需求所提供的物质和精神方面的支持与帮助的总和。"[2]以上关于养老服务的界定，基本上涵盖了养老服务，甚至养老的内容，这对于认识养老服务的轮廓是非常有帮助的。但是，这些关于养老服务的界定，有的内涵过大，有的过于概括，不统一之处主要表现在以下两点：一是养老服务是否包括物质支持和帮助，二是养老服务是否包括有关养老服务的制度安排。

从字面结构来看，养老服务由养老和服务组成，其中，养老主要涉及经济供养、日常生活照顾和精神慰藉需要满足，服务的一般理解是不以实物形式而以无偿或有偿劳动的形式满足他人需要的活动。这两个词结合起来的意思就是服务供给主体以直接或间接的形式，向老年人提供无偿或有偿的劳动服务以满足老年人的养老需要。特别要说明的是，这个定义不包括向老年人提供的排他性的、专门的现金和实物支持，但对于非排他性的公共服务设施，以及相关的养老服务政策安排应该包括在内，因为老年人使用这些公共设施，间接达到了一种类似服务的功效，而养老政策安排的实施也将带来相应的养老服务。

具体来讲，养老服务的内容非常丰富，不一而举，而且随着社会的发展和人们生活水平的提高，养老服务内容还在不断扩充。过去，养老服务主要集中在维持老年人日常生活方面；现在，养老服务维持老年人生活起居照顾的同时，越来越重视社会参与和心理满足。例如，刘静林在《老年社会工作》一书中，将老年照料分为生活照顾、卫生保健与常见病的护理、心理保健与心理疾病护理三个方面；[3]楼玮群和桂世勋指出，高龄体弱老人除了需要日常生活及操作能力方面的照料服务外，还需要社交、情绪支援等服务。[4]吴玉韶指出，健康、价值、尊严是长寿时代养老的新内涵，需要更完备的养老服务将养老变为享老。[5]世界卫生组织在网络上公开发布的《建立老年人长

〔1〕 黄俊辉、李放：《农村养老服务研究的现状与进展——基于2001–2011年的国内文献》，载《西北人口》2012年第6期。

〔2〕 姚远编著：《对我国养老服务历史经验的研究与借鉴》，华龄出版社2018年版，第39页。

〔3〕 参见刘静林编著：《老年社会工作》，中国轻工业出版社2005年版，第225–266页。

〔4〕 参见楼玮群、桂世勋：《上海高龄体弱老人家庭亲属照顾者的生活满意度：照顾资源的作用》，载《人口与发展》2012年第3期。

〔5〕 参见吴玉韶：《健康、价值、尊严是长寿时代养老的新内涵》，载《中国社会工作》2020年第29期。

期照顾政策的国际共识》中指出，老年人长期照护服务的重要内容包括保持参与社区、社会和家庭生活；承认和满足精神、情感和心理需要；对家庭、朋友和其他非正式照顾提供者的支持，等等。比较来看，世界领域已经将养老服务的范围扩展至对养老服务供给主体的服务，即，养老服务虽然目标在于提高老年人的生活质量，但是服务对象不再仅限于老年人，而是逐渐延伸至老年人的照顾者，让他们有喘息的时间或恢复照顾能力，以间接促进养老服务的供给质量。

三、养老与养老服务的关系

养老与养老服务具有内在统一性，从内容看，养老服务是养老的有机组成部分。但是，二者之间也存在一些差异。

首先，二者对老年人养老问题的关注重心不同。养老关注的是整个老年人的养老问题，涉及老年人的经济供养、日常生活照顾和精神慰藉需要的满足；养老服务主要是以服务供给的形式满足老年人的日常生活照顾和精神慰藉需要。虽然在人类社会早期阶段，养老主要解决老年人的基本生存问题，但并不意味着不顾及老年人精神和心理需要，例如曾子有言："孝有三。大孝尊亲，其次弗辱，其下能养。"

其次，二者对老年人养老的支持范围不同。养老是向老年人提供经济的、精神的、心理的等全方位的支持和帮助；养老服务主要集中在劳务支持方面。因此，养老金、子女提供的现金和实物支持，以及其他经济性收入不在养老服务供给之列。

最后，二者指涉的对象存在差异。养老的对象是全部老年人；养老服务的对象除了老年人之外，还涉及其他人，例如向家庭养老长期照护者提供的支持性服务，本质上也是养老服务的组成部分。

第二节　老龄化对养老服务供给的挑战

一、我国人口老龄化的现状及趋势

自我国进入老龄化社会以来，有关老龄化的话题在日常生活中被广泛提及。通常，人们将老年人数量越来越多视为人口老龄化，但是在研究领域，有必要对这一概念保持严谨的研究态度。人口老龄化被定义为"老年人在人口中的比例（也称老年比或老年系数）的提高过程或人口平均年龄（通常用年龄中位数来表示）不断提高的过程。"[1]也有一些研究者认为人口老龄化"是指老年人口在总人口中的比例不断增多和人口平均年龄不断升高的动态演化过程。"[2]比较发现，这两个界定的差异在于"或"与"和"，前者是选择关系，后者是补充关系。也就是说，人口老龄化用"老年人口在总人口中的比例不断增多"这一个指标就可以衡量，还是需要加上"人口平均年龄不断升高"这一条件？

人口学一般将社会总人口按年龄段分为少儿人口（0-14 岁）、劳动年龄人口（15-59 岁）和老年人口（60 岁及以上）。在总人口比例一定的情况下，若老年人口比例增加的同时，少儿人口比例也在增加，且增加幅度大于老年人口，那么这一过程就不是人口老龄化而是人口年轻化；同样，若老年人口比例增加的同时，劳动人口比例也在增加，且增加幅度大于老年人口，其结果虽然也会使整个社会人口的平均年龄不断升高，但这一过程仍然不是人口老龄化。可见，人口老龄化是整个人口结构的总体变化，不仅要看老年人口总体数量的增加，还要看老年人口在总人口中的增比速度是不是最快。在这个意义上，人口老龄化可以区分为绝对老龄化和相对老龄化。相对老龄化是指 60 岁或 65 岁以上的老年人占总人口比例不断提升的过程；绝对老龄化是指老年人口规模不断扩大的过程。[3]一般来讲，老年人占总人口比例的不断上升自然会使其规模扩大，但老年人口规模增加并不表示老年人占总人口的比例也会上升。因此，人口老龄化通常指的人口的相对老龄化。

我国曾经是世界上人口数量最多的国家，相应的老年人口的基数很大。即使我国在 1950 年还没有成为老龄化国家之前，老年人口的规模就已是世界第一。[4]中华人民共和国成立初期，社会初定、百废待兴，由于当时国家并未切实限定人口生产，加之人们的生育意愿很高，至 20 世纪 60 年代中期全国总人口已超过 7 亿。为了控制人口数量的过快增长，从 20 世纪 70 年代初期

---

〔1〕 邬沧萍、姜向群主编：《老年学概论》，中国人民大学出版社 2006 年版，第 5-6 页。

〔2〕 杨菊华等：《新中国 70 年：人口老龄化发展趋势分析》，载《中国人口科学》2019 年第 4 期。

〔3〕 参见穆光宗：《银发中国：从全面二孩到成功老龄化》，中国民主法制出版社 2016 年版，第 36 页。

〔4〕 参见唐钧、刘蔚玮：《中国老龄化发展的进程和认识误区》，载《北京工业大学学报（社会科学版）》2018 年第 4 期。

开始，国家提倡计划生育，1978 年以后计划生育政策执行越来越严格。有研究指出，计划生育政策的实施使 1972 年-2000 年间累计少出生人口在 2.64 亿-3.2 亿之间。[1] 进入 21 世纪以后，生育率开始下降，计划生育政策逐渐松动并最终实施全面二孩政策。尽管这一政策释放了原先积累的部分生育意愿，但在多种现实因素的制约下，人们的自主生育意愿仍然不高。[2] 与此同时，中华人民共和国成立至今，随着我国整体医疗水平和人们生活质量的不断提高，死亡率大幅降低，人均寿命不断延长。人口出生率的先高后低和死亡率的逐渐降低，直接加快了我国人口老龄化的进程。2000 年第五次全国人口普查数据统计结果显示，我国已进入了老龄化社会，而且老龄化程度还在不断加深，如图 1.1。

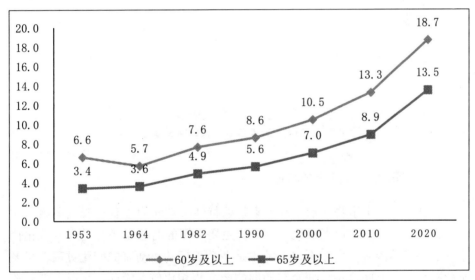

图 1.1　1953 年-2019 年老年人口占总人口百分比 [3]

---

〔1〕　参见王金营：《中国计划生育政策的人口效果评估》，载《中国人口科学》2006 年第 5 期。

〔2〕　参见段继红：《中国特色社会主义的人口规律和人口政策取向——基于全面二孩政策效果的分析》，载《当代经济研究》2021 年第 3 期。

〔3〕　1953 年-2010 年 60 岁及以上老年人数据来自王金元、赵向红：《老龄化背景下社区独居老人生存状态与社会支持研究》，华东理工大学出版社 2016 年版，第 9 页；1953 年-2010 年 65 岁及以上老年人数据来自齐明珠：《中国人口老龄化：回眸与展望》，中国人口出版社 2017 年版，第 12 页；2020 年数据来自《第七次全国人口普查主要数据情况》，载 https://www.gov.cn/xinwen/2021-05/11/content_ 5605760. htm.

与一些发达国家相比，我国进入老龄化社会的时间要晚。但是，我国老年人口的增长速度很快，在不到20年的时间内完成了发达国家几十年，甚至上百年才出现的人口结构转变。对于我国人口老龄化的发展趋势，这些年不同的研究者基于不同的生育水平进行了预估测算，虽然结果存在些许差异，但基本发展趋势都表明，我国将由中度老龄化很快进入重度老龄化阶段，并且持续很长时间，如图1.2。

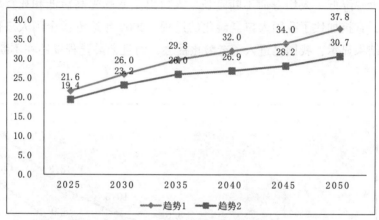

图 1.2　2025 年-2050 年老年人口增长趋势〔1〕

二、我国人口老龄化的特征

特征，是一个事物区别于其他事物的特性，其间隐含着比较或参照的对象。我国在刚进入人口老龄化社会时，主要参照的对象是已经进入老龄化社会的一些发达国家。由于人口老龄化是一个长期的、动态的变化过程，当老龄化持续一段时间之后，便会与初期的老龄化相比较。因此，我国人口老龄化的特征既有一些国际层面的基本特征，也有一些国家层面不断生成的新特征。

首先，与世界一些发达国家的老龄化相比，我国人口老龄化的特征主要表现在以下几个方面：

---

〔1〕 趋势1数据来自杜鹏、李龙：《新时代中国人口老龄化长期趋势预测》，载《中国人民大学学报》2021年第1期；趋势2数据来自穆光宗：《银发中国：从全面二孩到成功老龄化》，中国民主法制出版社2016年版，第33-34页。

一是老年人口规模大、增速快且不均衡。早在中华人民共和国成立初期，我国的老年人口数量就是世界第一。进入老龄化社会以来，世界老年人口数量一直不足我国老年人口数量的 5 倍，而且在 2035 年以前还不足 4 倍（图 1.3），这说明我国的老年人口规模增长速度很快，而且增速不平稳。无论是回顾中华人民共和国成立以来的老龄化历程，还是展望今后 30 年老龄化发展趋势，我国人口老龄化速度一直处在"赶超"状态。如图 1.4 所示，2010 年-2019 年段和 2000 年-2009 年段相比，老年人口增长数量明显加快，其间 65 岁及以上老年人增加数量是前期增加的 2.3 倍。若以 65 岁及以上老年人口系数进行比较，从 7% 增加至 14%，法国经过了 115 年，瑞典经过了 85 年，英国经过了 45 年，日本经过了 25 年，[1]而我国近乎 20 年，而且这一速度还在加快。

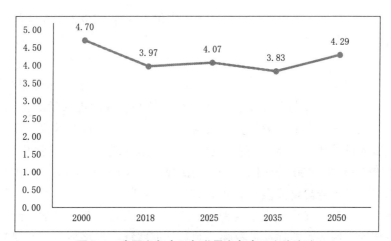

图 1.3 我国老年人口与世界老年人口之比[2]

〔1〕 参见杜鹏主编：《人口老龄化与老龄问题——高级公务员读本》，中国人口出版社 2006 年版，第 25 页。

〔2〕 数据来自原新等：《追赶是中国老龄社会演进的总特征》，载中国老龄协会编：《新时代积极应对人口老龄化高端研讨会论文集》，华龄出版社 2019 年版，第 5 页。

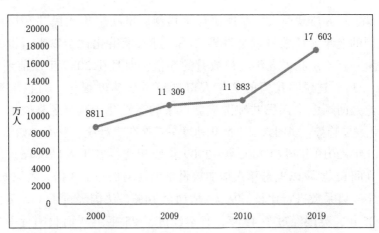

图 1.4　2000 年－2019 年我国 65 岁及以上老年人口数量增长情况[1]

二是未富先老，人口老龄化与经济现代化不匹配。1982 年人口普查数据发布后，形容我国老龄化特征的"未富先老"这一概念得到人们普遍认同。[2]由于西方发达国家工业化、现代化起步较早，待其进入人口老龄化社会时，国家的经济实力较为雄厚，加之这些国家人口老龄化的速度相对缓慢，健全和完善社会保障与养老服务的压力相对较小。我国进入老龄化社会时，不仅总体经济发展水平比较低，而且老年人口的增加速度非常快，社会保障和养老服务供给压力很大。有研究指出，发达国家进入人口老龄化社会时，人均 GDP 一般在 5000 美元以上，一些国家人均 GDP 甚至超过了 10 000 美元，而我国进入老龄化社会时的人均 GDP 还不到 1000 美元。[3]老龄化问题实质上是经济社会发展问题，这种情形下，老年人在医疗、日常生活照顾以及精神层面的服务需要往往被忽视，尤其是那些社会经济地位相对弱势的老年人，更是处在温饱型的养老状态。

---

〔1〕 2000 年数据来自《2000 年第五次全国人口普查主要数据公报（第 1 号）》，载 https://www. stats. gov. cn/sj/pcsj/rkpc/5rp/html/append21. htm；2010 年数据来自《2010 年第六次全国人口普查主要数据公报（第 1 号）》，载 https：//www. stats. gov. cn/sj/tjgb/rkpcgb/qgrkpcgb/202302/t20230206_ 1901997. html；2009 年数据来自《2009 年国民经济和社会发展统计公报》，载 https://www. stats. gov. cn/xxgk/sjfb/tjgb2020/201310/t20131031_ 1768616. html；2019 年数据来自《2019 年国民经济和社会发展统计公报》，载 https://www. stats. gov. cn/sj/zxfb/202302/t20230203_ 1900640. html.

〔2〕 参见邬沧萍：《重新审视中国人口"未富先老"的命题》，载《当代中国人口》2008 年第 1 期。

〔3〕 参见刘莉：《中国老龄化成本的特征与风险防范体系构建》，载《浙江社会科学》2013 年第 12 期。

　　三是老年人口素质总体不高。我国进入老龄化社会初期的老年人绝大多数是20世纪20、30年代出生的人，那个年代军阀混战、日寇入侵、课税沉重，生活着实不易，他们正是在那个阶段度过的童年期或青少年期，另外加之兄弟姐妹们多，其中能上学的更少。据统计，2000年60岁以上的老年人的总识字率仅为51.69%，文盲、半文盲比重为48.31%。〔1〕20世纪40年代战火不断，50年代一穷二白，而在那个时期出生的人正在成为现阶段老年人口的主体，他们在成长过程中经历了新中国历史上的三年困难时期和十年"文革"，身体素质"先天不足"，文化素质"后天不足"。2015年第四次中国城乡老年人生活状况抽样调查统计数据显示，在所有年龄段老年人口中，未上过学占29.5%，小学文化程度的占41.5%，初中文化程度的占18.9%，高中/中专/技校的占7.1%，大学专科的占2.0%，本科及以上占1.1%（图1.5）。老年之后，身体、知识等方面的欠缺又进一步会影响这些老年人的认知功能和健康状况，总体上也影响了老年人口的素质。

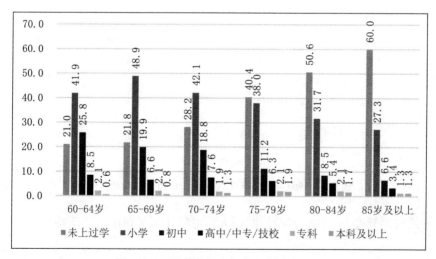

图1.5　不同年龄段老年人文化程度〔2〕

　　四是少子化加快了老龄化水平。少子化是指因生育水平不断下降而使少

---

〔1〕　参见王亚敏：《新时期中国人口老龄化特征与趋势分析》，载《经济研究导刊》2013年第30期。

〔2〕　数据来自党俊武主编：《中国城乡老年人生活状况调查报告（2018）》，社会科学文献出版社2018年版，第61页。

儿人口（0-14 岁）绝对数量减少，并且所占人口比重逐渐减小的过程。当一个国家或地区 0-14 岁的少儿人口比重低于 65 岁及以上人口比重时，表明其进入了少子化社会。[1]少子化亦可被视为老龄化的一个显著特征，因为人口的一老一少，犹如跷跷板的两端此起彼伏，因此少子化实际上加重了人口老龄化程度。进入 21 世纪以来，我国生育水平下降很快，总和生育率在 20 年间的下降幅度，相当于英国、法国等国家平均用时 75 年间的下降幅度，[2]这使得我国的少子化进程速度很快（如图 1.6 所示）。横向比较，少儿人口比重从 34% 下降至 20%，美国用了近 60 年，日本用了 35 年，而我国用了 24 年。[3]少子化将直接改变人口的年龄结构，少子化进程越快，意味着老龄化速度越快，因此，关注人口老龄问题的同时，不能忽视少子化趋势。

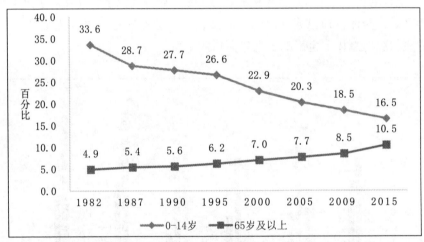

图 1.6　1982 年-2015 年老少人口比重变化趋势[4]

其次，与过去相比，现阶段我国人口老龄化又呈现出一些新特征：

---

〔1〕 参见张云武：《少子化社会的来临——产生原因与机制》，载《中共杭州市委党校学报》2018 年第 2 期。

〔2〕 参见原新：《以少子化为特征的人口老龄化进程及其对家庭变迁的影响》，载《老龄科学研究》2013 年第 1 期。

〔3〕 参见茆长宝、穆光宗：《国际视野下的中国人口少子化》，载《人口学刊》2018 年第 4 期。

〔4〕 1982 年-2009 年数据来自全国老龄工作委员会办公室编：《中国老龄统计汇编（1953-2009）》，华龄出版社 2011 年版，第 513 页；2015 年数据来自《2015 年全国 1% 人口抽样调查主要数据公报》，载 http://www.gov.cn/xinwen/2016-04/20/content_ 5066201. htm.

一是时空动态变化的非均衡性。我国地势西高东低，东部以平原为主，西部以山地为主，且大多为高原、荒漠，土地可垦殖率低，人口承载能力较弱。因此，我国人口空间分布基本上以腾冲—黑河一线为分界，呈现出东南多，西北少的格局。图1.7、1.8显示，20世纪90年代，上海、浙江、江苏、天津、北京率先步入了老龄化社会。2000年，重庆、辽宁、山东、四川、湖南、安徽、广西、河北、河南等进入老龄化社会的同时，我国整体上迈入老龄化社会。到2010年，我国老龄化水平大幅提升，但是老龄化水平的时空动态不平衡性非常明显。如图1.9所示，一方面四川、重庆（1997年成为直辖市）的老龄化水平后来居上，黑龙江、吉林、山东、甘肃、贵州、河南、安徽等地老龄化水平上升速度也很快；另一方面江浙地区、京津冀地区的老龄化水平有所下降，广东的老龄化水平甚至不足10%。

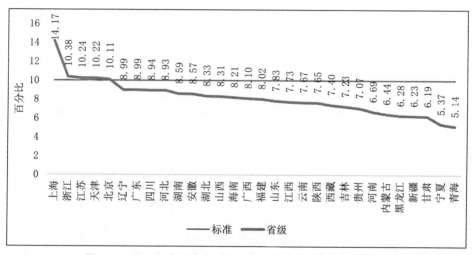

图1.7　1990年全国各省、自治区、直辖市老龄化水平[1]

<hr />

[1]　数据来自全国老龄工作委员会办公室编：《中国老龄统计汇编（1953-2009）》，华龄出版社2011年版，第125-127页。

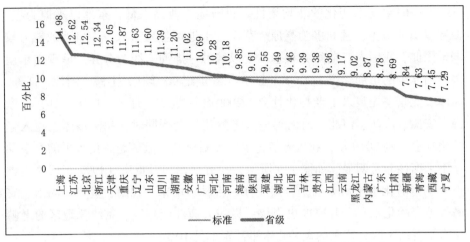

图 1.8　2000 年全国各省、自治区、直辖市老龄化水平[1]

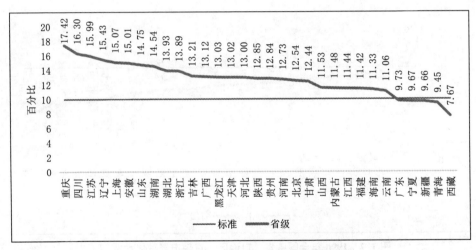

图 1.9　2010 年全国各省、自治区、直辖市老龄化水平[2]

　　改革开放初期，国家先后在东部地区设立经济特区，开放沿海港口城市，有力地推动了东部地区的经济发展，民众生活水平不断提高，医疗卫生条件

〔1〕　数据来自《国家统计局第五次人口普查数据》，载 http://www. stats. gov. cn/tjsj/pcsj/rkpc/5rp/index. htm.

〔2〕　数据来自《国家统计局第六次人口普查数据》，载 http://www. stats. gov. cn/tjsj/pcsj/rkpc/6rp/indexch. htm.

得以改善，整体上提高了这些地区的人口预期寿命。随着改革开放的不断深入，广大中西部地区的青壮年人口大量外流，其结果是一方面拉低了流入地的人口老龄化水平，例如大量的"北漂族""上漂族""广漂族""深漂族"等使得北京、广州、上海、深圳的老龄化水平不断下降；另一方面大量青壮年人口的外流，直接提高了流出地的老龄化水平，例如20年间黑龙江、甘肃的老龄化水平翻了一倍多。与此同时，由于流出地的大量青壮年人口很大一部分是农村人口，因此人口流动还使得农村人口老龄化水平高于城市，造成越是相对贫困的地区人口老龄化程度越严重的窘迫境地。

　　二是老龄人口高龄化。对于人口高龄化，目前有两种认识：一种认为高龄化是人口老龄化的延续，将其定义为80岁及以上老年人口在总人口中所占比例不断增加的过程；[1]另一种认为人口高龄化是人口老龄化的一种质变，一般是指一个国家或地区在一定时期内高龄人口（80岁及以上）占老年人口（60岁及以上或65岁及以上）的比例不断上升的过程。[2]虽然这两种认识存在差异，但本质上都是讲老龄化过程中高龄人口绝对数量的增加。从使用语境和指向来看，高龄化更多的是反映老龄人口内部结构的变化，因此，以老年人口中80岁及以上的老年人所占比例这一指标来测量高龄化更加精确。我国在人口老龄化的过程中，高龄化也逐渐开始显现。如图1.10所示，1990-2010年期间，老年人口中80岁及以上的高龄人口比例不断增加，而且20年间增加趋势很稳定。虽然从老年人的定义看，高龄化属于老龄化的范畴，但高龄化带来的问题更加紧迫。因此，今后有关老龄化的研究应该加强对高龄化的重视，不仅要关注高龄人口自身健康、家庭养老负担、养老金支出压力等问题及其相互间的叠加效应，而且要重视养老服务对高龄人口健康促进和社会稳定的影响。

---

〔1〕　参见倪超等：《中国人口高龄化：危害、趋势及对策》，载《中国人力资源开发》2014年第20期。

〔2〕　参见罗淳：《高龄化：老龄化的延续与演变》，载《中国人口科学》2002年第3期。

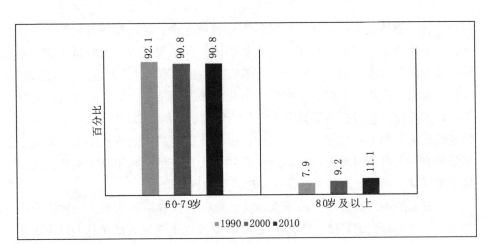

图 1.10　1990 年-2010 年老龄人口高龄化情况[1]

　　三是中高龄人口中男性比重越来越大。随着经济社会的发展，人的平均预期寿命越来越长。由于女性预期寿命普遍高于男性，老年人口中女性比例普遍高于男性，而且年龄越大，性别比差异越大。正是这样一种常识，使得人口研究很少关注不同年龄段老年人口的性别变化，相比之下，婴幼儿出生性别比更受关注。需要注意的是，我国老龄人口的规模很大，而且这些年高龄人口的增长速度也很快，这种情形下关注老龄人口内部性别比变化意义深远。事实上，我国中高龄人口中的男性比例持续增长趋势明显，1990 年-2000 年连续三次全国人口普查数据结果显示（图 1.11），75 岁以上男性老年人口在相应各年龄段的比例持续增加，这表明老龄化过程并不是女性化，这也间接证明我国男性与女性的预期寿命差距正在逐渐缩小。

　　〔1〕 1990 年数据来自全国老龄工作委员会办公室编：《中国老龄统计汇编（1953-2009）》，华龄出版社 2011 年版，第 125-127 页；2000 年和 2010 年数据来自国家统计局第五次人口普查数据和第六次人口普查数据计算。

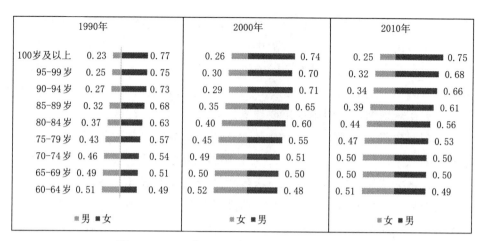

图 1.11　1990 年－2010 年老龄人口性别比例[1]

老年人预期寿命的性别差异受生理、心理、社会等多种因素的影响，归纳起来，集中在两个方面，即先天生物性因素和后天因素。生物学分析指出，男女两性的染色体组成差异使男性的死亡率高于女性。[2]具体而言，男性 X 染色体的不对称性使男性更容易患危及生命的疾病（如心血管疾病），而女性更容易患结缔组织疾病（如骨关节炎、骨质疏松等），从而造成死亡率与发病率的性别悖论。[3]生活方式差异则是预期寿命性别差异的后天因素，大量研究证实吸烟、过量饮酒等是导致男性预期寿命缩短的重要原因。暂且搁置生物性遗传因素，20 多年我国中高龄人口比重的增加或许说明随着经济社会的发展，男性生活条件更好、生活方式更加科学健康。倘若如此，随着时间的推移，老年人口中男性所占比例还会持续增加，这将是今后一个时期老年人口研究的一个新的关注点。

三、当前养老服务供给面临的主要挑战

经过改革开放 40 多年的快速发展，我国不但成功解决了民众的吃饭问

---

〔1〕　1990 年和 2000 年数据分别来自全国老龄工作委员会办公室编：《中国老龄统计汇编（1953-2009）》，华龄出版社 2011 年版，第 125-127 页、第 167 页；2010 年数据来自国家统计局第六次人口普查数据。

〔2〕　参见杨光锐：《死亡率和预期寿命的性别差异的生物学分析》，载《人口研究》1987 年第 5 期。

〔3〕　参见高月等：《性别不同导致人类寿命差异的机制研究进展》，载《生命科学》2018 年第 3 期。

题，而且已经迈入全面小康社会。但与此同时，人口老龄化的快速推进、老龄人口高龄化，以及社会发展过程中空巢老人、失独老人、独居老人、失能半失能老人的大量增加，对养老服务供给提出了更多更高的要求。为积极应对人口老龄化，健全养老服务体系，《中华人民共和国国民经济和社会发展第十三个五年规划纲要》明确提出要建立以居家为基础、社区为依托、机构为补充的多层次养老服务体系。2019 年发布的《国务院办公厅关于推进养老服务发展的意见》（国办发〔2019〕5 号）中再次明确提出，要持续完善居家为基础、社区为依托、机构为补充、医养相结合的养老服务体系，建立健全高龄、失能老年人长期照护服务体系。虽然经过各级政府相关部门及社会各界的努力奋斗和通力合作，当前养老服务供给结构不断优化，多样化、多层次的养老服务供给增量迅速，但由于老年人规模大、增速快，养老服务供给仍然面临严峻的挑战，具体表现在以下几个方面：

第一，家庭养老服务供给乏力。

家庭养老是指由家庭成员满足老年人经济供养、日常生活照顾和精神慰藉需要的一种养老方式。这里的家庭成员主要是指伴侣和子女。随着人们生活水平的不断提高，老年人在日常生活照顾和精神慰藉方面的需要越来越突出，相应的家庭养老重心便从物质保障向服务供给层面转变。两千多年来，我国家庭一直理所当然地承担养老功能，父代抚育子代，子代赡养父代，代代如此，一代接一代，家庭养老的反馈模式根深蒂固。[1]改革开放以来，随着经济社会的变迁，家庭结构发生了很大变动，家庭养老功能逐渐式微。

家庭结构是家庭成员之间形成的相对稳定的关系模式。家庭结构包括两个基本因素：一是人口，也就是家庭成员；二是关系，指家庭成员之间的相互联系，因此家庭结构变动就是家庭人口和关系发生了大的变化。家庭结构要有与其相匹配的社会经济基础，社会生产关系的变革，便会引起家庭结构的变动。在传统中国，"家是一个事业组织，家的大小是依着事业的大小而决定。……家的大小变异可以很甚。但不论大小上差别到什么程度，结构原则上却是一贯的、单系的差序格局"。[2]而在现代社会，工厂式生产瓦解了传统

---

[1] 参见费孝通：《家庭结构变动中的老年赡养问题——再论中国家庭结构的变动》，载《北京大学学报（哲学社会科学版）》1983 年第 3 期。

[2] 费孝通：《乡土中国》，生活·读书·新知三联书店 1985 年版，第 40 页。

小农家庭生产方式,家庭结构相应发生了很大变动,具体来看,这种变动主要体现在家庭规模的小型化和家庭关系的平等化两个方面。

中华人民共和国成立以来,我国家庭平均人数持续减少,从1953年4.3人减少到2.6人(图1.12)。造成家庭规模小型化的原因主要有三个:一是总和生育率降低,导致一孩户家庭数量增多;二是社会流动加剧,导致空巢老人家庭数量增多;三是老年人口高龄化,导致老年独居家庭增多。总之,平均家庭人口规模的减少意味着老年人越来越难以及时得到来自家庭成员,特别是子女的日常生活照顾服务。倘若独居,不但生活照顾需要难以满足,而且面临形影相吊的孤独和寂寞。

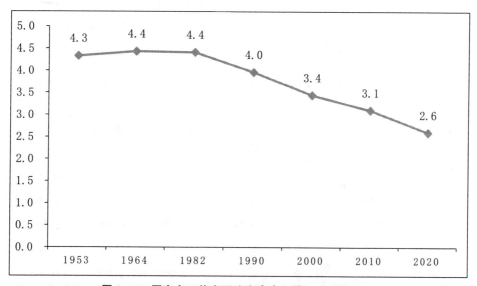

图1.12 历次人口普查平均家庭户规模（人/户）[1]

家庭结构的小型化并不必然带来家庭照顾服务的大幅减少或终结。子女与父母分居后,若能保持"一碗汤"的距离,而且主客观条件能保证送这"一碗汤",老年人仍然可以得到不在一个屋檐下的家庭养老服务。即使居住空间相隔很远,子女若能通过市场购买养老服务(如雇佣保姆)满足老年人

---

〔1〕 1953年-2010年数据来自《第六次全国人口普查主要数据发布》,载 https://www.stats.gov.cn/sj/zxfb/202303/t20230301_1919256.html;2020年数据来自《第七次全国人口普查主要数据情况》,载 https://www.stats.gov.cn/xxgk/sjfb2020/202105/t20210511_1817195.html.

的养老需要仍是可行的。但从目前情况看，这样的主客观条件越来越不具备。主观方面，平等的家庭成员关系代替了传统家庭关系的主轴和配轴之分，婆媳之间的关系不再是纵轴关系，儿媳不再遵从三从四德标准，青年夫妇越来越向往独立、自由的生活，加之女性就业率越来越高，儿媳提供养老服务的可能性越来越小。客观方面，由于社会竞争和工作压力的日益加剧，年轻一代为生活而奔波，为事业而忙碌，实在是无暇顾及父母。另外，年轻家庭育龄妇女生育孩子越来越晚，也在一定程度上影响了子女向父母提供照顾服务。如表 1.1 所示，2005 年第一个孩子出生最多的家庭，母亲年龄在 20-24 岁之间；而 2015 年第一个孩子出生最多的家庭，母亲年龄在 25-29 岁之间。家庭养育孩子年龄的推后，使得年轻一代抚育孩子和赡养父母的时间段往往叠加在一起，很多情形下，年轻夫妇将有限的精力和闲暇时间更多地投入孩子养育，这种重幼轻老的做法客观上减少了家庭的养老服务供给。

表 1.1　2005 年与 2015 年育龄妇女分年龄、孩次的生育状况[1]

单位：‰

	2005 年			2015 年		
	一孩	二孩	三孩及以上	一孩	二孩	三孩及以上
15-19 岁	0.039	0.004	0.001	0.050	0.009	0.004
20-24 岁	0.550	0.110	0.065	0.331	0.147	0.086
25-29 岁	0.327	0.347	0.297	0.427	0.396	0.303
30-34 岁	0.068	0.400	0.368	0.124	0.282	0.302
35-49 岁	0.016	0.139	0.269	0.068	0.166	0.305

　　家庭养老服务供给的弱化，需要国家采取政策支持以给予家庭能力扶植和帮助，这是因为对于我国当前老年人而言，家庭养老仍然是首选。2015 年第四次中国城乡老年人生活状况抽样调查统计数据显示，总体上老年人居住意愿变化不大，2015 年，56.4% 的老年人愿意与子女居住在一起，与 2000 年

---

　　〔1〕　根据《中国统计年鉴—2006》和《中国统计年鉴—2016》中的育龄妇女分年龄、孩次的生育状况相关数据计算。

相比，这一数据不但没有下降，反而提升了 2%。[1]20 世纪 80 年代，西方福利国家的"再家庭化"也说明，任何组织都不可能完全替代家庭承担的福利角色，国家也不可能包揽家庭的所有责任，只有向家庭提供支持，恢复和发展家庭的福利供给能力，才能使家庭成为现代国家福利治理的重要组成单元。1993 年，邓小平在南方谈话中指出："欧洲发达国家的经验证明，没有家庭不行，家庭是个好东西。……老人多了，人口老化，国家承担不起，社会承担不起，问题就会越来越大。"[2]因此，通过家庭政策向家庭提供行之有效的支持，以帮助家庭有能力承担对家庭成员的责任是促进家庭发挥功能切实可行的做法。例如，2019 年起我国实施的《个人所得税专项附加扣除暂行办法》，减轻了赡养老人的家庭照料者的个税负担，无形之中向家庭供给养老服务的"隐形成本"提供了经济补偿。但是，目前的问题是我国还没有建立起相对健全完备的家庭政策体系来助力家庭养老，而且现有政策主要是强调家庭的养老责任，而不是向家庭提供支持。如 2018 年新修正的《中华人民共和国老年人权益保障法》第 14 条规定，赡养人应当履行对老年人经济上供养、生活上照料和精神上慰藉的义务，照顾老年人的特殊需要。赡养人是指老年人的子女以及其他依法负有赡养义务的人。赡养人的配偶应当协助赡养人履行赡养义务。毫无疑问，政策的初衷是保障老年人家庭养老需要得到满足，但前提是家庭有这个能力才行。因此，家庭政策在要求家庭成员提供养老服务的同时，还应该考虑向家庭成员提供支持，投资于家庭，尤其是向家庭中的失能半失能老人提供医疗康复及照护、家庭医生、家庭病房服务等，向家庭照顾者提供现金补贴、喘息服务、心理支持服务等，切实减轻家庭照顾负担。尽管目前我国家庭政策建设也在积极探索，但围绕养老的相关政策设置仍然处于缺位或不完善状态，整体上缺乏发展型家庭政策，一定程度上忽略了家庭在养老方面的经济成本、人力成本、机会成本、性别分工等负担，使得家庭养老服务供给能力日益乏力。

第二，社区养老服务供给薄弱。

顾名思义，社区养老服务是以社区为依托，向居家老人提供日常生活照

---

〔1〕　参见党俊武主编：《中国城乡老年人生活状况调查报告（2018）》，社会科学文献出版社 2018 年版，第 93 页。

〔2〕　中共中央文献研究室编：《邓小平年谱（1975—1997）》（下卷），中央文献出版社 2004 年版，第 1338 页。

顾和精神慰藉服务的一种养老服务模式。服务提供形式主要有服务提供者上门服务和老年人到服务机构接受服务，服务内容包括身体护理（如助餐、助浴等）、日常生活照顾（如洗衣、做饭、购物等）、健康护理（如简单体检、康复理疗等）、精神心理支持（如伴聊、娱乐等）和家庭照顾者临时外出时提供的短期入住服务等。20 世纪 60 年代以后，西方一些发达国家在经历机构养老以后出现了"回到社区"的趋势，尝试以社区养老补充机构养老。目前，这些国家已经建立了医疗、护理、康复相结合的多元化、立体化的社区养老服务体系。相比于家庭养老服务和机构养老服务，社区养老不仅可以使老年人居家就近获得养老服务，而且费用也比机构养老要低。另外，对于老年人而言，在熟悉的生活环境中养老更具人性化，更有利于老年人保持身心健康。

我国是目前世界上老年人口最多的国家。进入 21 世纪以来，随着人口老龄化趋势的不断加剧，传统养老模式下的养老服务供给能力越来越不足，迫切需要开发新的养老服务供给途径来缓解养老压力。2000 年，国务院转发民政部等 11 部委联合发布的《关于加快实现社会福利社会化意见的通知》（国办发〔2000〕19 号）明确将"坚持以居家为基础、以社区为依托、以社会福利机构为补充"作为推进社会福利社会化的指导思想。2008 年，全国老龄委等十部委联合发布的《关于全面推进居家养老服务工作的意见》（全国老龄办发〔2008〕4 号）中指出，居家养老服务是指政府和社会力量在社区层面建立居家养老服务机构、场所和服务队伍，整合社会资源，为居家老年人提供方便、快捷、高质量、人性化的生活照料、家政、康复护理和精神慰藉等方面的服务，以补充传统家庭养老模式。从服务定位和内容来看，这里的居家养老服务实质上就是社区养老服务。此后国家相继发布的《国务院办公厅关于印发社会养老服务体系建设规划（2011-2015 年）的通知》（国办发〔2011〕60 号）《国务院关于印发"十三五"国家老龄事业发展和养老体系建设规划的通知》（国发〔2017〕13 号）都明确指出社会养老服务体系建设要以社区为依托。在政策指引和支持下，近二十年以来我国社区养老服务发展不断提速和完善。《2019 年民政事业发展统计公报》显示，截至 2019 年底，全国建成社区养老照料机构和设施 6.4 万个（其中社区养老照料机构 8207 个），社区互助型养老设施 10.1 万个，共有床位 336.2 万张。

尽管总体社区养老服务供给总量增长很快，但是由于我国老年人口数量庞大，只要平均到个人，人均可利用的社区养老服务数量就变得很少。黄启原等对 2017-2018 年中国老年人健康长寿影响因素追踪调查数据分析发现，社区老年人对居家护理服务、日常购物服务、心理咨询服务、社交娱乐服务的需求比例分别为 64.3%、60.5%、67.3%和 66.8%，而社区能提供这些服务的比例分别为 10.2%、12.9%、12.1%和 21.9%。[1]服务需求与服务供给之间的差距直接反映了社会养老服务供给不足，难以满足老年人养老服务需要，这也意味着现阶段我国社区养老服务的整体覆盖面还比较小，受益老年人数量偏少。不仅如此，老龄人口的高龄化对社区养老服务供给提出了更高的要求，因为随着老年人年龄的增大，患病风险也会越来越高，老年人健康状况下降的同时对社区卫生服务需求越来越强烈，尤其是那些失能半失能老人对医疗康复服务的需求更高，这种情况迫切需要社区提供医养结合的组合式养老服务。2016 年，中共中央、国务院印发的《"健康中国 2030"规划纲要》中提出要发展中医养生保健治病服务，加快养生保健服务发展。2017 年，党的十九大报告明确指出，积极应对人口老龄化，推进医养结合，加快老龄事业和产业发展。2018 年，国务院机构改革成立国家卫生健康委员会，将全国老龄工作委员会并入其中，并设立老龄健康司，制度结构层面完善医养结合，敦促提升社区老年人卫生保健服务的专业化水平。2019 年，国家卫生健康委员会等 12 部门联合发布《关于深入推进医养结合发展的若干意见》（国卫老龄发〔2019〕60 号）指出，为深入推进医养结合发展，将进一步完善居家为基础、社区为依托、机构为补充、医养相结合的养老服务体系，并在医疗卫生与养老服务衔接、医养结合机构改革、政府支持力度与保障政策等方面提出了具体措施。目前，由于社区医养结合式的养老服务供给仍处在探索阶段，实践领域的医疗服务供给多元化机制、医疗服务水平、服务设施配给、社区资源配置等方面仍然面临不少困境。

第三，养老机构服务供给缺口大。

养老机构是指能为老年人提供饮食起居、清洁卫生、生活护理、健康管理和文体娱乐活动等综合性服务的机构。由于它既可以弥补居家养老服务的不足，又可以助力提高社区养老服务水平，成为养老服务供给的一个有效渠

---

〔1〕 参见黄启原等：《基于 CLHLS 的老年人社区养老服务需求及影响因素研究》，载《护理学杂志》2021 年第 3 期。

道。2000 年国务院办公厅转发的民政部等 11 部门联合发布的《关于加快实现社会福利社会化意见的通知》（国办发〔2000〕19 号）中提出要支持和资助各种社会力量兴办社会福利机构之后，我国养老机构进入了快速发展阶段。截至 2019 年底，全国每千名老年人口养老床位数达到 30.5 张，个别省份甚至超过 50 张（图 1.13）。尽管如此，与发达国家 50‰-70‰的养老床位数相比，我国目前的养老床位数仍然缺口很大。诚然，我国老年人居家养老观念强烈，但当前，无论是网络上还是现实中，人们普遍讨论"公办养老院一床难求，民办养老院床位空置"的话题。之所以出现这样的情况，根本症结在于一方面公办养老机构床位数不能满足老年人养老需要，另一方面增加民办养老机构床位数又举步维艰，这两个方面共同导致养老机构床位利用不充分、总体紧缺。

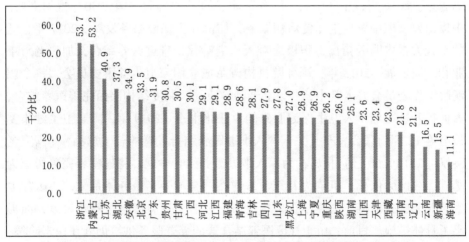

图 1.13　2019 年分地区养老机构每千老年人口养老床位数（张）[1]

建设养老机构是我国养老事业发展的重要组成部分。我国的养老机构可分为公建公营、公建民营、民建公助、民建民营等几种类型，按照投资建设主体划分，一般分为公办养老机构和民办养老机构。中国社科院经济所课题组 2016 年底对全国 722 家养老机构的问卷调查结果显示，公办养老机构不足

---

〔1〕　数据来自《中国统计年鉴—2020》，载 https://www.stats.gov.cn/sj/ndsj/2020/indexch.htm.

三成，民办养老机构占七成以上。[1]从基本服务职能来看，公办养老机构主要发挥托底作用，重点为"三五"老人、"五保"老人、经济困难家庭的失能半失能老人提供养老服务，因此公办养老机构的运营经费主要来自政府财政拨款。相比于数量庞大且快速增长的老年人口，公办养老机构供不应求。物以稀为贵，数量偏少而且享受政府补贴，使得公办养老机构不仅在自身职能定位、运行机制、服务功能等方面出现了不少问题，[2]而且在投资成本、运营条件等方面的先天优势破坏了市场竞争机制，恶化了行业发展环境，阻碍了机构养老服务产业的正常发展。[3]这种情形下，民办养老机构面临两难境地：若入住费用高，则入住率低；若降低入住费用，则难以保障服务质量，最终影响入住率。当入住率和服务满意率达不到一定的标准，又难以得到政府在资金、税收、供暖和水电等方面的补贴，加之劳动力、物价的不断上涨，民办养老机构发展十分艰难，这是养老机构床位数缺口的一个重要原因。公办养老机构和民办养老机构在社会地位、市场地位方面不平等的连锁反应还不止于此，民办养老机构由于得到的资金、物力支持有限，只能在夹缝中求生存，有的提高入住收费水平，打造高端养老服务机构；有的维持低水平收费标准，定位低端养老机构。结果是高端养老机构床位因为价格高而空置率高，低端养老机构因为服务差而空置率高。可见，不能因为养老机构床位空置率高而盲目认为市场需求饱和了。

养老机构发展的结构性矛盾不仅严重束缚了养老服务的供给，而且还影响到养老服务的消费，并最终不利于养老机构行业的健康发展。首先，公办养老机构入住身体较好、经济条件较好的低龄老年人口而"挤走"了特殊老年人口，不仅与国家建设公办养老机构的初衷不符，而且造成政府养老资金的低效利用。其次，受公办养老机构的市场挤压，民办养老机构呈现畸形发展态势，并最终难以发展壮大，形成行业规模效应。最后，对于老年人而言，公办养老机构想入住却排不上队，民办养老机构则是中意的付不起钱，付得

---

[1] 参见王震：《我国长期照护服务供给的现状、问题及建议》，载《中国医疗保险》2018年第9期。

[2] 参见刘益梅：《公办养老机构的发展困境及其转制探析》，载《新疆大学学报（哲学·人文社会科学版）》2019年第1期。

[3] 参见程启智、罗飞：《中国公办养老机构改革改制路径选择》，载《河北经贸大学学报》2016年第2期。

起钱的不中意，这种现象在社会中口口相传，加剧了老年人对养老机构的不信任，进一步破坏了养老机构发展的社会环境。由此看来，公办养老机构转制运营势在必行。2013 年国家提出开展公办养老机构改革试点，国务院发布的《关于加快发展养老服务业的若干意见》（国发〔2013〕35 号）明确指出，政府投资兴办的养老床位应逐步通过公建民营等方式管理运营，积极鼓励民间资本通过委托管理等方式，运营公有产权的养老服务设施。2015 年，民政部等十部委联合发布的《关于鼓励民间资本参与养老服务业发展的实施意见》（民发〔2015〕33 号）再次鼓励民间资本参与公办养老机构服务，明确指出将政府投资举办的养老机构特别是新建机构，在明晰产权的基础上，通过公开招投标，以承包、联营、合资、合作等方式，交由社会力量来运营，实现运行机制市场化。这些政策文件的颁布为我国公办养老机构改制运营指明了方向。

第三节　加强养老服务供给研究的意义

从人口老龄化的现状、发展趋势以及特征来看，我国老龄化社会将持续一个较长的历史时期，这将对我国产生深刻而持久的影响。习近平指出："满足数量庞大的老年群众多方面需求、妥善解决人口老龄化带来的社会问题，事关国家发展全局，事关百姓福祉，需要我们下大气力来应对。"[1]新时代加强养老服务供给研究具有以下重要意义。

一、有利于国家政治稳定，进一步巩固党的领导核心地位

为民造福是中国共产党立党为公、执政为民的本质要求。中华人民共和国成立以来，我们党始终坚持以人民为中心，不断在养老、医疗、就业等方面完善制度建设，提高人民生活水平，尤其是党的十七大以后，我国民生事业快速发展，民众的幸福感持续提升，有力地促进了国家政治稳定。从民生政治的角度看，加强公共资源和公共服务的生产力度、有效分配、合力供给，最大化的满足民众需要是国家履行社会管理职能，担负社会责任的内在要求。

---

〔1〕《习近平在中共中央政治局第三十二次集体学习时强调　党委领导政府主导社会参与全民行动　推动老龄事业全面协调可持续发展》，载《人民日报》2016 年 5 月 29 日，第 001 版。

当前和今后一段时期，由于人口老龄化及其带来的养老压力对我国经济社会发展将产生不小的影响，满足老年人日益增长的养老服务需要不仅是单纯的经济问题或社会问题，还是关系国家政治长久稳定的问题。一方面老年问题具有特殊性，现今的老年人为我国革命、建设和改革做出了巨大的贡献，甚至牺牲了身体健康；另一方面今天的青年人就是明天的老年人，将心比心，倘若父母一代不能安度晚年，势必影响他们对老年生活的担忧，进而影响他们对党和国家的政治态度。在这个意义上，如何加强养老服务供给，切实保障广大老年人在日常生活照顾、康复、医疗护理等方面的服务需要，是加强国家政治稳定、进一步夯实党的核心领导地位必须面对的重要课题。

二、有利于助推养老产业发展，促进老龄事业与经济相协调

当前人口老龄化形势之所以在我国如此严峻，一个很重要的原因是社会经济系统无法提供充分的经济支持。当然，这并不是说人口老龄化对经济所产生的影响全都是消极的，倘若老年人口增多的同时经济也在稳步持续发展，那么人口与经济之间的关系就有可能由"未富先老"变为"边富边老"再转入"先富后老"，所以，人口老龄化与经济发展间的关系并不是一成不变的。积极应对人口老龄化，必须辩证地看待老年人口与经济发展之间的关系，既要看到挑战，又要发现机遇。诚然，人口老龄化会带来劳动力供给的持续减少，经济增量中人口红利逐渐消失等问题，但是老年人口增多客观上也使得社会养老服务需求增加，而且随着人们生活水平的提高和生活观念的转变，老年人的消费结构正在逐渐从日常生活照顾、家政服务向医疗护理、保健养生、休闲文娱等方面扩展。庞大的老年人口加上多元化的养老服务需求给养老服务供给带来挑战的同时，也为养老产业提供了发展的机遇，老年人口必将催生出新的经济生长点。虽然目前养老产业发展还不充分，在服务供给、服务质量、服务品牌、服务设施等方面仍然存在诸多问题，但可以肯定的是，随着国家政策支持的加强、多渠道养老资金的投入以及服务的品质化、便利性的提高，养老产业一定能与家庭养老、社区养老、机构养老融合发展，而且在大数据、云计算、人工智能等数字技术的支持下，萌生新的养老服务供给方式，为养老产业发展注入新动力、新活力，继而拓宽养老服务发展空间，使其成为支撑我国经济增长的重要力量，缓解当前养老压力与经济发展不协调的矛盾。

三、有利于提高老年人生活质量，增进社会代际关系和谐

家庭是我国老年人养老的主要场所，也是影响老年人生活质量的重要环境。国内外大量经验研究表明，子女对老年父母的支持有助于促进老年人身心健康，使老年人保持充实、有尊严的晚年生活。在传统社会，这种家庭代际关系也是稳定社会秩序和推动社会运行的重要力量。然而，由传统社会向现代社会转型的过程中，家庭功能逐渐弱化，老年人的家庭地位不断下降。而且，精神上因为"中国人心中有祖宗、有子孙，而把自己作为上下相连的环节来看的"，[1]所以赡养父母的同时尽最大可能抚育幼代，保证家庭之根代代相传是中间一代人的伦理责任。而当社会竞争加剧，家庭经济压力增大时，养老的"反馈模式"就会受到抚育的"代际倾斜"的挤压，导致老年人得到子女的非正式支持减少，其生活质量受到不同程度的影响。这种情境下，倘若加强养老服务供给，有效缓解家庭养老照顾压力，不仅有助于改善资源紧缺境况下的家庭代际关系，促进老年人生活质量提升，而且能间接改善社会代际关系。这是因为，照顾老人所展现的良好家庭代际关系扩展至社会层面时，客观上能够营造"老吾老，以及人之老"的社会氛围。更为长远的影响还在于个体、家庭层面的养老认知和行为积聚在一起会影响社会整体对老年人的价值取向，在社会认知层面认可老年人的社会贡献、承认老年人的社会权利，从而形成一种良好的社会代际关系，进而推动社会福利制度改革，向老年人提供更多的社会资源来改善老年人生活质量，由此形成一种良性循环。

四、有利于弘扬孝亲敬老美德，构建新时代的新型养老文化

孝亲敬老是中华民族的传统美德，也一直是我国家庭养老的重要精神支柱。然而，一种文化模式并不会一成不变，随着社会的变迁，建立在其基础之上的文化也会发生相应的变化。正如马克思所言："希腊人是正常的儿童。他们的艺术对我们所产生的魅力，同它在其中生长的那个不发达的社会阶段并不矛盾。它倒是这个阶段的结果"，但是，"一个成人不能再变成儿童，否

---

〔1〕 费孝通：《家庭结构变动中的老年赡养问题——再论中国家庭结构的变动》，载《北京大学学报（哲学社会科学版）》1983 年第 3 期。

则就变得稚气了。"[1]归根结底，我国传统孝亲敬老文化的变迁是与社会现实情境互相成长的，孝亲敬老文化无力跳出现实之外完成彻底转变，而必须以现实为基础。现阶段，加强养老服务供给，实质上就是在以往家庭养老的基础上，依托社区，进一步发挥国家、市场、社会组织的力量，形成养老服务的多元供给格局，这也是当前养老文化建设的最大现实。因此，新时代中国特色社会主义新型养老文化的构筑，需要在汲取传统孝亲敬老文化合理内核的基础上，在保障老年人晚年生活质量的前提下，改变那种将养老仅仅视为家庭责任或国家责任的极端看法，演化出一种多元共治、通力合作，携手为老年人提供养老服务的新风尚。

---

[1] 中共中央马克思恩格斯列宁斯大林著作编译局编译：《马克思恩格斯选集》（第 2 卷），人民出版社 1972 年版，第 114 页。

第二章
制度视角下的养老服务供给

　　社会学的制度主义认为，组织是为达到特定目标而设计的工具性机器，因此，组织也是一种卓有成效的制度形式。作为制度的组织，主要关注的不是组织内部具体规则的制定和实施，而是关注组织的行动策略以及他们对社会集体福利的影响。家庭、国家、市场和社会组织是发挥福利功能的重要社会福利制度，这些制度的生成和发展提供了大量的养老服务。

第一节　作为制度的组织

一、制度与组织

　　19 世纪末 20 世纪初，社会科学对制度研究产生了浓厚的兴趣，然而不同学科、不同流派对于制度的理解却不尽相同。政治学将制度视为政治行为主体间博弈的规则、规范、惯例和程序。亨廷顿认为"制度就是稳定的、受珍重和周期性发生的行为模式。"[1]制度的功能在于影响政治行为主体的政治策略和政治行为，同时，制度也是政治行为的产物。[2]经济学将制度视为一种降低交易费用、提高经济绩效的规则，有自发内生的，也有人为设计的。青木昌彦指出，经济学家其实就是把制度当成博弈规则或博弈均衡，作为博弈规则的制度，它是经济活动的游戏规则；作为博弈均衡的制度，它是经济

---

　　〔1〕［美］塞缪尔·P·亨廷顿：《变化社会中的政治秩序》，王冠华等译，生活·读书·新知三联书店 1989 年版，第 12 页。
　　〔2〕参见［美］凯瑟琳·丝莲等：《比较政治学中的历史制度学派》，载《经济社会体制比较》2003 年第 5 期。

行为者之间重复博弈的产物。[1]社会学对制度的理解比较广泛，制度不仅包括具体的正式或非正式的规则、规范，还包括作为组织形态的家庭、群体、国家等。奈特指出社会学的制度包括"从那些具有明确规则和行政实施形式的正式组织，到人际关系以及行为的稳定模式。"[2]马克思将制度视为社会交往的产物，认为"现存制度只不过是个人之间迄今所存在的交往的产物。"[3]从人的实践及其结果来看，马克思所讲的制度并非某一种具体制度，而是指社会经济关系以及建立于其上的上层建筑，即以物质生产方式为依据，将制度视为社会基本形态的具体社会类型。

由以上定义可见，对制度的理解大体有以下两种观点：

第一种观点将制度看成是观念形态的规则与规范。这种认识相对而言较为普遍。凡勃伦认为"制度实质上就是个人或社会对有关某些关系或某些作用的一般思想习惯。"[4]诺斯将制度看成是人类用来决定相互关系的任何形式的制约，包含正规的（如由人类设定的规则）和非正规的（如习俗和行为准则）制度。[5]按照这种取径，制度是博弈规则，而博弈的行动者就是个人或组织，所以制度是由行动者建立起来的。这种观点主要关注组织内部或组织之间制度的建立和实施过程。

第二种观点将组织视为制度，认为组织及其结构、程序本身就是制度，不赞同在组织与制度之间进行区分。新制度主义者认为，组织是为达到稳定目标而被设计并逐渐稳定下来的形式，不应该也不能在制度与组织之间做出明确的区分。正如 Zucker 所言"现代组织是现代社会最卓越的制度形式。"[6]组织社会学的新制度主义开创者迈耶和罗恩非常强调组织与制度环境之间的关联，认为正式组织结构是在高度组织化的背景中产生的，也就是说，制度就

---

〔1〕　参见［日］青木昌彦：《沿着均衡点演进的制度变迁》，载［法］克劳德·梅纳尔主编：《制度、契约与组织：从新制度经济学角度的透视》，刘刚等译，经济科学出版社 2003 年版，第 20 页。

〔2〕　［美］杰克·奈特：《制度与社会冲突》，周伟林译，上海人民出版社 2009 年版，第 2 页。

〔3〕　中共中央马克思恩格斯列宁斯大林著作编译局编译：《马克思恩格斯全集》，人民出版社 1956 年版，第 79 页。

〔4〕　［美］凡勃伦：《有闲阶级论——关于制度的经济研究》，蔡受百译，商务印书馆 1964 年版，第 139 页。

〔5〕　参见［美］道格拉斯·C·诺斯：《制度、制度变迁与经济绩效》，刘守英译，上海三联书店 1994 年版，第 4 页。

〔6〕　Zucker L. G. ，"Organizations as Institutions"，in Samuel B. Bacharach（ed.），*Research in the Sociology of Organizations*，JAI Press，1983，p. 1.

是组织的制度化。[1]斯科特指出："制度包括为社会生活提供稳定性和意义的规制性、规范性和文化–认知性要素，以及相关的活动与资源"。[2]可见，将组织视为制度的观点，重点关注的是组织的功能、资源及其维系社会秩序的能力。

本书的焦点在于阐释家庭、国家、市场和社会如何供给养老服务，而不是分析某一领域内的具体组织如何制定内部规则来约束行动者的行为，因此对组织的理解是制度取径的，即更倾向于将组织视为制度，从更为宏观的层面考察社会制度（主要包括亲属、市场、政府、互助等制度）供给养老服务的方式和途径。

二、制度的形成

制度有很多不同的含义和用法，因此对于制度形成的解释存在不小的分歧。将制度理解为游戏规则的研究者，在制度与组织的关系问题上更多地讨论制度如何影响组织，或组织如何建立制度。但是，若将组织视为制度，不禁要问，作为制度的组织起初是什么形式？是如何建立的？无论如何，对于这些问题的回答都不能将人的因素分离出去，离开了主体而谈论制度是不能想象的。因此，对于制度建立的各种解释虽然存在差异，但归纳起来大致有两种观点：一种是自然主义的，以自然规律为参照强调制度不是人有意设计的产物；另一种是理性主义的，强调制度的建立是一种目的性很强的人为设计的结果。

然而，仔细分析已有研究便会发现，自然主义与理性主义的取径并不总是泾渭分明的，甚至呈现相互交织的情况。其中有两个特征值得注意：一个是制度建立的两种分析路径与社会变迁紧密相关，当社会处于安定繁荣或濒临变革时，关于制度是理性设计的观点占据主流，而当社会处在不稳定或变革后的初期时，人们更倾向于向自然回归；另一个是随着时代的发展，制度建立过程中的自然主义成分越来越少，理性的地位越来越突出。

在希腊古典时代，希腊人把天地万物想象成一个整体，自然界和人类共

---

〔1〕 参见［美］约翰·迈耶、布莱恩·罗恩：《制度化的组织：作为神话和仪式的正式结构》，载张永宏主编：《组织社会学的新制度主义学派》，上海人民出版社 2007 年版，第 3 页。

〔2〕 ［美］W·理查德·斯科特：《制度与组织——思想观念与物质利益》，姚伟、王黎芳译，中国人民大学出版社 2010 年版，第 56 页。

同受到普遍法则的支配，城邦的存在和运行并不依赖城邦统治者的理性。在希腊神话中，普遍法则的象征就是宙斯和诸神，正如塔纳斯描述的那样，"历史上的人在战争和流浪中实践神话般的英雄行为，而奥林匹斯诸神则在特洛伊平原的上空观看并进行干涉。"〔1〕到了公元前5世纪的伯里克利时期，雅典的奴隶制民主政治达到顶峰，充满自信的希腊智者从整体的宇宙中"划出了一个社会秩序的领域，断言社会秩序概由人为，而非神创。"〔2〕人是万物的尺度，国家的创设及法律的制定均源自人类对约定俗成的认可。柏拉图的理想社会结构和社会秩序皆依靠哲学王的睿智。亚里士多德关于中等阶层掌权执政的良善城邦制度设计是理性批判和反思的结果。然而，到了公元前4世纪后期，亚历山大征服希腊之后，希腊人自矜的理性在城邦的没落中受到很大打击。斯多葛主义重申包括人类社会在内的一切事物都是自然的一部分，因此个人命运乃至国家秩序不是由人决定，而是受自然法所支配，所谓"至善就是明显地依照自然而生活，也就是依照道德而生活，因为自然领导我们走向道德。"〔3〕西塞罗指出："真正的法律乃是正确的规则，它与自然相吻合，适用于所有的人，是稳定的、恒久的"，而"国家乃人民之事业，但人民不是人们某种随意聚合的集合体，而是许多人基于法的一致和利益的共同而结合起来的集合体。"〔4〕虽然西塞罗认为国家是人民基于共同利益而理性建立起来的集合体，但判断人民利益的最高标准却是自然法。

相比于古希腊罗马时期，中世纪的理性晦暗不明，基督教并不认为人是独立的和理性的。公元410年，西哥特人攻陷神圣之都罗马以后，为了解决基督教的信仰危机，奥古斯丁提出了"双城论"，将世俗与神圣相对立，以神恩救赎替换先前的自然理性，并将世俗国家置于教会之下，鼓吹神权国家，这样国家的建立便不再是人类理性设计的结果。在此后的几个世纪里，教权与王权之间的斗争时有发生，但最终结果是教会逐渐取得对世俗事务的支配权，丕平献土、教皇为查理加冕、卡诺莎觐见等事件清晰地反映出教会地位

---

〔1〕 ［美］理查德·塔纳斯：《西方思想史》，吴象婴等译，上海社会科学院出版社2011年版，第17页。

〔2〕 于海：《西方社会思想史》，复旦大学出版社2010年版，第19页。

〔3〕 周辅成编：《西方伦理学名著选辑》，商务印书馆1964年版，第215页。

〔4〕 ［古罗马］西塞罗：《论共和国 论法律》，王焕生译，中国政法大学出版社1997年版，第120页、第40页。

的上升趋势。教皇领导社会事务使教会日益陷入世俗世界，这为教会近距离感受世俗理性提供了现实场景，为此，阿奎那一反奥古斯丁关于自然本性堕落的学说，而是承认人的理性和自然秩序可以并存，即"人类的价值和真理并不一定由于有了较高的价值和真理的发现而丧失意义。"〔1〕与此同时，他以亚里士多德的城邦学说为基础，认为国家是源于人之本性而依靠人的理性建立的产物，国家的目的是促使人过一种有德性的生活。然而，阿奎那所讲的人的理性及自然秩序始终被编织进上帝创建的秩序之中，"因为人是上帝按自己的模样创造的。人类凭借自己与造物主的独特关系，可以享有独立存在的智能和意志力，而这种智能和意志力是按上帝自己的智能和意志力仿制的。"〔2〕由此可见：阿奎那一方面充分肯定了人的理性能力，将国家视为人民的事业；另一方面却通过自然法的承上启下式的连接，将上帝的神恩天启作为国家合法化的唯一途径。

文艺复兴时期，经济、政治、社会生活以及精神领域中的一系列深刻变化孕育出了一种全新的世俗精神，在个人和教会关系的嬗变中，那些个人主义、富于创造发明、敢于拒绝传统束缚的内在价值越来越突出，并很快从意大利传遍整个欧洲，形成新的人的理性和社会秩序的基本内核：国家不再是上帝的安排而仅仅是人类的理性作品。马基雅维利认为"人性是恶劣的"，〔3〕因此君主建立国家和维持统治必须像狮子一样凶猛和狐狸一般狡猾。可见，马基雅维利已经将国家从古希腊的道德和中世纪的宗教中解放出来了。17世纪的自然法继承了文艺复兴时期高扬的个人理性，虽然他们不再从历史经验中而是从自然法原则中引出国家，但对社会秩序的寻觅更加突出对理性的依赖，强调国家是人们为了遵守自然法而订立契约所形成的一部人造机器。1642年，英国议会派与保皇派发生武装冲突，目睹内战的霍布斯发现，"天生爱好自由和统治他人的人类生活在国家之中，使自己受到束缚，他们的终极动机、目的或企图是预想要通过这样的方式保全自己并因此而得到更为满意的生

---

〔1〕［意］托马斯·阿奎那：《阿奎那政治著作选》，马清槐译，商务印书馆1963年版，第12页。

〔2〕［美］理查德·塔纳斯：《西方思想史》，吴象婴等译，上海社会科学院出版社2011年版，第206页。

〔3〕［意］尼科洛·马基雅维里：《君主论》，潘汉典译，商务印书馆1985年版，第80页。

活。"〔1〕也就是说，人造的国家的重要性和君主强权的必要性根源于人类追求生活安定的自然本性。尽管洛克修正了人民授予利维坦绝对权力的不可收回性，但仍然认为国家是人民相互协议而联合形成的共同体，因为"人们联合成为国家和置身于政府之下的重大的和主要的目的，是保护他们的财产。"〔2〕

法国大革命前，启蒙思想家将理性提高到了前所未有的高度，并执其对现存社会制度进行批判，"宗教、自然观、社会、国家制度，一切都受到了最无情的批判；一切必须在理性的法庭面前为自己的存在作辩护或者放弃存在的权利。"〔3〕理性不仅能设计制度，而且还具有自反性。卢梭认为先前的社会是奴役人的，结果是"人是生而自由的，但无往不在枷锁之中。"〔4〕究其原因，理性见诸于社会契约建立政府、制定法律的过程中未能集中体现个人意志形成的公意。而孟德斯鸠则设计了一种社会政治制度来保障个人自由。无论如何，在法国启蒙思想家那里，国家已经完全是理性意志的产物了。在苏格兰，启蒙思想家正在以另一种方式肯定理性。斯密一面在经济领域强调自然秩序的优越性，认为在一只"看不见的手"的指导下，社会秩序能够保持利益的均衡与和谐；一面又在自由秩序的情境中，精心设定政府的角色和职能。然而，法国大革命爆发以后，国家政权的频繁更迭和社会混乱促使人们开始怀疑理性的绝对性。保守主义认为个人并非完全理性的，国家也不是人为设计的，而是基于长期以来形成的普遍信念、习惯以及民族共同体意识逐渐衍化出来的。在个人与国家的关系问题上，"个人基本上是国家产生的。不但他的几乎全部的财富，而且同他的个性更有密切关系的许多事情，都有赖于国家的作用。"〔5〕

20世纪70年代，西方国家面对经济滞涨和福利国家的重重困境，努力复兴古典自由主义的新自由主义兴起并迅速发展。虽然新自由主义不是一个完全具有内在统一性的理论体系，但仍然聚焦对国家功能、政府角色、社会秩

---

〔1〕 [英] 霍布斯：《利维坦》，黎思复、黎廷弼译，商务印书馆1985年版，第128页。

〔2〕 [英] 洛克：《政府论》（下），叶启芳、瞿菊农译，商务印书馆1982年版，第77页。

〔3〕 中共中央马克思恩格斯列宁斯大林著作编译局编译：《马克思恩格斯文集》（第3卷），人民出版社2009年版，第523页。

〔4〕 [法] 卢梭：《社会契约论》，何兆武译，商务印书馆2003年版，第4页、第26页。

〔5〕 [英] 休·塞西尔：《保守主义》，杜汝楫译，商务印书馆1986年版，第100页。

序等问题的分析。哈耶克秉持个人权利论证了个人自由的优先性，重申国家的作用主要在于保障个人的自由和基本权利，主张限制政府的角色。公共选择理论将经济学的观点和方法用于研究政治过程和政治制度，认为政治行为也是政治决策者谋求个人利益最大化的选择行为，政府并不能代表社会并按全社会的利益去修正市场失灵。布坎南指出："我们的好政治社会的概念与启蒙哲学家们所持有的概念相似"，[1]应该减少国家对社会生活的干预，粉碎福利国家。诺齐克坚持"个人拥有权利"，[2]从自然状态出发，认为国家是为了防止个人之间相互侵害，个人自愿出让在自然状态中拥有的报复权利而形成的一个垄断性的保护机构，其功能仅仅是为个人提供保护，倘若国家在收取的"保护费"范围之外征收额外税费，承担分配职责，提供社会福利，就超出了社会可以接受的最低限度的国家要求。显然，这一时期对于国家的形成、政府职能的分析，理念上虽然因循自然主义的逻辑，但本质上却更加突出理性对国家的掌控。

以上从历史的角度分析了作为制度的国家的形成逻辑。总体来看，国家的形成是自然主义与人的理性交混的产物。越往前追溯，自然主义的色彩越浓；越往后发展，理性设计的成分越多。恩格斯指出："国家并不是从来就有的。曾经有过不需要国家，而且根本不知道国家和国家为何物的社会。在经济发展到一定阶段而必然使社会分裂为阶级时，国家就由于这种分裂而成为必要的了。"[3]按照这个图式，社会、家庭、国家、市场制度的形成，归根结底是社会生产力发展到一定水平，以及在此基础上人类关于社会、家庭、国家、市场等观念的发展决定的。

三、制度变迁的理论解释

制度的建立与变迁是一个整体的过程，之所以分而述之，主要为了突出关注点的差异。制度的建立主要关注作为组织的制度的产生过程和条件，重

---

〔1〕 ［美］詹姆斯·M. 布坎南、戈登·塔洛克：《同意的计算：立宪民主的逻辑基础》，陈光金译，中国社会科学出版社 2000 年版，第 332 页。

〔2〕 ［美］罗伯特·诺齐克：《无政府、国家与乌托邦》，何怀宏等译，中国社会科学出版社1991 年版，第 1 页。

〔3〕 中共中央马克思恩格斯列宁斯大林著作编译局编译：《马克思恩格斯文集》（第 4 卷），人民出版社 2009 年版，第 193 页。

点着眼于制度从无到有的生成逻辑；制度的变迁主要关注既有制度如何受到现实挑战，逐渐衍生出新的制度，乃至被新的制度所取代。

当代制度变迁讨论最突出的是新制度主义。新制度主义者集中对制度变迁的机制、具体方式以及路线等展开分析。一是关于制度变迁的机制研究。诺斯指出，企业家最大化改变相对价格的努力，诱致制度变迁，这些相对价格包括要素价格比率（例如土地与劳动、劳动与资本之间的比率变化）、信息成本的变化、技术的变化等。[1]青木昌彦总结出了制度变迁的三种机制，即制度嵌入、制度互补和制度捆绑，制度嵌入是指在行动者将正式或非正式的交往习俗、偏好、规则带入既有的（或潜在的）制度环境中，并形成新的制度安排；制度互补是指整个制度体系是一个联系的整体，其中一种制度的改变将带动与它相关的其他制度的变迁；制度捆绑是指多种制度之间没有形成有机的联系，而是靠第三方媒介制度，通过捆绑形成新的制度结构。[2]诺斯和青木昌彦对于制度变迁机制的分析，其不同点不言而喻。在诺斯那里，推动制度变迁的组织或行为主体通常假定制度变迁能产生效率或最优结果，制度变迁的自主性较强。而在青木昌彦的三种制度变迁机制中，制度变迁不一定是为了实现特定目标而有意推动的，也可能是被动的，非最优化的制度结果也可能存在并持续。二是关于制度变迁方式的研究。林毅夫区分了诱致性制度变迁和强制性制度变迁，前者是指"一群（个）人在响应由制度不均衡引致的获利机会时所进行的自发性变迁"，后者是指的是"由政府法令引起的制度变迁。"[3]也有研究者指出，诱致性制度变迁"可能是由对与经济增长相联系得更为有效的制度绩效的需求所引致的"，[4]强制性制度变迁可能是"对政府法令的直接反应。"[5]三是关于制度变迁的路线研究。诺斯强调制

---

〔1〕参见［美］道格拉斯·C·诺斯：《制度、制度变迁与经济绩效》，刘守英译，上海三联书店1994年版，第112页。

〔2〕参见［日］青木昌彦：《沿着均衡点演进的制度变迁》，载［法］克劳德·梅纳尔主编：《制度、契约与组织：从新制度经济学角度的透视》，刘刚等译，经济科学出版社2003年版，第2页。

〔3〕林毅夫：《关于制度变迁的经济学理论：诱致性变迁与强制性变迁》，载［美］R.科斯等：《财产权利与制度变迁——产权学派与新制度学派译文集》，刘守英等译，上海人民出版社1994年版，第374页。

〔4〕［美］V.W.拉坦：《诱致性制度变迁理论》，载［美］R.科斯等：《财产权利与制度变迁——产权学派与新制度学派译文集》，刘守英等译，上海人民出版社1994年版，第333页。

〔5〕［美］保罗·迪马久、沃尔特·鲍威尔：《铁的牢笼新探讨：组织领域的制度趋同性和集体理性》，载张永宏主编：《组织社会学的新制度主义学派》，上海人民出版社2007年版，第28页。

度变迁的路径依赖性，一旦制度沿着一条具体进程行进时，组织的外部环境、组织的学习过程以及历史上关于制度演进所派生的主观主义就会增强这一进程。[1]社会学的制度主义从组织结构的相似性揭示了制度变迁的路线惯性。迈耶和罗恩认为任何组织必须适应高度组织化的制度环境，才会使组织更具有合法性、更成功，也更有可能生存，而这个制度环境就是人们普遍接受的法律制度、文化期待以及观念。[2]Dimaggio 和 Powell 指出了制度变迁趋同的三种机制：强制趋同性、模仿趋同性和社会规范趋同性，制度变迁的趋同意味着制度变迁长期的总体方向是可预测和较难逆转的。[3]

以上关于制度变迁的研究，重点关注的是组织内部或组织之间制度的建立和实施过程，而且将制度变迁中的能动者更多地局限于组织的内部精英。虽然社会学的制度主义也注意到了组织所处的高度组织化的制度环境对制度变迁的影响，但在他们的视野中，作为组织的制度是同质性的，对于推动制度变迁的能动者自然也是一视同仁看待的。斯科特指出，推动制度变迁的"能动者可能以各种不同的面目出现，包括个体行动者和集体行动者"，[4]例如：国家、专业人员、其他精英、边缘博弈者、利益群体和精英群体、普通参与者等。虽然制度变迁的能动者并不仅是国家，但是国家因为合法性垄断了强制权力，所以政府会对其他组织产生权威性的影响。[5]与此同时，随着现代社会的组织越来越同质化，以及科层制的持续扩张，组织变迁越来越少的受竞争所驱动，而更多地受到国家和专业人员的影响。[6]尽管存在地域、文化、政治权力结构等方面的差异，但就国家具有的强制能力，以及理性化的发展和科层制的扩张的趋同性而言，已有的相关研究成果为认识我国的制度

---

〔1〕 参见〔美〕道格拉斯·C·诺斯：《制度、制度变迁与经济绩效》，刘守英译，上海三联书店1994年版，第128页。

〔2〕 参见〔美〕约翰·迈耶、布莱恩·罗恩：《制度化的组织：作为神话和仪式的正式结构》，载张永宏主编：《组织社会学的新制度主义学派》，上海人民出版社2007年版，第19-20页。

〔3〕 See DiMaggio, P. J., Powell, W. W., "The Iron Cage Revisited: Institutional Isomorphism and Collective Rationality in Organizational Fields", *American Sociological Review*, Vol. 48, No. 2, 1983.

〔4〕 〔美〕W·理查德·斯科特：《制度与组织——思想观念与物质利益》，姚伟、王黎芳译，中国人民大学出版社2010年版，第106页。

〔5〕 See Lindblom, Charles E., *Politics and Markets: The World's Political-Economic Systems*, Basic Books, 1977, p. 21.

〔6〕 See DiMaggio, P. J., Powell, W. W., "The Iron Cage Revisited: Institutional Isomorphism and Collective Rationality in Organizational Fields", *American Sociological Review*, Vol. 48, No. 2, 1983.

变迁提供了丰富的理论基础。事实上，学者们对于我国的国家与家庭、市场和社会之间关系的研究也证实，作为制度的国家，其最显著的特殊性恰恰在于能左右其他制度。

首先，在家庭提供福利方面，国家的"入场"和"出场"，使得家庭提供福利具有明显的"去家庭化"和"再家庭化"的特征。福利"去家庭化"的逻辑前提是福利供给倚重家庭或具有显著的家庭主义特征。里斯特指出，去家庭化就是"要么通过有报酬的工作，要么通过社会福利条款"，[1]每个成年人可以不依赖家庭关系而能够维持社会上可接受的生活标准。从社会政策的角度讲，去家庭化的具体体现就是那些改变福利供给很大程度上依赖家庭成员关系的规定和实践。[2]与此相对应，福利的"再家庭化"描述了再次将家庭作为主要福利供给者并为其成员提供福利的理念及其实践。在传统中国，"家庭主义为儒家学说这一普遍的道德体系所推崇"，[3]家庭俨然是一个事业群体，保障个人的生存和发展。中华人民共和国成立以后，国家在城市和农村分别推行的"单位制"与人民公社制使得福利供给具有明显的"去家庭化"效应。这是因为家庭与个人完全被笼罩在新的行政机构与干部系统组成的权力场域的同时，"个人也从家庭、亲缘、社区的权力下被解放出来了。"[4]改革开放以后，为了尽快适应市场经济体制，国家逐渐把先前单位承担的福利责任剥离下来，以解决"企业办社会"阻碍经济发展的问题。然而，由于当时并没有建立起一整套相对较为完整的社会福利体系，事实上出现了福利供给"再家庭化"的转向。

其次，在市场提供福利方面，国家利用权力资源对市场的掌控具有明显的计划性。虽然市场提供福利不像家庭一样历史悠久，但从市场产生之初开始，它就受到国家强有力的调控。波兰尼指出："西欧国内市场实际上是由国

---

〔1〕［英］露丝·里斯特：《公民身份：女性主义的视角》，夏宏译，吉林出版集团有限责任公司2010年版，第272页。

〔2〕 See McLaughlin, E., C. Glendinning, "Paying for Care in Europe: Is There a Feminist Approach?", in Hantrais, L., S. Mangen (eds.), *Family Policy and the Welfare of Women*, Loughborough University of Technology, 1994, p. 53.

〔3〕［美］弗兰西斯·福山：《大分裂：人类本性与社会秩序的重建》，刘榜离等译，中国社会科学出版社2002年版，第43页。

〔4〕阎云翔：《私人生活的变革：一个中国村庄里的爱情、家庭与亲密关系（1949-1999）》，龚小夏译，上海书店出版社2006年版，第256页。

家干预所创造的"。[1]然而，市场追求效率，而国家既要通过市场发展经济又要规制市场以维护社会秩序，不同运作逻辑常常使得市场和国家之间充满张力。因此，西方历史上国家与市场经历了一个合作与竞争的交互过程。[2]不过需要注意的是，竞争也罢、合作也好，国家和市场的地位并不是对等的。"历史的经验表明经济活动的目的最终不仅取决于市场和技术经济学提出的对策措施，而且（或明或暗地）取决于经济活动所在的社会政治体系的行为准则、价值观和利益。"[3]例如，市场向工人提供的养老金具有"经济性"和"政治性"的双重性质，[4]可以促进劳动力市场上年轻人对老年人的置换，从而提高劳动生产率，但是更为根本的目的在于国家要依此缓和社会矛盾，维护统治秩序。[5]相比于西方国家，东亚国家的政治体制普遍具有明显的威权主义特征，[6]所以更加强调国家对市场管控，国家总是能够决定市场发挥作用的范围。中国特色社会主义市场经济是"使市场在国家宏观调控下对资源配置起基础性作用。"[7]国家与市场的合作关系中，虽然允许市场有较大的自由和自主空间，但国家对其发展前景做出预测并制定出蓝图。

最后，在社会提供福利方面，国家通过支持和控制社会组织，使其辅助国家进行社会福利治理。对于社会组织提供福利的分析离不开对国家与社会关系的历史考察，而对于后者间关系的讨论一直是国内外研究的一个重要主题。古希腊时期，"人类自然是趋向于城邦生活的动物"，[8]国家与社会是一体的。马其顿征服希腊及其后建立的亚历山大帝国冲淡了往昔人们社会生活

---

〔1〕 [英] 卡尔·波兰尼：《大转型：我们时代的政治与经济起源》，冯钢、刘阳译，浙江人民出版社2007年版，第55页。

〔2〕 参见易文彬：《国际政治经济学视角下的国家与市场》，载《现代经济探讨》2011年第7期。

〔3〕 [美] 罗伯特·吉尔平：《全球政治经济学——解读国际经济秩序》，杨宇光、杨炯译，上海人民出版社2013年版，第8页。

〔4〕 参见 [英] 苏珊·斯特兰奇：《国家与市场》，杨宇光等译，上海人民出版社2006年版，第220页。

〔5〕 参见 [英] Ian Gough：《福利国家的政治经济学》，古允文译，巨流图书公司1995年版，第190页。

〔6〕 参见骆莉：《关于东亚模式中国家与市场关系的思考》，载《暨南学报（哲学社会科学）》1999年第3期。

〔7〕 江泽民：《全面建设小康社会，开创中国特色社会主义事业新局面——在中国共产党第十六次全国代表大会上的报告》，载《求是》2002年第22期。

〔8〕 [古希腊] 亚里士多德：《政治学》，吴寿彭译，商务印书馆1965年版，第7页。

中洋溢的政治热情，伊壁鸠鲁学派与斯多葛主义将政治与社会伦理分成两截，主张人们远离政治生活转而寻求内心善的生活。中世纪的教会凌驾于世俗王国之上而行使政治、经济和社会权力，进一步推动了国家与社会的分离。文艺复兴之后的古典自然法学家和启蒙思想家立基于自然法，从社会的自然状态推演出国家，强调国家与社会之间有明确的界限。黑格尔的市民社会理论跳出了英法思想家将国家与市场相对立的认识，不再将国家视为一个制定和执行法律的机构，而是通过国家将社会整合在一起，使市民社会的"特殊性与伦理性的统一得到调和。"[1]进入20世纪以来，在国家与社会的历史关系争论中形成了公民社会理论、法团主义理论、多元主义理论。转视中国，海内外中国研究的学者对中华人民共和国成立以来不断变动的国家与社会关系也给予了较多关注，研究成果颇丰。总体而言，对于改革开放以前的国家与社会关系的认识较为一致，即"全能主义"的国家几乎掌控了全部重要资源，[2]由此创建了一个"总体性社会"，[3]形成了"强国家、弱社会"、国家支配社会的管理模式。[4]对于改革开放以后的国家与社会关系的看法差异较大，甚至存在争议。首先，取径公民社会的一些研究认为我国在20世纪90年代已经出现了公民社会的萌芽，[5]具有半公民社会的特征；[6]而有些研究者则认为改革后国家强势和社会自主性不足的基本格局并没有发生根本改变，[7]并且最近十年来国家与社会关系的弹性有所减小。[8]其次，取径法团主义的一些研究认为公民社会不符合我国社会转型后的实际情况，[9]改革后的国家与

---

〔1〕　［英］亚当·斯密：《国富论》，唐日松等译，华夏出版社2005年版，第327页。

〔2〕　邹谠：《二十世纪中国政治：从宏观历史与微观行动的角度看》，牛津大学出版社1994年版，第3页。

〔3〕　孙立平：《转型与断裂 改革以来中国社会结构的变迁》，清华大学出版社2004年版，第5页。

〔4〕　孙立平等：《改革以来中国社会结构的变迁》，载《中国社会科学》1994年第2期。

〔5〕　See White, G., "Prospects for Civil Society in China: A Case Study of Xiaoshan City", *The Australian Journal of Chinese Affairs*, No. 29, 1993.

〔6〕　See He, B. G., "The Limits of Semi-Civil Society", in He, B. G. (ed.), *The Democratic Implications of Civil Society in China*, Macmillan Press Ltd, 1997, pp. 147-165.

〔7〕　参见黄军甫：《国家自主性困境及对策——国家与社会关系的视角》，载《社会科学》2014年第12期。

〔8〕　参见曹正汉：《国家与社会关系的弹性：1978年以来的变化》，载《学术界》2018年第10期。

〔9〕　See Goldstein, S. M., "China in Transition: The Political Foundations of Incremental Reform", *The China Quarterly*, Vol. 144, 1995.

社会关系是法团主义模式，[1]社团运行也已体现出强烈的国家法团主义特征。[2]然而，也有一些研究认为我国的国家与社会的关系仅有法团主义的制度结构，[3]而且这种制度呈现出来的也是一种形似神非的法团主义，[4]究其原因，我国的社会不是外在于国家的，缺乏权利分立后的自主性。[5]最后，取径社会治理的研究认为，我国的国家与社会的关系正在从有限的二元分离向二元互动转变，[6]从社会管控向社会治理转变，[7]在这个转变过程中，为了提高社会治理的有效性，国家为社会提供自主活动空间的同时，又采取"团结性吸纳"策略而不致使社会游离。[8]社会组织作为社会的重要主体之一，其发展轨迹同国家与社会关系的变迁趋势相吻合。十六届四中全会通过的《中共中央关于加强党的执政能力建设的决定》中提出要发挥社团、行业组织和社会中介组织提供服务、反映诉求、规范行为的作用，形成社会管理和社会服务的合力，之后，国家根据社会组织提供服务的能力对其实行分类控制，[9]即一方面对挑战政府权威的社会组织予以控制，另一方面培育可控的社会组织替代那些独立于政府的社会组织，这种"行政吸纳社会"的做法将社会组织提供的服务视为对其控制的副产品。[10]对此，有研究者指出异议，认为政府培育和支持社会组织发展，其效应并不仅仅是控制社会组织使其充当政府提供社会服务的帮手，在这个过程中，社会组织也获得了生存与发展的必需资源，这种强

---

〔1〕 See Unger, J., Chan, Anita, "China, Corporatism, and the East Asian Model", *The Australian Journal of Chinese Affairs*, Vol. 33, 1995.

〔2〕 参见顾昕：《公民社会发展的法团主义之道——能促型国家与国家和社会的相互增权》，载《浙江学刊》2004 年第 6 期。

〔3〕 See Foster, K. W., "Embedded within State Agencies: Business Associations in Yantai", *The China Journal*, No. 47, 2002.

〔4〕 参见吴建平：《理解法团主义——兼论其在中国国家与社会关系研究中的适用性》，载《社会学研究》2012 年第 1 期。

〔5〕 参见张静：《法团主义》，中国社会科学出版社 1998 年版，第 163-164 页。

〔6〕 参见白贵一：《当代中国国家与社会关系的嬗变》，载《贵州社会科学》2011 年第 7 期。

〔7〕 参见郁建兴、关爽：《从社会管控到社会治理——当代中国国家与社会关系的新进展》，载《探索与争鸣》2014 年第 12 期。

〔8〕 参见何得桂、徐榕：《团结性吸纳：中国国家与社会关系的一种新解释》，载《中国农村观察》2021 年第 3 期。

〔9〕 参见康晓光、韩恒：《分类控制：当前中国大陆国家与社会关系研究》，载《开放时代》2008 年第 2 期。

〔10〕 参见康晓光等：《改革时代的国家与社会关系——行政吸纳社会》，载王名主编：《中国民间组织 30 年——走向公民社会》，社会科学文献出版社 2008 年版，第 271-385 页。

调国家与社会之间融合的观点被称为"行政吸纳服务"。[1]总之，国家对社会组织是控制抑或支持，取决于社会组织能否提供有效的服务来辅助国家进行社会福利治理，或者说国家与社会组织之间是否存在着利益契合。[2]

第二节　福利与社会福利制度

一、福利

中文中的"福利"由"福"和"利"组成。"福者，备也。备者，百顺之名也。无所不顺者，谓之备""利者，义之和也"，前者大意是完备，没有任何不顺；后者大意是要得到利益，就要讲求与道义的统一，二者合起来的意思就是在道义的基础上得到利益进而达到有备无患。[3]英文中的"福利"是由 well 和 fare 组成，其中，well 表示令人满意的、好的，fare 表示过活、进食，合起来的意思是指令人满意的生活、好的生活。可见，福利最初的含义是指物质生活资料的不匮乏而达成的一种生活殷实状况，反映了经济发展水平还处在较低阶段时期，人们对什么是好的生活的认知标准。随着社会不断从匮乏走向充裕，人们对好的生活的认识不仅局限于物质需要，精神方面的需要也日渐突显，福利的内涵更加丰富起来。Marshall 认为福利意味着比财富更主观，"说一个人生活得好，是指他实际生活得好而且对此感觉也好。"[4]吉登斯甚至认为"福利在本质上不是一个经济学的概念，而是一个心理学的概念，它关乎人的幸福。"[5]这不是说福利与经济上的利益或好处没有关系，而是表明当经济发展水平达到一定程度以后，心理感知对于幸福的影响更大。与此同时，也有研究者认为，福利不仅表明了个人生活需要满足后的一种心

---

〔1〕 唐文玉：《行政吸纳服务——中国大陆国家与社会关系的一种新诠释》，载《公共管理学报》2010 年第 1 期。

〔2〕 参见江华等：《利益契合：转型期中国国家与社会关系的一个分析框架——以行业组织政策参与为案例》，载《社会学研究》2011 年第 3 期。

〔3〕 （清）段玉裁注：《说文解字注》，上海古籍出版社 1981 年版，第 12 页、第 312 页。

〔4〕 Marshall, T. H., "Citizenship and Social Class", in Manza, J., Sauder M. （eds.）, *Inequality and Society: Social Science Perspectives on Social Stratification*, W. W. Norton and Co., 2009, p. 12.

〔5〕 ［英］安东尼·吉登斯：《第三条道路：社会民主主义的复兴》，郑戈译，北京大学出版社 2000 年版，第 121 页。

理状态，而且还隐含地表达了达成这种状态的行动。一番ヶ濑康子指出："福利不单单表现为心情等主观因素，而是作为一个人主动地追求人间幸福生活权利的基础、机会和条件，以及在日常生活中所做的各种必要的努力。"[1]但是，努力获得并不等于有能力获得，前者强调主观欲望，后者注重客观事实。阿马蒂亚·森特别强调了达到好的生活状态的可行能力的重要性，认为"福利并不是她所支配的某种外在于她的东西，而是她所获得的内在于她的东西"，因此"福利的根本特征是获得有价值的功能的能力。"[2]然而现实生活中，个人由于先天或后天因素导致自身行动能力缺失时，即使有主动追求幸福生活的欲望和权利，仍然需要外在于他的力量给予支持来满足生活所需。因此，巴里认为尽管对福利的理解"进入了一个几乎无法解决的争议领域"，但是仍然"存在某种最小限度的共识，认为正是这个概念描述了幸福、满足、救济。"[3]综合以上观点，福利是指人们能够通过个人实际行动或他人支持而达到的一种好的生活状况。

二、社会福利

从个人与社会的关系来看，社会福利与个人福利相对，涉及的对象更多、内容也更为复杂；从字面构成来看，社会福利由"社会"与"福利"组合而成，旨在从更广的层面认识福利。实际上，无论采取哪种角度，社会福利考虑的中心问题是：令广大民众满意的生活是什么？

社会是由个人构成的。一方面人作为一个自然的生物，努力维持生存是其自然本性；另一方面人的生存资料总是受到所处环境的限制。由于个人在禀赋、机遇等方面的差异，个人占有的生活资料不可避免地存在差异甚至是差距。人类为了自保和繁衍，往往"最弱的人运用密谋或者与其他处在同一种危险下的人联合起来，就能具有足够的力量来杀死最强的人"，这样做的结果是一切人对一切人的战争，最终使得"当一个人为了和平与自卫的目的认

---

〔1〕［日］一番ヶ濑康子：《社会福利基础理论》，沈洁、赵军译，华中师范大学出版社 1998 年版，第 2 页。

〔2〕［印］阿马蒂亚·森：《后果评价与实践理性》，东方出版社 2006 年版，第 143 页、第 148 页。

〔3〕［英］诺曼·巴里：《福利》，储建国译，吉林人民出版社 2005 年版，第 17 页。

为必要时，会自愿放弃这种对一切事物的权利"，[1]或者个人也可以采取"以互助和互援的办法来消除竞争，便能创造更好的环境"，[2]总之，处境最弱的人不会被轻易抛弃。可见，社会福利的最初意涵旨在让社会成员免于饥饿、匮乏和暴力。随着社会生产力的不断发展，人们对社会福利的期望值也在不断提高，即"社会福利是指社区或社会的满意状况"。[3]尽管由于社会成员的差异性，社会共同满意的状况很难有统一的认识，但至少是要消除社会病态，诚如贝弗里奇指出的贫穷、疾病、愚昧、肮脏、懒散等阻碍社会进步的五个严重社会问题。[4]因此，社会福利"是假设不虞匮乏、充分就业、安全、健康、快乐、受教育、社会平等及有序的生活等有关人类幸福的事项的实现是社会的正常状态。"[5]作为状态的社会福利，在一定意义上被视为社会秩序的良好结果。Midgley指出，社会福利是"当社会问题得到控制、人类需要得到满足以及社会机会最大化时，人类正常存在的一种状况。"[6]

三、社会福利制度

从组织的角度看，制度是人们为了达成一定的目的而建立的持久稳定的社会组织形式，是社会结构的重要组成部分，因此，社会福利制度可以看作是发挥社会福利功能的各种组织形式。根据制度的表现形式和实现机制，社会福利制度可以区分为正式的（如政府、工作单位、社会组织等）和非正式的（如家庭、邻里志愿服务团体等）两类。Gilbert和Terrell认为，人们日常生活中形成的六种基本社会组织形式（亲属系统、宗教、工作场所、市场、公民社会、政府）发挥着重要的福利功能，是社会福利的主要来源，其中：亲属系统主要发挥成员照顾、经济上相互支持的功能；宗教主要提供心理咨询、精神支持以及贫民救助服务；工作场所主要为劳动者提供与工作相关的物资、服务和薪水；市场通过生产和交换获取物资与服务，满足人们吃穿住

---

〔1〕［英］霍布斯：《利维坦》，黎思复、黎廷弼译，商务印书馆1985年版，第92页、第98页。

〔2〕［俄］克鲁泡特金：《互助论》，李平沤译，商务印书馆2008年版，第76页。

〔3〕［美］威廉姆H·怀特科、罗纳德C·费德里科：《当今世界的社会福利》，解俊杰译，法律出版社2003年版，第29页。

〔4〕参见［英］贝弗里奇：《贝弗里奇报告——社会保险和相关服务》，社会保险研究所译，中国劳动社会保障出版社2008年版，第162页。

〔5〕钱宁主编：《现代社会福利思想》，高等教育出版社2013年版，第2页。

〔6〕Midgley, J., *Social Welfare in Global Context*, Sage, 1997, p. 5.

行等需要；公民社会以慈善、非正式帮助等形式实现社会互助和对贫困者的救助；政府提供基本的健康、教育和住房等物质保障，避免出现反福利的社会问题。[1]

回顾人类社会的历史，社会福利制度是一个从简单到复杂的发展过程。家庭是人类自然形成的一种组织形式，共同生活在一起的家庭成员相互构成了一个社会安全网络，养老抚幼，代代相继维系日常生活。国家出现以后，对那些不能依靠家庭及亲属网络的贫弱成员给予救济，以缓和贫富矛盾，防止社会失序、统治政权更迭。社会进入工业化和现代化以后，机器大生产取代了小手工作坊制，人们的职业身份也从自雇转向了他雇，通过自己的劳动在市场上获得收入，工作成了个人最好的福利。但与此同时，人们面临的风险较之先前也更加不确定。为了有效降低风险，在家庭、国家和市场提供福利的基础上，社会自组织逐渐发展起来并日益成为一个重要的福利来源。虽然家庭、国家、市场和社会组织等都在提供福利，但是提供福利的顺序、数量和类型是不一样的。从制度生成及其提供福利的实际情况来看，人类早期的福利主要由家庭和国家提供，家庭为主，国家兜底。进入工业化社会以后，家庭和市场主要提供福利，国家和社会组织给予必要的补充。近代以后，随着经济社会的发展，一方面国家的福利支出能力不断提升，另一方面基于公民权利的社会福利意识形态不断扩展和深化，国家在福利供给中的作用日益突出，福利的供给领域不断扩大，供给水平不断提高，受益对象也由先前的少数贫弱人口逐渐面向全体公民，社会福利正在由小福利向大福利转变。[2]这种情形下，国家提供福利不再仅仅是出于消除社会矛盾，而是要促进个人与社会的发展。

第三节　社会福利制度与养老服务供给

福利制度有不同的分析维度。理查德·斯科特确定了制度分析的六大层次，即世界系统、社会、组织场域、组织种群、组织、组织亚系统，并且每

---

〔1〕　参见［美］Neil Gilbert、Paul Terrell：《社会福利政策引论》，沈黎译，华东理工大学出版社2013年版，第4—14页。

〔2〕　参见景天魁、毕天云：《从小福利迈向大福利：中国特色福利制度的新阶段》，载《理论前沿》2009年第11期。

一种层次的制度可以操作化为各种制度形式的权限或统辖范围。[1]Midgley 把社会福利制度分为非正式的社会福利制度、正式的社会福利制度和国家的社会福利制度，其中，非正式的社会福利制度包括个人、家庭、邻里、亲属等，正式的社会福利制度主要包括社会组织和志愿团体等，国家的社会福利制度主要指的是政府。[2]Gilbert 和 Terrell 认为，日常生活中存在着六种基本的社会福利制度，它们分别是亲属、宗教、工作单位、市场、互助机构和政府，这些制度发挥着程度不同的社会福利功能。[3]以上对于社会福利制度的分类，基于组织分类的正式与非正式之分，将其分为非正式社会福利制度和正式社会福利制度。

福利制度是回应人的需要的。[4]满足人的需要是社会福利制度目标定位的依据，[5]也是社会福利制度运行的重要动力。[6]为了更清晰地呈现社会福利制度的养老服务供给功能，接下来分别对非正式社会福利制度、正式社会福利制度以及二者混合供给养老服务的情况分而述之。

一、非正式社会福利制度与养老服务供给

家庭作为最重要的非正式福利制度，发挥着亲属照料和家庭内部的经济支持功能。[7]对于家庭为什么会照料老年人，主要有四个原因：亲密、利他主义、义务和互惠。[8]费孝通将中西方子女对父母的赡养关系概括为"反馈模式"和"接力模式"，并且指出两种模式的差别在于后者不存在子女对父母

---

〔1〕　参见［美］W·理查德·斯科特：《制度与组织——思想观念与物质利益》，姚伟、王黎芳译，中国人民大学出版社 2010 年版，第 95 页。

〔2〕　See Midgley, J., *Social Welfare in Global Context*, Sage, 1997, p. 10.

〔3〕　参见［美］Neil Gilbert、Paul Terrell：《社会福利政策引论》，沈黎译，华东理工大学出版社 2013 年版，第 4 页。

〔4〕　See Stern, M. J., J. Axinn, *Social Welfare: A History of the American Response to Need*, Prentice Hall, 2011, p. 3.

〔5〕　参见彭华民：《论需要为本的中国社会福利转型的目标定位》，载《南开学报（哲学社会科学版）》2010 年第 4 期。

〔6〕　参见徐延辉、林群：《福利制度运行机制：动力、风险及后果分析》，载《社会学研究》2003 年第 6 期。

〔7〕　参见［美］Neil Gilbert、Paul Terrell：《社会福利政策引论》，沈黎译，华东理工大学出版社 2013 年版，第 4 页。

〔8〕　See Klaus, D., "Why Do Adult Children Support Their Parents?", *Journal of Comparative Family Studies*, Vol. 40, No. 2, 2009.

赡养的义务。[1]也有一些研究者把子女对老人的照料看成是一种代际互惠行为。[2]不管照顾是基于义务还是互惠,中西方的一些实证研究均表明,老年人家庭养老服务首要依靠的是配偶,其次是子女。[3]

家庭提供的养老服务主要是日常生活照料。国外的研究倾向于从社会交换论视角解释老年人需要什么或子女能向老年父母提供什么。一些研究指出,老年人倾向于获得与过去自己对孩子的支持相似的照料,即如果过去在某个情境下自己给过孩子什么样的照料,在相似情境下,老年人也期望孩子能提供什么样的照料。[4]王来华和施耐德对家庭患病老人照料的分析发现,日常的护理主要由老伴提供,买菜、洗衣、做饭等日常家务活动则主要由子女承担。家庭提供照料并不等于老年人养老服务需要就满足了,对此一些研究者还从经验层面分析了老年人养老服务需要的满足程度。Scharlach 从子女和父母之间的关系质量分析了老年人家庭照料状况。他指出,当照顾者面对不切实际的照料期望时,就会出现代际关系质量不高,视照料为负担的问题。[5]有的学者还指出,尽管处在中年期的儿子对父母仍存在积极的照料责任,但是优先照料的是自己的子女,其次才是父母。[6]另外,国内外一些研究对家庭

〔1〕 参见费孝通:《家庭结构变动中的老年赡养问题——再论中国家庭结构的变动》,载《北京大学学报(哲学社会科学版)》1983 年第 3 期。

〔2〕 See Gouldner, A. W., "The Norm Of Reciprocity: A Preliminary Statement", *American Sociological Review*, Vol. 25, No. 2, 1960; Eggebeen, D. J., D. P. Hogan, "Giving between Generations in American Families", *Human Nature*, Vol. 1, No. 3, 1990; Davey, A. et al., "Parental Marital Transitions and Instrumental Assistance Between Generations: A Within-Family Longitudinal Analysis", *Advances in Life Course Research*, Vol. 12, 2007.

〔3〕 参见 Spitze, G., R. Ward, "Gender, Marriage, and Expectations for Personal Care", *Research on Aging*, Vol. 22, No. 5, 2000;王来华、[美]瑟夫·施耐德约:《论老年人家庭照顾的类型和照顾中的家庭关系——一项对老年人家庭照顾的"实地调查"》,载《社会学研究》2000 年第 4 期。

〔4〕 See Brinberg, D., P. Castell, "A Resource Exchange Theory Approach to Interpersonal Interactions: A test of Foa's Theory", *Journal of Personality and Social Psychology*, Vol. 43, No. 2, 1982; I-Fen Lin & Hsueh-Sheng Wu, "Intergenerational Exchange and Expected Support Among the Young-Old", *Journal of Marriage and Family*, Vol. 76, No. 2, 2014.

〔5〕 See Scharlach, A. E., "Relieving Feelings of Strain Among Women With Elderly Mothers", *Psychology and aging*, Vol. 2, No. 1, 1987.

〔6〕 参见郭康健:《儿子对老年父母的照顾:香港夹心代的境况与态度的启示》,载《暨南学报(哲学社会科学版)》2005 年第 4 期。

照料者的性别也给予了关注，尤其是照料的女性化现象。[1]更为详尽的实证研究对子女一代中的照料父母者的比例进行了估计，女儿占29%，儿媳占23%，儿子占19%。[2]针对照料责任的女性化现象，董晓媛从女性主义经济学、[3]梁丽霞从依附理论、关怀伦理理论以及性别角色理论等进行了诠释。[4]还有一些研究关注了家庭照料者的情绪、心理健康问题，建议应该对提供照料的家庭成员给予积极支持[5]。

二、正式社会福利制度与养老服务供给

正式社会福利制度主要由政府、志愿组织和营利性机构组成，是基于正式的制度安排提供养老服务。[6]

起初，政府主要通过院舍提供养老服务。院舍照料可以追溯至英国伊丽莎白政府于1601年颁布的《济贫法》，它区分了院内救助和院外救助，院外救助后来发展成为公共养老服务机构。二战之后，以马歇尔的公民权利理论

---

〔1〕 See Horowitz, A. , "Sons and Daughters as Caregivers to Older Parents: Differences in Role Performance and Consequences", *The Gerontologist*, Vol. 25, No. 6, 1985; Boersma, A. A. et al. , "Health status of shut-ins in the Marigot Health District, Commonwealth of Dominica", *West Indian Medical Journal*, Vol. 43, No. 3, 1994; Karasik, R. J. , K. Conway-Turner, "Role of Siblings in Adult Daughters' Anticipation of Caregiving", *Journal of Adult Development*, Vol. 2, No. 4, 1995; Berecki-Gisolf, J. et al. , "Transitions into Informal Caregiving and out of Paid Employment of Women in their 50s", *Social Science & Medicine*, Vol. 67, No. 1, 2008; 黄何明雄等：《老年父母家庭照顾中的性别研究概观——以香港的个案研究为例》，载《社会学研究》2003年第1期。

〔2〕 See Stone, R. et al. , "Caregivers of the Frail Elderly: A National Profile", *The Gerontologist*, Vol. 27, No. 5, 1987.

〔3〕 参见董晓媛：《照顾提供、性别平等与公共政策——女性主义经济学的视角》，载《人口与发展》2009年第6期。

〔4〕 参见梁丽霞：《"照顾责任女性化"及其理论探讨》，载《妇女研究论丛》2011年第2期。

〔5〕 See Yee, J. L. , R. Schulz, "Gender Differences in Psychiatric Morbidity among Family Caregivers: A review and Analysis", *The Gerontologist*, Vol. 40, No. 2, 2000; 林小莺：《阿尔兹海默氏症病患的家属照顾者情绪困扰调适研究》，华东师范大学2006年博士学位论文；苏薇、郑钢：《家庭照料对照料者心理健康的影响》，载《心理科学进展》2007年第6期；Bauer, J. M. & A. Sousa-Poza, "Impacts of Informal Caregiving on Caregiver Employment, Health and Family", *Journal of Population Ageing*, Vol. 8, No. 3, 2015; 余华等：《老年期痴呆患者家庭照顾者照顾体验的结构方程模型分析》，载《中国心理卫生杂志》2015年第5期。

〔6〕 See Fine, M. D. , *A Caring Society? Care and the Dilement of Human Services in the 21st Century*, Palgrave Macmillan, 2007, p. 138.

为价值基础构筑的福利国家，非常强调政府的福利职能。[1]对此，迪尼托指出，福利权利改变了公共救助接受者的态度和行为，人们广泛认同老年人应该得到政府的公共性支持照顾。[2]20 世纪 70 年代，福利国家遭遇危机，公共服务大规模的私营化，私人性质的营利性老年服务机构大量涌现，并同公共性老年服务机构一起组成了老年人机构照顾的主要形式。Segal 指出，由于老年人照料的艰巨性和复杂性，尽管非正式的免费照料发挥着巨大的作用，但随着人的寿命延长，非正式照料时常难以满足全部老年人的养老服务需要，这种现象推动了政策制定者发展老年机构照顾。[3]Wolff 和 Jacobs 指出：一方面患有慢性疾病和失能老人越来越多，家庭照料和老年人养老服务需要之间的"照料差距"越来越大；另一方面，医疗技术的发展也要求单纯的家庭照料向机构养老扩展。[4]一些研究显示，年老体弱的人经常会频繁地住院，有长期护理的需要。[5]Segal 指出，在美国，机构主要是向老年人提供医疗健康护理服务，尤其是对于那些需要长期护理的老年人，对于产生的护理服务费用，除了政府的医疗保障支付一部分外，大部分则由个人支付。[6]尽管机构能为老年人提供适宜、安全的居住环境和一系列的日常照顾服务，但是在机构接受照顾服务的老年人，其行为必须符合普遍的角色期待，这可能会导致"诱导性依赖"，最终导致老年人能力丧失和健康恶化。对此，Saks 等提出要关注接受机构照顾服务的老年人的生活质量，具体在老年人生活质量测评方

---

〔1〕 See Marshall, T. H., "Citizenship and Social Class", in Manza, J., Sauder M. (eds.), *Inequality and Society: Social Science Perspectives on Social Stratification*, W. W. Norton and Co., 2009, pp. 148 -154.

〔2〕 参见 [美] 戴安娜·M·迪尼托：《社会福利：政治与公共政策》，何敬、葛其伟译，中国人民大学出版社 2007 年版，第 44-45 页。

〔3〕 See Segal, E., *Social Welfare Policy and Social Programs: A Values Perspective*, Cengage Learning, 2010, p. 291.

〔4〕 See Wolff, J. L., B. J. Jacobs, "Chronic Illness Trends and the Challenges to Family Caregivers: Organizational and Health System Barriers", in Joseph E. G., L. K. Robert (eds.), *Family Caregiving in the New Normal*, Elsevier, 2015, p. 93.

〔5〕 See Jencks, S. F. et al., "Rehospitalizations among patients in the Medicare fee-for-service program", *New England Journal of Medicine*, Vol. 360, No. 14, 2009; Wee, S. L. et al., "Determinants of Use of Community-Based Long - Term Care Services", *Journal of the American Geriatrics Society*, Vol. 62, No. 9, 2014.

〔6〕 See Segal, E., *Social Welfare Policy and Social Programs: A Values Perspective*, Cengage Learning, 2010, pp. 289-290.

面，应该综合考虑老年人的主观看法和专家的评价。[1]比较而言，国内对于老年人机构照顾的研究更多地关注老年人的照顾意愿，认为在家庭养老功能不断弱化的形势下，应该发展机构养老服务，包括公共的和私人的，[2]并且认为失能老人、经济困难老人对机构照料有较强的意愿。[3]

三、"混合"社会福利制度与养老服务供给

20世纪70年代西方主要发达国家出现的经济停滞并同人口老龄化使福利国家制度陷入了严重的危机之中。政策制定者在面临日益高涨的养老服务支出而踌躇时，发现一度被忽略的家庭可以比较廉价地替代原有的一些福利计划。[4]相对于正式养老服务，以家庭为主的非正式照料可以更好地满足老年人心理、情感等方面的需要，可见家庭等非正式福利制度提供的养老服务和正式福利制度提供的照料在功能上可以相互支持和替代。[5]

链接非正式福利制度与正式福利制度提供养老服务的常见模式是社区照料。通过这种模式，两种制度的服务资源能够实现有效整合。需要注意的是，将家庭提供的养老服务纳入整个社会养老服务体系后产生的社区照料模式，并不是社区照料萌芽的最初阶段。在社会工作领域，社区照料的概念和工作模

---

〔1〕 See Saks，K. et al.，"Quality of Life in Institutional Care"，in Marja，V. et al.（eds.），*Care-Related Quality of Life in Old Age：Concepts，Models and Empirical Findings*，Springer，2008，p. 214.

〔2〕 参见于潇：《公共机构养老发展分析》，载《人口学刊》2001年第6期；刘红：《中国机构养老需求与供给分析》，载《人口与经济》2009年第4期；许爱花：《社会工作视阈下的机构养老服务》，载《江淮论坛》2010年第1期；王金元：《规范化与个别化：机构养老的艰难抉择》，载《社会科学家》2010年第12期；穆光宗：《我国机构养老发展的困境与对策》，载《华中师范大学学报（人文社会科学版）》2012年第2期；张增芳：《老龄化背景下机构养老的供需矛盾及发展思路——基于西安市的数据分析》，载《西北大学学报（哲学社会科学版）》2012年第5期。

〔3〕 参见蒋岳祥、斯雯：《老年人对社会照顾方式偏好的影响因素分析——以浙江省为例》，载《人口与经济》2006年第3期；王莉莉：《中国城市地区机构养老服务业发展分析》，载《人口学刊》2014年第4期；张文娟、魏蒙：《城市老年人的机构养老意愿及影响因素研究——以北京市西城区为例》，载《人口与经济》2014年第6期；张瑞玲：《城市老年人机构养老意愿研究——基于河南省12个地市的调查》，载《调研世界》2015年第12期。

〔4〕 See Abel，E. K.，"The Ambiguities of Social Support：Adult Daughters Caring for Frail Elderly Parents"，*Journal of Aging Studies*，Vol. 3，No. 3，1989；Abel，E. K. "Informal Care for the Disabled Elderly：A critique of Recent Literature"，*Research on Aging*，Vol. 12，No. 2，1990.

〔5〕 Nelson，G. M.，"Support for the Aged：Public and Private Responsibility"，*Social Work*，Vol. 27，No. 2，1982.

式起源于二战后一些西方国家的"反院舍化运动"。[1]社区照料强调社区内正式照料与非正式照料的配合,以避免正式照料的冷漠、没有人情味和与世隔绝的程式化的照料带来的负面效应。[2]正因如此,社区养老服务兼具情感性与工具性。

社区照料包含两种类型,即"在社区照顾"和"由社区照顾"[3]。前者强调被照料者不离开自己生活的社区而获得养老服务;后者表明提供养老服务的主体除了家庭、亲属、邻里以外,还包括政府、志愿组织以及市场营利组织。周沛指出,社区照顾是一个包括家人、邻里、朋友、各种民间服务组织、政府有关部门、义工、社工、志愿服务者等构成的社区内社会服务网络。[4]老年人社区照顾"是介于老人家庭照顾和老人社会机构照顾之间的一种运用社区资源开展的老人照顾方式",[5]具体内容包括:饮食起居等方面的生活养老服务、医疗保健等方面的健康服务以及提供娱乐、社交,促进心智健康等方面的整体关怀。

在社区照料模式的适用性问题上,一些学者认为社区照料具有功能的全方位性、照顾资源的多元性、照顾体系的多层次性、开放性和优势互补性。[6]李宗华等认为,尽管社区照料理论和实践是舶来品,但是它与我国社会固有的孝老思想、家国一体和互助精神等传统文化理念相契合,能够移植于本土并大力推行。[7]但是,也有学者区分了中西方社区照料的差异。Ochiai在分析东亚和东南亚社会的福利体制时指出,中国老年人的照料主要由家庭成员及

〔1〕 参见周沛:《社区照顾:社会转型过程中不可忽视的社区工作模式》,载《南京大学学报(哲学·人文科学·社会科学版)》2002年第5期。

〔2〕 参见钱宁:《社区照顾与中国社会福利制度的改革》,载《中国青年政治学院学报》2002年第4期;吕新萍:《院舍照顾还是社区照顾?——中国养老模式的可能取向探讨》,载《人口与经济》2005年第3期。

〔3〕 钱宁:《"社区照顾"的社会福利政策导向及其"以人为本"的价值取向》,载《思想战线》2004年第6期。

〔4〕 参见周沛:《社区照顾:社会转型过程中不可忽视的社区工作模式》,载《南京大学学报(哲学·人文科学·社会科学)》2002年第5期。

〔5〕 史柏年:《老人社区照顾的发展与策略》,载《中国青年政治学院学报》1997年第1期。

〔6〕 参见缪青:《社区养老照顾势在必行》,载《求是》2013年第7期;徐祖荣:《城市社区照顾模式研究》,载《人口学刊》2008年第1期。

〔7〕 参见李宗华等:《老年人社区照顾的本土化实践及反思》,载《甘肃社会科学》2009年第4期。

亲属提供,从 21 世纪初开始,国家才强调社区对老年人的照料责任。[1]

　　为了清楚地认识到非正式社会福利制度与正式社会福利制度的"贡献值",一些研究还对社区照料进行了量化研究。Paraponaris 等对法国 3500 名残疾老年人的调查研究显示,在那些接受社区养老服务的老年人中,非正式养老服务占 55%,正式养老服务占 25%,非正式养老服务和正式养老服务组成的混合养老服务占 20%,研究还指出,社会经济地位低下增加了获取正式照料的难度。[2]Asmus-Szepesi 等对荷兰 460 名老年人的健康照料研究指出,那些患高风险疾病的老年人,无论正式养老服务支出还是非正式养老服务支出都比较高。[3]郭佩对日本老年人照料责任分担比例进行了研究,经过测算得出:市场每月为老年人提供的养老服务平均时间为 170 小时,国家每月为老年人提供的养老服务平均时间为 73 小时,家庭每月为老年人提供的养老服务平均时间为 352 小时,非营利组织和社区组织每月为老年人提供的养老服务平均时间为 1 小时。[4]比较而言,国内学界围绕老年人社区养老服务的研究的一个显著的特点是理论研究多,经验研究少,聚焦于社区养老服务的供给模式、政策设计等方面。这一方面说明目前老年人社区照料在我国的发展还不成熟,另一方面也反映出这方面研究的精细化程度有待加强。

---

〔1〕 See Ochiai, E. , "Care Diamonds and Welfare Regimes in East and South-East Asian Societies: Bridging Family and Welfare Sociology", *International Journal of Japanese Sociology*, Vol. 18, No. 1, 2009, pp. 18, 71-72.

〔2〕 See Paraponaris, A. , "Formal and Informal Care for Disabled Elderly Living in the Community: An Appraisal of French Care Composition and Costs", *The European Journal of Health Economics*, Vol. 13, No. 3, 2012.

〔3〕 See Asmus-Szepesi, K. J. E. et al. , "Formal and Informal Care Costs of Hospitalized Older People at Risk of Poor Functioning: A Prospective Cohort Study", *Archiver of Geronrology and Geriatrics*, Vol. 59, No. 2, 2014.

〔4〕 参见郭佩:《日本老年照顾责任分担比例测算研究——基于照顾四边形的理论视角》,北京外国语大学 2014 年博士学位论文。

第一节　理论分析范式

科学共同体所遵循的研究习惯和研究典范，使他们在很大程度上对某一共同的问题持有比较一致的看法。库恩将这种研究典范称之为范式，"通常是指那些公认的科学成就，它们在一段时间里为实践共同体提供典型的问题和解答。"[1]格迪斯将范式定义为"由理论、假设、应用以及研究者偏爱的方法论所构成的集合"，"它们包含一系列已经被追随者们广泛接受的事实性与解释性知识主张"。[2]也就是说，通过理论研究范式，可以发现或了解某一领域、某一问题科学研究普遍遵从的模型或模式。可见，范式为认识特定的研究对象及其问题提供了一幅简笔画，若没有它的指引，研究梳理就会显得颇为困难或凌乱。目前，对于福利服务（包括养老服务）供给研究先后形成了以下几种理论分析范式。

一、平衡理论

平衡理论（Balance Theory）是由美国社会学家 Litwak 和 Meyer 首先提出来的。他们在检视了马克斯·韦伯对我国家庭伦理与资本主义相背离的论述、滕尼斯关于共同体与社会的区分，以及熊彼特关于工作情景中理性因素对家庭情感纽带的破坏分析之后，指出传统社会学理论在现代科层制组织与非正式组织之间的关系认识上隐含着两个假设：一是非正式组织和科层制组织之

---

〔1〕［美］托马斯·库恩：《科学革命的结构》，金吾伦、胡新和译，北京大学出版社 2003 年版，第 4 页。

〔2〕［美］芭芭拉·格迪斯：《范式与沙堡：比较政治学中的理论建构与研究设计》，陈子恪等译，重庆大学出版社 2012 年版，第 5 页。

间是对立的，相互破坏的。以家庭为代表的非正式组织运转主要依靠裙带关系，而以科层制组织为代表的正式组织运转主要依靠正式成员身份和绩效管理；二是科层制组织可以取代非正式组织的大部分活动。这两个假设意味着在现代社会，科层制组织能够比较有效地达成社会目标，如果把科层制组织和非正式组织放在一起竞争，科层制组织往往会把非正式组织排挤出去。然而，通过对美国社会中科层制组织和非正式组织之间关系的观察，他们发现正式的科层制组织并没有取代非正式组织，这是因为，即使是在发达的工业社会中，它们也各有所长，它们之间可以是一种相互依赖、功能互补的关系。[1]问题在于应该如何协调二者之间的关系呢？Litwak 和 Meyer 指出，应该在科层制组织和非正式组织之间保持适度的距离，如果距离较远，它们之间的相互干扰可能会抑制一方或双方功能的发挥；如果距离太近，双方之间的竞争性可能会扰乱一方或双方功能的发挥。对此，他们提出科层制组织可以通过八种协调机制、四个交往准则来影响非正式组织，使其接受科层制组织的价值观和规范，以实现特定的社会目标（表 3.1）。总之，平衡理论强调，只要科层制组织和非正式组织之间维持某种平衡，现代社会中的社会控制和目标达成就可以实现。对于科层制组织和非正式组织之间的关系，布劳和梅耶在《现代社会的科层制》一书中也做过专门的阐述，他们指出："大型组织中，科层制管理获得的协调和控制，主要还是通过规则和对遵守规则的激励。大多数情形下，科层制管理是有效率的。"[2]但是，科层制组织不擅长处理内部错综复杂或相对独特的事情，相比之下，非正式组织却能很快适应并灵活处理这些事情。

表 3.1 科层制组织和非正式组织间的协调机制、交往准则[3]

协调机制	交往准则			
	主动性准则	强度准则	集中专长准则	最大覆盖准则
派遣专家	最高	高	最高	最低

---

〔1〕 See Litwak, E., H. J. Meyer, "A Balance Theory of Coordination Between Bureaucratic Organizations and Community Primary Groups", *Administrative Science Quarterly*, Vol. 11, No. 1, 1966.

〔2〕 ［美］彼得·布劳、马歇尔·梅耶：《现代社会中的科层制》，马戎等译，学林出版社 2001年版，第 142 页。

〔3〕 See Litwak, E., H. J. Meyer, "A Balance Theory of Coordination Between Bureaucratic Organizations and Community Primary Groups", *Administrative Science Quarterly*, Vol. 11, No. 1, 1966.

续表

协调机制	交往准则			
	主动性准则	强度准则	集中专长准则	最大覆盖准则
草根领袖	适中	最高	低	适中
社区服务站	比较适中	高	高	适中
志愿组织	最低	适中	适中	高
信使	适中	低	最低	高
媒体	比较适中	最低	最低	最高
正式机构	高	比较适中	比较高	比较低
政府授权组织	比较高	比较高	比较高	比较低

平衡理论着力讨论的是科层制组织和非正式组织之间可以通过协调各自的价值和行为达成某种合作，实现特定目标。这一理论修正了传统社会学关于科层制组织和非正式组织之间的对立，反思了科层制组织的局限，发现了被忽视的家庭等非正式组织的资源和能力。在平衡理论的基础上，Litwak 提出了老年人照料责任分担理论，并通过经验分析划分出正式组织和非正式组织各自在老年人照料中的功能，在正式组织和非正式组织之间构建"一种能够最优实现社会任务的匹配结构"，即正式组织和非正式组织在老年人照料中发挥着不同的功能，正式组织主要为老年人提供专业化、制度化的养老服务，以家庭为核心的非正式组织具有正式组织不可替代的功能，如提供突发事件之后的照料、非规律性的照料、情感性兼工具性的照料等。[1]

Litwak 将平衡理论应用于老年人养老服务研究的重要意义在于：理念上搭建了一个老年照顾服务模型，它有助于将正式组织和非正式组织提供的养老服务资源整合在一起；方法上首开对老年人的养老服务需要和养老服务内容的操作化定义。在平衡理论的指导下，Lottmann 等对德国和以色列 75 岁以上老年人的社会照料进行了量化比较研究，结论显示：两个国家公共服务的发展只是改变了家庭照料的形式，并没有完全取代家庭养老服务，正式组织主要是向老年人提供常规养老服务，其中大部分是工具性支持；相比之下，

---

〔1〕 See Litwak, E., *Helping the Elderly: The Complementary Roles of Informal Networks and Formal Systems*, Guilford Press, 1985, p. 28.

家庭往往能主动向老年人提供形式多样的养老服务，并能在情感上给予及时支持。[1]这一研究证实了 Litwak 提出的平衡理论关于科层制组织和非正式组织间功能互补、结构匹配的观点。

二、福利多元主义理论

福利多元主义，亦称福利混合经济，是应对福利国家危机的一种策略性产物，[2]其出发点在于反对国家在社会福利领域的过度扩张，关注的核心问题是社会福利应该如何供给以满足经济社会发展的需要。

福利多元主义强调福利来源的多样性。Rose 和 Shiratori 认为一个社会的整体福利不是由国家唯一提供，而是由国家、市场、志愿组织以及非正式组织共同提供。[3]Evers 从制度角度分解了整体福利，认为社会总和福利量由家庭、市场和国家三种不同的制度共同提供，其中，家庭在共享价值的指导下提供微观的非正式福利，市场秉持交换价值提供经济福利，国家保持公平正义价值通过再分配向社会提供福利。[4]Johnson 在福利三角构架中加入了志愿部门，认为社会中的自助、互助组织，非营利机构等也提供福利。[5]由此形成了持福利多元主义理论取向的学者通用的分析框架（表3.2）。福利多元主义是一个开放的体系，随着新的福利供给主体的出现，还可能会出现更复杂的结构。纽伯格提出了福利五边形构架，即认为福利由国家、市场、家庭、社会网络与会员组织等共同提供，与此同时，纽伯格还区分了社会网络与会员组织，认为会员组织与社会网络相比，个人拥有更多加入或退出这些组织的自由与自由决策权，而且因为依靠正式规则运行，会员组织的福利供给具

---

〔1〕　See Lottmann, R. et al., "A German-Israeli Comparison of Informal and Formal Service Use A-mong Aged 75+", *Journal of Cross-Cultural Gerontology*, Vol. 28, No. 2, 2013.

〔2〕　See Brejning, J., *Corporate Social Responsibility and the Welfare State: The Historical and Contemporary Role of CSR in the Mixed Economy of Welfare*, Ashgate Publishing Limited, 2012, p. 11.

〔3〕　See Rose, R., R. Shiratori, "Introduction: Welfare in Society: Three Worlds or One?", in Rose, R. & R. Shiratori (eds.), *The Welfare State East and West*, Oxford University Press, 1986, pp. 13-36.

〔4〕　See Evers, A., "Shifts in the Welfare Mix: Introducing a New Approach for the Study of Transformations in Welfare and Social Policy", in Evers, A. et al. (eds.), *Shifts in the Welfare Mix: Their Impact on Work*, *Social Services and Welfare Policies*, Campus Verlag, 1990, pp. 7-29.

〔5〕　See Johnson, N., *Mixed Economies of Welfare: A Comparative Perspective*, Prentice Hall Europe, 1999, p. 3.

有更多的稳定性。[1]

表 3.2　福利多元主义的四个部门及其对应的福利提供者[2]

部门	公共的	商业性的	非营利性的	非正式的
福利提供者	中央与地方政府 非政府部门的公共机构 公共服务机构	商业企业 商业服务机构	社会团体 自助组织 宗教组织 慈善组织 社会企业 非政府组织 非营利性机构	家庭成员 朋友 邻里 扩展的社交网络

　　构成福利多元主义结构的各部门在功能上并不是对等的。米什拉指出，强调整体福利的多元性，并不意味着福利等于各组成部分的简单相加，因为福利各组成部分在不同国家、不同领域存在差异。[3]埃斯平-安德森认为，一个国家的福利主要来源于政府、市场和家庭，不同类型的福利国家，各个福利供给主体提供的福利量是不一样的，相对来讲，社会民主主义福利国家强调政府的福利供给，自由主义福利国家强调市场的福利供给，保守主义福利国家强调家庭的福利供给。[4]斯图尔特从英国福利供给中各组成部分角色的历史变化分析了造成这种差异的原因，认为国家的福利角色经历了从最初的"辅助者"到福利国家建设时期的"主导者"再到 20 世纪最后二十五年的"参与者"的转变；家庭作为一个重要的社会机构，一直是福利的主要供给者之一；市场在福利供给中的角色与执政党的意识形态高度相关，不同的意识形态对市场有不同的偏好，自由主义者声称市场能满足大部分人的需要，反对公营部门垄断福利领域；志愿性、慈善部门作为福利混合经济的一个组成部分，福利贡献值很大程度上取决于它和国家的关系，与以往相比，20 世纪

---

　　〔1〕　参见［荷］克雷斯·德·纽伯格等：《福利五边形和风险的社会化管理》，载《社会保险研究》2003 年第 12 期。

　　〔2〕　See Brejning, J., *Corporate Social Responsibility and the Welfare State：The Historical and Contemporary Role of CSR in the Mixed Economy of Welfare*, Ashgate Publishing Limited, 2012, p. 12.

　　〔3〕　参见［加］R·米什拉：《资本主义社会的福利国家》，郑秉文译，法律出版社 2003 年版，第 113-114 页。

　　〔4〕　参见［丹麦］哥斯塔·埃斯平-安德森：《福利资本主义的三个世界》，苗正民、滕玉英译，商务印书馆 2010 年版，第 13-47 页。

最后十年，国家越来越多地通过这些组织来传送社会福利服务。[1]可见，福利供给各部门之间的"移动边界"因时而异，需要考虑特定的历史情境。还有一些研究发现，不同福利供给主体在提供福利的过程中其地位是不平等的，如 Keating 等指出，由于国家在稀缺资源分配和家庭照顾价值宣传方面的优势，社会政策往往具有更广、更强的影响力。[2]

　　总的来看，福利多元主义认为国家直接供给福利既非唯一，也非最好，它将社会福利由国家全面供给转向国家并同家庭、市场以及志愿组织等社会多个主体共同提供，强调社会福利来源的多元化、多样化，构建了社会福利分析的一个新的范式。当然，福利多元主义也成为老年人养老服务供给的一个理论分析框架。20 世纪 80 年代以后，西方一些国家的政策制定者在面临日益高涨的养老服务费用而踌躇时，发现一度被忽略的家庭可以廉价替代原有的一些福利计划。[3]相对于正式照料，以家庭为主的非正式照料可以更好地满足老年人心理、情感等方面的需要，所以非正式社会福利制度提供的照料和正式社会福利制度提供的照料在功能上以相互支持和替代。[4]

　　非正式社会福利制度与正式社会福利制度提供老年人养老服务的常见实践形式是社区照料。社区照料强调社区内正式养老服务与非正式养老服务的配合，以避免正式照料那种机械化、非情感化的照料带来的负面效应。[5]社区养老照料包含两层意思：一是在社区内照顾，二是由社区提供照顾，前者是指老年人不离开自己生活的社区，后者是指提供养老服务的主体除了家人、亲属、邻里以外，还包括政府、志愿组织以及市场营利组织。周沛指出，社区照顾是一个包括家人、邻里、朋友、各种民间服务组织、政府有关部门等

---

　　〔1〕　参见［英］约翰·斯图尔特：《历史情境中的福利混合经济》，载［英］马丁·鲍威尔主编：《理解福利混合经济》，钟晓慧译，北京大学出版社 2011 年版，第 30—41 页。

　　〔2〕　See Keating, N. et al., *Social Capital as a Public Policy Tool*, Policy Research Initiative, 2005, p. 25.

　　〔3〕　See Abel, E. K. "Informal Care for the Disabled Elderly: A critique of Recent Literature", *Research on Aging*, Vol. 12, No. 2, 1990.

　　〔4〕　See Nelson, G. M., "Support for the Aged: Public and Private Responsibility", *Social Work*, Vol. 27, No. 2, 1982.

　　〔5〕　参见吕新萍：《院舍照顾还是社区照顾？——中国养老模式的可能取向探讨》，载《人口与经济》2005 年第 3 期。

构成的社区内社会服务网络。[1]社区养老服务涉及内容包括：饮食起居、医疗保健、娱乐、社交等方面的关怀。

三、"钻石形"理论

"钻石形"理论（the care diamond）萌生于福利多元主义。Jenson 和 Saint-Martin 将福利三角（市场、国家与家庭）与第四部门（如志愿组织、非营利机构等）构成的福利供给多元结构称之为"钻石形福利"（the welfare diamond）。[2]但是，Razavi 认为，无论是先前的福利多元主义还是钻石形福利理论，这些概念由于强调福利供给的多元性和福利主体的自主性而超越了福利国家的内涵。事实上，与家庭和市场相比，国家扮演着更重要的作用，它不仅是一个福利的供给者，而且还是确定家庭、市场以及第三部门福利责任的决策者。但是，在一些发展中国家，为老年人、孤儿以及长期患病者提供最低层次的养老服务，确实是由慈善组织、宗教以及社区组织提供的。基于这样的事实，Razavi 构建了一个钻石形福利架构，[3]如图 3.1。

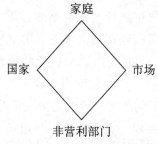

图 3.1 钻石形福利构架

提供福利服务的部门包括家庭、市场、公共部门和非营利机构。然而，钻石形的服务架构只是反映了福利服务的来源，并不意味着这些机构均会提

---

〔1〕 参见周沛：《社区照顾：社会转型过程中不可忽视的社区工作模式》，载《南京大学学报（哲学·人文科学·社会科学）》2002 年第 5 期。

〔2〕 See Jenson, J., D. Saint-Martin, "New Routes to Social Cohesion? Citizenship and the Social Investment State", *Canadian Journal of sociology*, Vol. 28, No. 1, 2003.

〔3〕 See Razavi, S., "The Political and Social Economy of Care in a Development Context Conceptual Issues, Research Questions and Policy Options", *UNRISD Programme on Gender and Development Paper*, No. 3, 2007.

供福利服务，也不意味着福利服务要在这些机构之间按照一定的比例分担。构架中的任何一极是否提供福利以及提供多少，与不同国家和地区的政治制度、党派结构、意识形态以及宗教等密切相关。Razavi 和 Staab 指出，政府能够协调钻石形福利构架，从而达到公共服务和私人服务的有效混合，以便让每一个人都能获得服务并尊重服务提供者的权利，但是这取决于国家的财政支付能力、对非政府组织的协调能力以及政府投资公共基础健康和教育服务的意愿。[1]如果政府做不到这些，福利服务的多元供给可能会造成不平等，也极易导致福利的碎片化。Keating 等指出，由于国家在稀缺资源分配和家庭养老服务价值宣传方面的优势，国家通过社会政策对老年人服务的影响比中观层面的社区和微观层面的家庭更广、更强。[2]Ochiai 在对亚洲 6 个国家和地区的儿童与老年人照料的比较研究中，进一步演绎了钻石形福利理论，并且发现在钻石形福利架构中，由于亲属提供的服务支持非常普遍，也相对比较稳定，变化主要体现在国家和市场两个部分。[3]埃斯平-安德森对福利国家福利体制的划分表明：在自由主义福利体制下，国家表现出较弱的再分配倾向，"免费的"社会福利只针对底层群体，中间群体和上层群体则主要通过市场获取福利；在社会民主主义福利体制下，国家表现出较强的再分配倾向，而且充当了雇主的角色，为女性提供了大量的就业岗位；在保守主义福利体制下，国家的再分配倾向居中，国家主要通过市场向男性就业劳动力提供福利，年长者、家庭妇女则主要依靠退休金和在职男性薪金生活。[4]基于安德森的划分标准，Ochiai 对照料体制也进行了相应的划分：新加坡的老年照料形态属于家庭主义与自由主义的结合，泰国的老年照料形态属于家庭主义，中国的老年人照料形态属于倚重社区的社会主义，韩国和日本的老年照料形

---

[1] See Razavi, S., S. Staab, "The Social and Political Economy of Care: Contesting Gender and Class Inequalities", *EGM/ESOR/BP* 39, 2008, p. 29.

[2] See Keating, N. et al., *Social Capital as a Public Policy Tool*, Policy Research Initiative, 2005, p. 25.

[3] See Ochiai, E., "Care Diamonds and Welfare Regimes in East and South-East Asian Societies: Bridging Family and Welfare Sociology", *International Journal of Japanese Sociology*, Vol. 18, No. 1, 2009.

[4] 参见 [丹麦] 哥斯塔·埃斯平-安德森：《福利资本主义的三个世界》，苗正民、滕玉英译，商务印书馆 2010 年版，第 13-47 页。

态属于发展主义式的社会民主主义。[1]

钻石形福利构架的形态是不断变化的。Peng 分析了韩国自 1990 年以来的钻石形福利构架的变化及其原因：①国家提供的福利服务持续扩张。政府承诺依托公共部门、市场和社区，通过立法、财政支持以及直接服务供给承担更多的福利责任，尤其是针对儿童和老年人；②市场提供的福利服务正在重新定位。由于劳动力市场改革，导致市场对男性的就业保护减弱，于是政府颁布了一些积极的福利计划进行弥补，包括扩大社会保险范围、就业支持计划等，另外，政府在老年人照料方面投入了大量的资金，希望养老服务依托市场和社区，通过私营机构、非营利机构和社区志愿机构提供，由此强化了市场在老年人养老服务领域的角色；③家庭提供的福利服务在减少。尽管政府和市场扩大了福利服务，意在减轻家庭负担，但从实际情况来看，打破男性作为养家者的传统，鼓励女性就业，并不能使女性完全走出家门，家庭仍然是福利服务供给的一个重要基点；④社区中的非政府组织和志愿组织将发挥重要的照料功能。面对高失业率、低经济增长、低生育率、加速老龄化以及持续的经济全球化，政府被迫重新回到先前的"生产性福利政策"范式，这将导致韩国的钻石形福利架构从强调家庭和市场转向福利责任平衡化。[2]Abe 运用该理论框架对日本的老年养老服务进行考察后发现，日本的福利供给架构发生了显著的变化：一是国家和市场的养老服务领域几乎完全重叠，主要原因在于为了防止老年照料成本增加，政府采用财政补贴的形式扩大了市场提供的养老服务（如长期护理保险）；二是亲属和社区很少或几乎不提供老年人养老服务，即使许多专业性照料由非营利机构提供，那也是遵循市场化机制运行。[3]

需要说明的是，目前钻石形福利构架研究集中体现在联合国社会发展研究所（UNRISD）对一些发达国家和发展中国家的福利多元主义供给架构考察中，这也是目前为止最新的福利供给理论分析范式。另外，围绕钻石形福利构架，这些研究还重点分析了养老服务中的性别不平等问题，认为养老服务

---

[1] See Ochiai, E., "Care Diamonds and Welfare Regimes in East and South-East Asian Societies：Bridging Family and Welfare Sociology", *International Journal of Japanese Sociology*, Vol. 18, No. 1, 2009.

[2] See Peng, I., "The Political and Social Economy of Care：Republic of Korea Research Report 3", *UNRISD Programme on Gender and Development Paper*, No. 1., p. 2009.

[3] See Abe, A. K., "Changing Shape of the Care Diamond：the Case of Child and Elderly Care in Japan", *Child Care & Early Education Policies*, 2010.

责任的女性化，尤其是在家庭内部，不但会强化性别不平等，而且还会影响国家、市场以及社区各自分担养老服务责任的比例。

四、理论分析范式演进

关于社会福利供给的分析范式演进表明，一种理论被不断解构并重新结构化时，就会被同时能包容新旧证据的理论所取代，这是理论取得进展的常规方式。但是问题在于，这种演进为什么会发生？为了回答这一问题，有必要分析两个前后衔接理论的内在理路和一些其间无法忽视的问题。

1. 从平衡理论到福利多元主义

Litwak 和 Meyer 提出的平衡理论，其重要贡献在于弥合了传统社会学关于科层制组织和非正式组织间对立的鸿沟，认为科层制组织和非正式组织为实现特定的社会目标可以合作行动。[1]但是，如果仔细分析这种平衡，就会发现平衡理论的主要旨趣在于：一是认可科层制组织在现代社会中占据绝对优势。根据传统社会学理论对社会进化的纵向类型划分，Litwak 和 Meyer 认可现代社会是不断科层组织化的。二是科层制组织和非正式组织各自具有不同的特点和功能。前者具有非人格性、规范性的特点；后者比较强调情感、伦理责任。三是基于以上两点，科层制组织与非正式组织之间的合作往往由科层制组织发起，并对协调机制、交往准则具有单方面的规定性，非正式组织的角色是被动的参与者。在后来 Litwak 对老年人养老服务分析时，他将老年人养老服务需要分为若干种类型，并根据科层制组织和非正式组织各自的特点，由科层制组织负责匹配养老服务，以达到"各司其职"的效果。[2]对此，Hasenfeld 指出，平衡理论过于重视目标任务以及任务完成过程中科层制组织与非正式组织间的匹配原则和协调机制而忽略了其他因素，例如，亲属关系也可能会对老年人养老服务产生影响，进而影响到科层制组织与非正式组织间合作。[3]

---

〔1〕　See Litwak, E., H. J. Meyer, "A Balance Theory of Coordination Between Bureaucratic Organizations and Community Primary Groups", *Administrative Science Quarterly*, Vol. 11, No. 1, 1966.

〔2〕　See Litwak, E., *Helping the Elderly: The Complementary Roles of Informal Networks and Formal Systems*, Guilford Press, 1985, p. 32.

〔3〕　See Hasenfeld, Y., "Book Reviews on 'Helping the Elderly: The Complementary Roles of Informal Networks and Formal Systems'", *Administrative Science Quarterly*, Vol. 32, No. 4, 1987.

可见，虽然平衡理论强调科层制组织和非正式组织间的任务匹配原则及具体协调机制，但它始终将非正式组织看成是科层制组织的一个补充，忽略了非正式组织的自主性。显然，随着福利国家危机的加深，过于强调国家福利担负的这样一种理论范式，其局限性也就不言而喻了。但与此同时，平衡理论所构建的科层制组织与非正式组织间的合作范例，为福利多元主义这种新的理论范式的产生提供了理念上的铺垫。

2. 从福利多元主义到"钻石形"理论

相比于平衡理论，福利多元主义有两个明显的特征：一是充分肯定了非正式组织的福利功能，非正式组织不再处于附属地位；二是细化了科层制组织和非正式组织的构成，同时在名称上以正式组织取代科层制组织，从而淡化了国家的福利责任，凸显了福利分散化的核心要义。然而，从已有研究来看，福利多元主义理论也表现出诸多不足。

第一，福利多元意味着福利的供给打破了福利国家单一中心的福利供给格局，形成了一个具有多个权力中心组成的福利供给结构。所以，福利多元要求分权和分散化。[1]对于政府而言，分权不等于卸责，对于全部参与福利供给的主体来讲，分散化也不是无中心化。福利多元要求福利供给的各方之间形成稳定的互动关系，福利多元主义不单是要关注福利的供给，而且还要对福利供给各方进行有效的协调。但是，"大多数的分析都趋向于将福利的组成要素割裂开来作讨论，并没有尝试分析要素间的关系。"[2]换言之，对提供福利的各组成部分的分析，只见树木，不见森林。

第二，人的需要的多样性决定了满足需要的福利供给的异质性。Titmuss首次阐述了福利社会分工及其组成部分，他将福利分为法定福利、职业福利和财税福利三种：法定福利指的是由国家提供的公共福利；职业福利是指与人的职业相关的福利，如职业养老金；财税福利是指由税制传送的福利，如国家的减税或免税政策带来的额外收益。[3]可见，不同福利供给主体提供的福利是不一样的。米什拉指出整体福利不能简单等同于"各部分之和"，福利

---

〔1〕 See Johnson, N., *Mixed Economies of Welfare: A Comparative Perspective*, Prentice Hall Europe, 1999, p. 24.

〔2〕 ［美］马丁·鲍威尔：《福利混合经济和福利社会分工》，载［英］马丁·鲍威尔主编：《理解福利混合经济》，钟晓慧译，北京大学出版社2011年版，第3-4页。

〔3〕 See Titmuss, R. M., *Essays on the Welfare State*, Allen and Unwin, 1958, p. 13.

的各个组成部分也"不能简单看成是功能对等的"。[1]鲍威尔用以下两条公式区分了整体福利不是各组成部分的简单相加，而是由它们共同作用形成的函数。[2]

$$TW = S+P+I+V+O+F$$

$$TW = f（S+P+I+V+O+F）\qquad\surd$$

上式中，TW=整体福利，S=国家，P=私营部门，I=非正式部门，V=志愿性部门，O=职业福利，F=财税福利

依公式所见，倘若对福利供给各个主体所能提供的福利不加区分，福利就单纯地变成了量的分配和转移问题，福利供给主体也就变得具有可替代性，福利多元也就失去了它的丰富内涵。

第三，与上述两点紧密相关，倘若割裂讨论福利各组成部分，或忽视了福利的社会分工，福利多元就变成了一张平面化的简单拼图，看不到主导拼图运行的内在逻辑。事实上，在福利拼图中，国家始终是一个调节中枢，不同的福利意识形态会影响国家对福利混合经济的偏好。一些关于福利体制的比较研究很好地展现出了这一点，例如 Parker 将意识形态分为右派、中间派和左派，认为右派反对政府提供过多的福利，左派主张政府应该全面实施社会再分配，中间派主张政府提供适度的福利。[3]所以，仅审视福利的供给维度并不充分，福利多元主义需要强有力的政治力量去处理结构中各个主体间的关系，这必须考虑国家对福利各个供给主体的规制。[4]

尽管在理念上福利多元主义也强调福利各组成部分之间的平衡关系，但学界的讨论往往集中在福利多元主义的组成要素上，没有明确各组成部分的角色和切入维度，这会使国家福利责任转嫁的可能性大大提高，尤其是在新自由主义兴起后的福利私有化时期。德雷克福特指出，强调市场而不是国家在社会服务供给中的首要地位，损失了福利国家创建的平等原则，因为它将

---

〔1〕　[加] R·米什拉：《资本主义社会的福利国家》，郑秉文译，法律出版社 2003 年版，第 114 页。

〔2〕　参见 [英] 马丁·鲍威尔：《福利混合经济和福利社会分工》，载 [英] 马丁·鲍威尔主编：《理解福利混合经济》，钟晓慧译，北京大学出版社 2011 年版，第 278 页。

〔3〕　See Parker, J., *Social Policy and Citizenship*, Macmillan, 1975, pp. 3-15.

〔4〕　See Ascoli, U., C. Ranci, *Dilemmas of the Welfare Mix: The New Structure of Welfare in an Era of Privatization*, Kluwer Academic/Plenum Publishers, 2002, p. 17.

个人看成是消费者，而不是公民，这不可避免地将福利资源向那些市场中占据优势地位的行动者倾斜。[1]对此，鲍威尔指出："任何偏离国家的转变将会产生严重的不公平，"例如"将照顾责任从国家转移到非正式部门增加了性别不平等。"[2]由此可见，福利多元主义需要一个对整体福利各个组成部分进行规制的内核。[3]对此，Razavi 提出的"钻石形"理论，其理论意在调整福利多元主义的框架结构，将无中心的平面结构转化为以国家为核心的多维结构。在这一结构中，国家的角色既是一个掌舵手，又是一个划桨者，其原则是增加控制力的同时减少控制面，这不仅能有效避免国家福利责任的极端化，也使国家能有效地组织和协同其他主体参与福利提供。

从我国的实际情况来看，中华人民共和国成立以后的福利供给实际上一直是由多元主体提供，只是在不同历史时期，家庭、邻里、社区以及国家分别发挥着不同的程度福利功能。改革开放以前，国家全面控制了重要的社会资源，建立了一个由国家主导的高度组织化的社会。在城市，按照1951年公布的《中华人民共和国劳动保险条例》，国家依托单位，向企业职工提供免费的社会保险，有些保险甚至延伸至企业职工的直系家属。与此同时，在企业办社会模式下，单位还以低费、免费的形式承接了各种福利服务，如食堂、浴室、职工住房、幼儿园、养老院等。总体来看，这一时期的城市福利，国家是最主要的供给主体。[4]1978 年市场化改革以后，国家逐渐从社会福利领域撤出，导致我国的福利多元供给主体结构发生了很大变化：一是伴随着市场经济的不断深化，曾经一度被禁止的私营企业开始进入福利领域；二是劳动力的商品化和福利服务的市场化，使家庭的福利功能开始显现；三是国家放松了对社会的控制之后，一批非营利性组织和社会团体开始参与社会福利供给。[5]可

---

〔1〕 参见［英］马克·德雷克福特：《私人福利》，载［英］马丁·鲍威尔主编：《理解福利混合经济》，钟晓慧译，北京大学出版社 2011 年版，第 95 页。

〔2〕 ［英］马丁·鲍威尔：《福利混合经济和福利社会分工》，载［英］马丁·鲍威尔主编：《理解福利混合经济》，钟晓慧译，北京大学出版社 2011 年版，第 278-279 页。

〔3〕 See Jenson, J., D. Saint-Martin, "New Routes to Social Cohesion? Citizenship and the Social Investment State", *Canadian Journal of sociology*, Vol. 28, No. 1, 2003.

〔4〕 参见李迎生：《国家、市场与社会政策：中国社会政策发展历程的反思与前瞻》，载《社会科学》2012 年第 9 期。

〔5〕 See Duckett, J., B. Carrillo, "China's changing welfare mix：Introducing the local perspective", in Duckett, J., B. Carrillo（eds.）, *China's Changing Welfare Mix：Local perspectives*, Routledge, 2011, p. 1.

见，平衡理论、福利多元主义以及"钻石形"理论所强调的福利多元主体供给结构适用于分析我国的养老服务供给问题。但也应该注意，上述福利供给研究范式存在一定的局限性。一是从横向来看，绝大多数研究侧重于从理念上讨论福利提供主体及其相互间的关系，并没有对各个主体提供福利的实践情况进行客观的考察。事实上，如果忽略了这一点，福利多元主体供给架构就仅是一个思维领域的逻辑产物，很难在政策层面落地实施。二是从纵向来看，福利多元主体供给架构不是一成不变的，随着社会的发展，提供福利的主体无论是在数量上还是在相互关系上也在发生变化。问题在于，导致我国社会福利多元主体供给架构发生变化的原因是什么？哪些因素在影响各个主体的福利提供？这些问题的答案需要从历史演进中把握。

第二节 研究设计

一、分析框架

在计划经济时期，我国的社会组织几乎处于沉寂状态。市场化改革以来，国家与社会的关系出现了新的变化趋势，正日益从分离走向合作，[1]从一种社会管控到社会治理，[2]展现出国家与社会的相互融合。[3]这表明传统的国家角色正在发生变化，表现在社会福利领域，国家既要掌舵，又要协同社会划船。岳经纶总结了中华人民共和国成立以来国家在社会福利服务供给中的角色：在前改革阶段，国家扮演了垄断者角色；在改革阶段，国家全面收缩社会福利供给，将过去承担的许多福利服务责任以不同形式转嫁给了个人、家庭、社会和市场；进入 21 世纪以后国家重新走在社会福利服务供给的前台，大力推进和改善民生。[4]李迎生对中华人民共和国成立以来我国社会政策发展阶段的划分指出：1949 年至 1978 年，国家秉持平等主义的理念，包揽

〔1〕 参见臧乃康：《统治与治理：国家与社会关系的演进》，载《理论探讨》2003 年第 5 期。

〔2〕 参见郁建兴、关爽：《从社会管控到社会治理——当代中国国家与社会关系的新进展》，载《探索与争鸣》2014 年第 12 期。

〔3〕 参见徐中振、李友梅等：《生活家园与社会共同体："康乐工程"与上海社区实践模式个案研究》，上海人学出版社 2003 年版，第 81—88 页。

〔4〕 参见岳经纶：《建构"社会中国"：中国社会政策的发展与挑战》，载《探索与争鸣》2010 年第 10 期。

了社会福利供给；1979 年至 2002 年，国家坚持效率优先、兼顾公平的发展理念，有意识地逐渐退出先前的福利供给领域；2003 年以来，在科学发展观的指引下，国家重拾福利责任，协同市场、志愿组织等共同参与福利供给。[1]

　　我国自进入老龄化社会以来，老年人养老服务需要日渐凸显，仅依靠家庭和国家供给已经难以满足老年人的养老服务需要。这种情形下，政府敦促各种营利性组织、社会志愿组织等积极参与养老服务供给，协同家庭和国家构成了一个养老服务多元主体供给结构。据此，本书构建了一个政府居于核心位置的多元主体养老服务供给结构，将其作为本书的分析框架（图 3.2）。

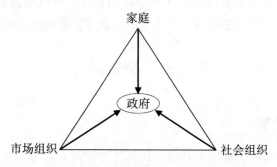

图 3.2　养老服务供给的制度分析框架

　　图 3.2 表明，城市老年人养老服务需要主要通过政府、家庭、市场组织和社会组织等满足，且政府居于中心位置，对其他各个社会福利制度进行宏观调配。在运用这一分析框架深入考察养老服务供给时，重点要对以下几个问题进行审视。第一，市场转型过程中，满足老年人养老服务需要的社会福利制度结构经历了怎样的变迁之路？第二，各个制度的福利分工是怎样的？第三，不同社会福利制度满足老年人养老服务需要的结果如何？

二、研究思路

　　许多研究东亚社会社会福利制度的学者倾向于从高度集权的官僚机构及其协调经济增长的角度去分析社会福利供给特征。例如，古德曼和彭懿德指出，日本、中国和韩国的社会福利制度安排具有很强的"国家传统"，国家在

---

　　〔1〕　参见李迎生：《国家、市场与社会政策：中国社会政策发展历程的反思与前瞻》，载《社会科学》2012 年第 9 期。

社会福利制度构建中扮演强有力的角色。[1]刘继同对中、日、韩健康照顾制度的比较研究发现，政府机构在健康照顾制度及其他社会福利制度框架设计和政策模式选择中具有决定性作用。[2]一些学者还强调了威权主义对社会福利制度构建的影响。[3]王卓祺特别指出，在研究东亚福利时，更应该重视国家在发展福利方面所扮演的角色。[4]熊跃根指出，东亚社会福利基本上是由国家主导的，旨在解决社会问题，是维护社会稳定的一种社会行政。[5]另外，一些对我国1949年以来社会政策发展阶段划分的研究也反映出福利的"国家中心主义"，强调国家自上而下的主导性特征。[6]

鉴于国家在社会福利制度构建中的中心作用，本书对我国社会福利制度变迁的分析将把国家作为福利多元制度结构的内核和主要促动者（图3.2）。与此同时需要注意的是，需要是人类行为和社会生活的原驱动力，因此福利供给必须回应人的需要，而人的需要的多样性又客观要求不同的社会福利制度提供满足物。基于此，本书的基本思路是将老年人养老服务供给问题作为研究起点，从制度视角考察提供养老服务的社会福利制度的变迁过程（图3.3）。在其中，一方面阐释提供养老服务的社会福利制度的变迁过程，另一方面对老年人养老服务需要及满足结果进行考察。最后结合社会福利制度变迁过程和老年人养老服务需要的满足结果，对社会福利制度变迁做出解释，并在政策层面提出相应的建议。

---

〔1〕 参见［美］罗格·古德曼、彭懿德：《东亚福利制度：巡走游学、适应性变革与国家建设》，载［丹麦］戈斯塔·埃斯平-安德森编：《转型中的福利国家——全球经济中的国家调整》，杨刚译，商务印书馆2010年版，第288-335页。

〔2〕 参见刘继同：《中、日、韩健康照顾与社会福利制度结构性特征的比较研究》，载《学习与实践》2007年第6期。

〔3〕 参见郑秉文、史寒冰：《试论东亚地区福利国家的"国家中心主义"特征》，载《中国社会科学院研究生院学报》2002年第2期；林卡：《东亚生产主义社会政策模式的产生和衰落》，载《江苏社会科学》2008年第4期。

〔4〕 参见王卓祺：《社会和谐与东亚福利》，载王卓祺主编：《东亚国家和地区福利制度：全球化、文化与政府角色》，中国社会出版社2011年版，第54页。

〔5〕 参见熊跃根：《经济不安全和全球化背景下变迁的中国福利体制：政策与实践》，载王卓祺主编：《东亚国家和地区福利制度：全球化、文化与政府角色》，中国社会出版社2011年版，第261页。

〔6〕 参见吴忠民：《从平均到公正：中国社会政策的演进》，载《社会学研究》2004年第1期；景天魁：《论中国社会政策成长的阶段》，载《江淮论坛》2010年第4期；岳经纶：《建构"社会中国"：中国社会政策的发展与挑战》，载《探索与争鸣》2010年第10期；李迎生：《国家、市场与社会政策：中国社会政策发展历程的反思与前瞻》，载《社会科学》2012年第9期。

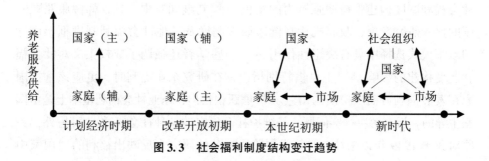

图 3.3　社会福利制度结构变迁趋势

三、研究方法

（一）资料收集方法

本书的核心问题是要揭示中华人民共和国成立以来我国社会福利制度变迁中的养老服务供给状况。从研究目的来看，这是一项纵贯研究，用固定样本追踪问卷调查的研究方法可能会更好，但是由于社会福利制度变迁的时间跨度较大，要找到大量完全经历这些制度变迁的老年人进行问卷调查实在是不容易。在这样的情况下，只好采取定性研究方法解释社会福利制度的变迁过程，而对于定性研究方法的使用完全是出于对研究问题的切思在心。诚如塔沙克里和特德莱所言，实用主义者更看重的不是他们所应用的方法，也不是支撑这些方法的世界观，而是他们所研究的问题。[1]具体收集资料的方法主要是文献法和访谈法。

1. 文献法

有关社会福利制度如何变迁的问题，研究主要采用文献法来进行。这里的文献主要包括政策文件、党和国家领导人的重要讲话以及各类年鉴数据。在我国，政府的力量是强大的。一些对于我国市场转型的研究已经证实，无论是转型前还是转型后，政府在资源分配、制度安排和机遇制造等方面均处于中心位置。例如：Zhou 指出，政府根据自身利益和偏好在创设市场运行制度中具有关键作用。[2]由于政府这样的角色特点，政府制定和实施的政策会

---

〔1〕　［美］阿巴斯·塔沙克里、查尔斯·特德莱：《混合方法论：定性方法和定量方法的结合》，唐海华译，重庆大学出版社 2010 年版，第 13 页。

〔2〕　See Zhou，X. G.，"Reply：Beyond the Debate and Toward Substantive Institutional Analysis"，*American Journal of Sociology*，Vol. 105，No. 4，2000.

对整个社会产生重大、深刻和全局性的影响。

国家也是一种制度，这种制度的运行依靠的是政府的组成人员，尤其是那些有权力且占据重要位置的人，因为他们对政策制定具有决定性的作用。所以，对国家意志和行为的分析不外乎要将那些党和政府领导人作为分析对象，他们的政策理念很大程度上代表了政府的决策倾向。从这个角度讲，分析国家的政策安排，主要通过政府出台的相关政策文件、法律法规以及重要领导人的一些讲话完成。在写作过程中，为了凸显政府的意志和行为，在有些片段罗列了大量相关的文献资料。这样做虽然增加了论证厚度，但同时也带来一种乏味的感觉。另外，年鉴所具有的信息综合性、权威性、客观性等特点，为学术研究提供了一个窗口。因此在文献收集过程中，本研究还搜寻了各类年鉴数据，通过这些数据资料既能察觉到当时政府的决策环境，也能为当下的研究提供历史性资料，从而辅助说明社会福利制度的变迁脉络。

2. 访谈法

从社会福利制度变迁视角对养老服务供给展开研究，除了采用文献法对制度设置进行分析外，还需要采用访谈法，实证了解社会福利制度满足老年人养老服务需要的结果。访谈的优势在于：①在访谈过程中，笔者与受访者之间通过口头的或身体的语言建立了相互信任关系后，以一个听故事者的角色给受访者提供了一个相对自由的空间去回忆并叙述他们的经历，由此获得了大量的信息。②在认为有必要进行多次访谈时，先前稳定、熟悉的关系有利于笔者充分了解受访者对既往事实的看法，这犹如构建了一个双方共享的意义场景，使笔者加深了对"那时那景"的理解。③访谈过程不是简单的一问一答，而是笔者在向受访者表达尊重和对过往历史表示兴趣之后，在访谈中巧妙地鼓励他们多角度、多方位的表达，这有助于发现一些个别性的、特殊性的问题。④好多访谈都是在受访者生活的环境中进行，这就为"索要查看"一些资料提供了便利，而这些资料在印证受访者话语可靠性的同时，也有助于笔者的理解更能接近当时的社会事实。总之，通过无权威和不受控制的访谈场景，获得了不同社会福利制度供给养老服务状况的细致、动态的描述资料。具体而言，围绕养老服务供给，对服务的使用者、服务的具体供给主体等进行深入访谈，力图在顶层设计与底层认识的融合中揭示社会福利制度的变迁过程及结果。因此，本研究的访谈对象包括老年人、街道及社区工作人员、养老服务企业负责人以及社会组织负责人等。

（二）资料收集过程与分析

1. 文献资料的收集与引用

本研究的文献资料主要包括相关老年人养老的政策文件、党和国家领导人的重要讲话以及各类年鉴数据。由于这些文献散落于各类资料之中，寻找过程异常艰辛，有时候为了一个看似不重要的数据可能会花费好几天的时间。对这些资料的收集，归纳起来有两种方法：一是对可能用到的书籍通过其目录逐个排查，此种方法主要针对相关政策文件汇编、各类统计年鉴或统计资料汇编，从中筛选出与本研究主题相关的文献数据；二是通过相关文献中提供的线索收集，如文中的注释、参考文献等，此种方法主要收集党和国家领导人的重要讲话。

在文献资料的分析和引用方面，本研究也采用了两种方法：对于政策文件、党和国家领导人的重要讲话，由于其篇幅普遍很长，在具体的处理策略上，主要看其提要、要点或结论；对于各类统计年鉴中数据资料，尽可能采用分段法呈现，即针对具体章节的主题内容选择直接对应的支撑数据。除了各类统计年鉴中的数据资料外，在对政策文件、党和国家领导人重要讲话的引用上，本研究遵循三个基本原则：第一，尽可能简洁引用，点到为止；第二，明确标明出处，确保引用资料的可靠性、真实性；第三，结合时代、背景，搞清文献资料内容的来龙去脉，避免所引用资料和本研究观点的内在不一致性问题。

2. 访谈资料的收集与分析

为了使访谈能够顺利进行并达到预期目的，笔者对访谈前、中、后都做了精心、细致的工作。

访谈前，首先，围绕研究主题做了一份半结构式访谈提纲。这是一个尝试性的提纲，是根据各个时期养老服务供给的历史背景、相关研究文献以及笔者的判断制定出来的。它的作用在于把握访谈的主方向和核心话题不走样、不偏离。其次，对访谈对象所在的社区做了初步的、外围性的观察，通过"道听途说"了解了许多相关情况。这样做的目的有两个：一是在访谈互动中，适时夹杂些这方面的信息，能够拉近与访谈对象的距离；二是这些信息对理解或间接印证访谈对象的话语是有帮助的。最后，综合研究问题和访谈的便利性原则，通过正式和非正式的途径，联系到了包头市 H 街道的负责人，并建立了熟人关系，意图在这个街道进行访谈。

问题在于，包头市的访谈资料并不能代表整个内蒙古乃至全国，在这里进行实地调研获得的资料能够代表其他地方吗？在对个案研究代表性与典型性的讨论中，王宁指出，不能将样本的代表性与典型性混为一谈，样本不具有代表性不等于它没有典型性，质性研究的样本源自某个特定的地方，并不是要推论总体，而是要揭示问题或现象背后的深层原因及其类别、属性、维度等。[1] 所以，本研究选取在包头市进行。至于具体选择 H 街道，主要考虑了以下几点：一是 H 街道是包钢退休工人居住相对比较集中的地方，他们是经历社会福利制度变迁的"活化石"；二是附近的家政服务公司相对较多；三是许多政府购买社会组织养老服务项目也在这里实施。这些条件综合在一起，无疑为本研究访谈提供了便利。当然不可否认，选择这个街道，也是因为本人居住在附近，客观上存在便利。

访谈中。在向街道所辖的几个社区负责人建立关系后，考虑到老年人的年龄、性别、职业背景分布，先后确定了 56 位访谈对象。由于有居委会工作人员的引介，访谈总体上比较顺利。在第一次访谈过程中，除个别有社区负责人陪同外，其他的都是在社区负责人电话联系后，在受访者家里进行的，整体还是很顺利的。另外，对于街道和社区工作人员、家政服务公司、社会组织负责人的访谈也是利用了一些熟人关系，接洽和访谈都比较顺利。具体而言，一共访谈了 5 名街道和社区工作人员，5 名养老服务企业负责人，3 名社会组织负责人。为了最大可能地消除不确定因素，访谈和整理几乎是同时进行的，每完成一两个访谈，就马上整理。由于第一次访谈留下了被访者的电话，在整理过程中发现一些需要追问、补充的访谈资料时，主要是通过电话访谈完成的。

访谈后，由于访谈资料的整理在访谈中已经完成，之后的工作重心就是分析访谈资料。首先，笔者逐字逐句地阅读了全部访谈资料，这个过程也是对访谈过程的再现。其次，对访谈资料有一个整体的认识之后，笔者将全部访谈资料按访谈对象分类后，进行组内"打散"，然后根据研究问题并考虑不同历史阶段社会福利制度的安排特征，对访谈资料进行了分段切割式的"重组"，分析了每一切断的话语主题。再次，综合时代背景，力图在思维领域回

---

[1] 参见王宁：《代表性还是典型性？——个案的属性与个案研究方法的逻辑基础》，载《社会学研究》2002 年第 5 期。

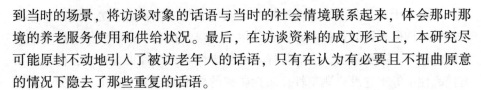

到当时的场景，将访谈对象的话语与当时的社会情境联系起来，体会那时那境的养老服务使用和供给状况。最后，在访谈资料的成文形式上，本研究尽可能原封不动地引入了被访老年人的话语，只有在认为有必要且不扭曲原意的情况下隐去了那些重复的话语。

（三）研究方法应用上的局限

纯粹意义上，方法作为研究工具，其本身是没有问题的，倘若有问题，那也是方法应用中存在的问题，而不是方法本身。就本研究而言，方法应用上的局限主要表现在以下两个方面：

一是文献资料获取上的局限。要再现社会福利制度的变迁动因，需要大量的政府文献以及相关统计资料。但是在收集资料的过程中发现，有些文献资料很难获得。对此，有时候不得不采用一些更为间接的资料去印证，即使这样，也有很大缺陷，因为收集到的资料往往不系统、不连续、不全面，无法圆满地为研究提供支持。

二是访谈的局限。资料收集受限于时间、精力、社会网络等主客观因素的制约。为了便于访谈，在确定访谈对象时，笔者与街道及居委会的一些工作人员建立了熟人关系，这在增加信任、便利访谈方面有所促进，但在访谈过程中，这可能使被访老年人产生另一种防卫心理。但若没有居委会的帮助，无疑增加了访谈的难度，而且以陌生人的身份进入，被访老年人也可能会心理紧张或有所戒备，这是本研究访谈法应用中不可避免的局限。

（四）研究遵守的伦理准则

"情感是一种原始的存在"，[1]这注定了社会科学研究不可能做到纯粹的价值中立。但是，为了尽可能保证研究的客观性，最有效也是唯一的做法就是要求研究者遵守社会科学研究的伦理准则。以下是研究过程中遵循的具体伦理准则。

1. 消极的研究伦理准则

消极的研究伦理关切"在什么样的范围内，研究者可以或应当被容许做他能做到的事。"结合研究的具体实践，在研究中（尤其是资料收集阶段）遵循了以下伦理准则。

（1）知情自愿。资料收集过程中的信任关系非常重要，因为这会影响收

---

〔1〕 〔英〕休谟：《人性论》，关文运译，商务印书馆1980年版，第453页。

集资料的真实性。为此，在正式访谈之前，笔者都会不厌其烦地向被访老年人说明访谈目的、访谈资料的应用以及访谈过程中要记录和录音等，以此来尽可能消除被访老年人的戒备心理。之后，征得他们同意后，围绕访谈提纲完成整个访谈过程。尽管访谈总体上很顺利，但一点也不轻松。

（2）匿名保密。由于部分访谈资料涉及政府、家庭等实际提供养老服务的情况，这里面涉及一些敏感、隐私的问题。如家庭成员之间的照料有一些不体面、不愉快的经历，这是在访谈过程中，被访老年人言谈中闪烁出来的。对于这些资料的处理，本研究采取了匿名化的方法，不向其他任何人诉说或提供。

（3）不伤害。老年人作为一个特殊人群，在心理、生理、情绪等方面潜藏着许多脆弱的东西。在访谈过程中，倘若一味地为完成访谈而访谈，忽视了被访老年人的精神、情绪、体能等问题，不但影响资料的有效性，而且可能对被访老年人造成伤害。为避免这种情况发生，笔者在访谈过程中坚持不伤害原则，对于访谈中可能出现的问题在访谈前做了充分的准备，而且在访谈中特别谨慎。

2. 积极的研究伦理准则

积极的研究伦理关切研究者应该在容许的范围内做什么，以促进被研究对象的福祉。因为研究不是单纯地去收集资料进而完成研究任务，不是一味地索取，还应该通过研究，促进研究对象的建设。本研究在研究过程中履行了以下积极的研究伦理准则。

（1）访谈治疗。在访谈过程中发现，当对被访老年人的遭遇表示同情，对他们的心理体验表示关心与共鸣时，他们往往非常高兴。所以，在访谈过程中或访谈后笔者都适时做了相应的表达。与此同时，对于被访老年人出现的低落情绪、沮丧等问题，也适时给予了鼓励和疏通。从被访老年人的表现来看，访谈过程实际上起到了类似个案治疗的效果。

（2）促进社区建设。针对访谈中发现的问题，在访谈结束后，笔者提供了力所能及的服务。例如，在包头市政府购买服务项目申报阶段，笔者帮接受访谈的两个社区修改完善项目申报书，最后他们拿到了服务项目，其中一个就是社区养老服务。这也算是对他们的一点回报吧。

第二部分
福利制度变迁与城市养老服务供给实践

第四章

计划经济时期的国家与养老服务供给

中华人民共和国成立初期，面对一穷二白而又百废待兴的国内经济状况和被孤立的国际环境，党和国家领导人在综合考虑国际环境、制度同源性、抗战时期与苏共的关系以及苏联建设的巨大成就等诸多因素之后决定向苏联学习，逐步建立了以公有制占绝对地位的计划经济体制。与高度集权的指令性计划经济体制相配套，社会福利制度的创建目的主要是服务于经济建设。在城市，以单位为基础，形成了分类与分层并存、兼顾整体公平的社会福利制度，即国家以高就业、高福利、低工资的形式为单位职工及其直系家属提供全方位的福利，那些没有单位身份的人，则以社会救助的方式提供生活保障。对于处在这一制度中的城市老年人，企业代表国家提供了大量的养老服务，剩下的则由家庭填补。本章将围绕这一理路展开。

第一节 计划经济时期的社会福利制度构建

一、福利国家化的制度背景

中华人民共和国成立以后，党和国家领导人为了尽快恢复国民经济，全面向苏联学习。1950年2月，毛泽东访问苏联，在莫斯科车站的临别演说中指出："苏联经济文化及其他各项重要的建设经验，将成为新中国建设的榜样。"[1]1954年，周恩来在为苏联驻华大使尤金举行的招待会上说："必须如毛泽东同志所经常号召的那样，老老实实，勤勤恳恳，学习苏联的社会主义

---

[1] 中共中央文献研究室编：《建国以来毛泽东文稿》（第1册），中央文献出版社1987年版，第266页。

建设的先进经验。"〔1〕由于最初缺乏对苏联经验的批判和反思，苏联模式几乎是被原样复制过来。对此，薄一波指出："50 年代，我们对社会主义经济的认识，只认识到社会主义经济是计划经济，而计划经济的标志就是国家直接下达指令性指标。"〔2〕

对于如何建设社会主义，党和国家领导人很快认识到必须学习苏联，走优先发展重工业的道路。周恩来在《过渡时期的总路线》中指出："重工业是国家工业化的基础。……苏联在第一个五年建设计划开始时，重工业的基础比我们大，但他们仍然是集中力量发展重工业。我们更需要集中力量发展重工业。"〔3〕由于发展重工业投入资源较多，而当时的新中国资源短缺匮乏，于是国家采取了提倡节衣缩食、降低消费水平，以增加生产基金的做法。周恩来指出，当前国家需要集中力量建设重工业，为了子子孙孙的幸福，只顾消费不顾生产的观点和行为，都是必须反对的。〔4〕为了将有限的资源集中投入生产，低工资政策开始实施，就是要"三个人的饭，五个人吃"。〔5〕在这种情境下，为了长期维持低工资政策而又不降低劳动生产积极性，国家在城市实施了"高福利"政策，发布《政务院关于劳动就业问题的决定》、《关于统一掌管使用多子女补助与家属福利等问题的联合通知》、《国家机关工作人员退休处理暂行办法》、《国务院关于处理国家机关工作人员退职、退休时计算工作年限的暂行规定》和《国家机关工作人员病假期间生活待遇试行办法》等系列政策，对企业职工和机关、事业单位工作人员实施免费的劳动保险，而且通过单位社区提供各类生活服务和文化服务。如此一来，国家在城镇居民社会福利供给中的作用开始凸显。

---

〔1〕 转引自张荆红：《半依附：1949-1956 年中国政治发展的重要特征》，载《武汉大学学报（哲学社会科学版）》2009 年第 1 期。

〔2〕 薄一波：《若干重大决策与事件的回顾》（上卷），中共中央党校出版社 1991 年版，第 462-463 页。

〔3〕 中共中央文献编辑委员会编：《周恩来选集》（下卷），人民出版社 1984 年版，第 109-110 页。

〔4〕 中共中央文献研究室编：《建国以来重要文献选编》（第 5 册），中央文献出版社 1993 年版，第 607 页。

〔5〕 中共中央文献研究室编：《建国以来重要文献选编》（第 10 册），中央文献出版社 1994 年版，第 574 页。

二、养老服务的国家提供

为了尽快解决城镇失业人员的就业问题，保证优先发展重工业战略的顺利实施，国家逐步统一管理城市劳动用工，对劳动力进行统一调配和安置。1952年7月25日政务院第146次政务会议通过的《政务院关于劳动就业问题的决定》指出："有计划地把城乡大量的剩余劳动力充分应用到生产事业及其他社会事业中来，并进而逐步做到统一调配劳动力。"在这种"统包统配"的就业政策安排下，城市人口按照其职业身份大体可以划分为企业正式职工、临时工（含季节工、试用人员）、国家机关和事业单位工作人员以及"三无"人员。与此同时，针对每一类人群，国家分门别类地制定了相应的福利政策，甚至将相关的福利待遇延伸至家庭直系亲属。

由于中华人民共和国成立初期工业化底子薄，国家为了尽快达到实现工业化战略目标，在生产过程中将社会产品中的绝大部分投入生产领域，造成工人的工资水平很低。在这种情况下，为了充分调动城市职工的劳动积极性，助力国民经济的恢复和发展，国家在建立劳动保险制度的同时，也配套创建了单位福利服务体系，即单位向职工提供劳动保险之余，还向职工及其直系亲属提供低费或免费的福利服务，服务内容主要包括基本的衣、食、住、行等方面的便民、利民服务。

1953年劳动部发布的《中华人民共和国劳动保险条例实施细则修正草案》规定，实行劳动保险的企业，应根据工人的需要及企业经济情况，单独或联合其他企业设立疗养所、业余疗养所、营养食堂、托儿所等，其房屋设备、工作人员的工资及一切经常费用，完全由企业行政方面或资方负担。随后，实行劳动保险的企事业单位按照《中华人民共和国劳动保险条例实施细则修正草案》规定，先后建立起了一套比较完整的福利服务体系，托儿所、幼儿园、浴室、卫生室、娱乐活动场所等在单位居住的小区建立，一些大中型企业还建立医院、商店等服务机构。对于企业而言，它不仅是一个生产单位，而且还向职工提供各种旨在满足其生活需要的福利服务，这就是通常所说的"企业办社会"。实行劳动保险企业的福利服务经费从企业税后留利中支出，国家机关及事业单位的福利服务经费是从国家财政拨款的事业经费中支出。由于企业最终归国家所有，同时企业也是按照国家规定在提供福利服务，所以企业的职工福利服务实质上是等同于国家的福利服务供给。单位的这种

"微型社会"特征，为老年人养老提供了一个坚实的养老平台，那些具有单位身份的老年人，其住房、医疗、精神文化生活等养老需要基本上是由所在单位提供，单位不仅保障了退休前的生产和生活，而且几乎垄断了退休后福利服务供给。

国家机关及事业单位工作人员、企业职工及其家庭成员的福利主要由个人所在单位提供，处在单位体制外的人、遭遇困难的职工以及退休金微薄的老年人的福利则主要由民政部门负责提供。由于民政部门一直负责贯彻实施这项事业，后来也被称为"民政福利"。在中央的指示下，民政福利主要通过分类救助的原则建立起来：一是民政部门在全国城市中改造和建立一批福利事业机构，如敬老院、儿童福利院等；二是为有劳动能力的残疾人、游民乞丐等积极创造就业岗位。[1]显然，对于那些没有单位身份而又退出劳动力市场的老年人而言，对他们的照顾主要是由民政部门实施。据统计，仅 1961 年至 1962 年，民政部救济无依无靠的孤老人数分别为 81 139 人、534 088 人、583 614 人。[2]除了救济无依无靠的孤老，国家还对企事业单位的困难老年人实施社会救助，以保证他们的生活不低于当地一般居民。1965 年，国务院发布的《关于精减退职的老职工生活困难救济问题的通知》规定，年老体弱，或者长期患病影响劳动较大，而家庭生活无依靠的，由当地民政部门按月发给本人原标准工资百分之四十的救济费，凡享受救济费的退职老弱残职工本人的医疗费用，凭医疗单位的收费凭证由民政部门补助三分之二。另外，这一时期国家还兴办了许多养老福利机构。

三、养老服务的"去家庭化"

1953 年，我国进入大规模社会主义工业化建设阶段，工业增长的速度大大高于农业。至 1957 年"一五"计划结束，国民收入中农业所占比重由 1949 年的 68.4%下降至 46.8%，工业所占比重由 1949 年的 12.6%上升至 28.3%，与此同时，工业部门职工人数迅速增加，从 1952 年的 533 万上升至 1957 年的

---

[1] 参见苏振芳：《我国民政福利事业的历史演变及其构建》，载《福建论坛（人文社会科学版）》2007 年第 4 期。

[2] 参见民政部计划财务司编：《民政统计历史资料汇编（1949-1992）》，中国社会出版社 1993 年版，第 373-375 页。

1022 万。[1]为了保证人民生活和国家经济建设所需的粮食，1953 年政务院发布《关于实行粮食的计划收购和计划供应的命令》规定"农民应按照国家规定的收购粮种、收购价格和计划收购的分配数量将余粮售给国家"，在城市，对机关、团体、学校、企业等的人员，可通过其组织，进行供应，对一般市民，可发给购粮证，凭证购买。[2]

由于城市职工的工资普遍较低，其中绝大部分用于生活消费，储蓄很少。到 1978 年，城镇居民家庭人均可支配收入为 343.4 元，生活消费支出 311.2 元，恩格尔系数为 57.5%。[3]低工资还具有明显的平均主义特征。1957 年，毛泽东在《论十大关系》中强调："关于工资，最近决定增加一些，主要加在下面，加在工人方面，以便缩小上下两方面的距离。"[4]针对八级工资制级别少而级差较大的问题，周恩来指示："在同一地区，性质相同的工种的工资等级制度应该统一起来。"[5]在中央的指示下，计划经济时期国民经济各部门职工平均工资收入差距不大而且普遍较低。

粮食定量供应制度和低工资制度，一方面确保城镇居民获得基本生活保障，另一方面也限制了城镇家庭的经济能力。对于老年人，较弱的家庭经济能力会对其产生两个影响：一是抑制了老年人养老服务需要，二是限制了家庭的养老服务功能。尽管如此，家庭境遇并没有彻底改变家庭作为基本生活共同体的事实，也并没有完全消解家庭承担的养老责任。1950 年 5 月颁行的《中华人民共和国婚姻法》第 13 条第 1 款中明确指出"父母对于子女有抚养教育的义务；子女对于父母有赡养扶助的义务；双方均不得虐待或遗弃"，家庭对于老年人的生活照料责任是一种隐形的制度安排，尤其当老年人生活遭遇困难时，他们的家庭照料就尤其明显。

虽然家庭一直以来都是福利提供的一个重要制度，但是在计划经济时期，

---

〔1〕　参见中华人民共和国国家统计局编：《中国统计年鉴—1983》，中国统计出版社 1983 年版，第 24 页。

〔2〕　中共中央文献研究室编：《建国以来重要文献选编》（第 4 册），中央文献出版社 1993 年版，第 561 页。

〔3〕　参见国家统计局国民经济综合统计司编：《新中国五十五年统计资料汇编（1949-2004）》，中国统计出版社 2005 年版，第 694 页。

〔4〕　中共中央文献研究室编：《毛泽东文集》（第 7 卷），人民出版社 1999 年版，第 28 页。

〔5〕　中共中央文献研究室编：《建国以来重要文献选编》（第 10 册），中央文献出版社 1994 年版，第 574 页。

家庭的福利功能总体上较之以前有所弱化。因为在城市，除了实施的低工资政策，市镇居民粮食定量供应制度以及票证制度等客观上削弱了家庭的经济功能。可见，计划经济时期的城市福利制度安排具有明显的"去家庭化"色彩，国家在城市实施的高福利政策很大程度上替代了家庭原有的一些福利功能。总体来看，这一时期的社会福利制度安排呈现出强国家、弱家庭的"国家-家庭"二元结构。

第二节　城市养老服务供给实践的微观考察

一、国家提供城市老年人福利的制度安排

计划经济时期，国家全面控制生产生活资料。在城市，"单位制"是最基本的生产生活组织形式，单位不仅是经济生产组织，同时也是生活福利组织。自1951年国家公布《中华人民共和国劳动保险条例》以后，城镇企业、机关事业单位陆续建立了一整套社会福利制度。至1956年，覆盖企业职工和国家机关事业单位工作人员的养老保险制度基本建成，同时以单位住宅小区为依托，为职工及其家属提供各种生活服务。

由于单位提供的福利只针对单位内部工作人员，并不具有广泛的社会性，因此对于没有单位身份且具有劳动能力的人员，国家主要通过组织生产满足其日常生活，而那些没有劳动能力且无依无靠的孤儿、老年人、残疾人等弱势群体，民政部门主要通过建立儿童福利院、社会福利院等予以收容安置，为其提供基本的生活保障。

总的来看，这一时期针对城市老年人的社会福利制度主要包括两个部分：一是单位提供的职业福利，以本单位职工为受益对象，主要包括养老保险，辅之以各类生活服务；二是民政部门提供的生活救助福利，以城镇无经济收入和无依无靠的老年人为服务对象。二者的共同点是福利支出实际均由国家担负，体现出较强的国家福利责任。因此，计划经济时期的城市老年人福利制度具有较强的趋同性，社会福利体制和机制相对比较单一。

二、家庭提供养老服务的实证考察

（一）城市家庭提供养老服务的情形

1957 年，马寅初在第一届全国人民代表大会第四次会议上发言提出要节制人口增长，但是直到 1964 年国务院成立计划生育委员会，计划生育工作才开始在城市推行。这说明至少在这之前，绝大部分家庭不止 1 个孩子。对于这一点，本书在访谈过程中也发现，在所有的访谈对象中没有一位老年人是独生子女。另外，1954 年至 1964 年，我国绝大部分人口在农村（表 4.1），而且由于户籍制度、就业制度的壁垒，农村人口向城市流动的道路并不畅通。从年龄结构看，整个计划经济时期，人口老龄化水平也没有持续提高（表4.2）。

表 4.1　1954 年–1964 年全国总人口与城市人口统计[1]

年份	总人口（万人）	城市人口（万人）	城市人口占总人口百分比
1954	60 266	9252.9	15.4
1955	61 465	9361.1	15.2
1956	62 828	9715.2	15.5
1957	64 853	10 619.5	16.4
1958	66 994	13 685.1	20.4
1959	67 207	14 980.7	22.3
1960	68 207	16 348.0	24.0
1961	65 859	14 782.7	22.4
1962	67 295	13 726.4	20.4
1963	69 172	13 369.2	19.3
1964	70 499	12 950.1	18.4

---

[1]　数据来自国家统计局人口统计司、公安部三局编：《中华人民共和国人口统计资料汇编（1949–1985）》，中国财政经济出版社 1988 年版，第 2–3 页、第 164–165 页。

表4.2　1953—1982年全国总人口年龄状况[1]

	1953	1964	1982
60岁及以下人口累计百分比	93.4	94.51	92.8
60岁以上人口累计百分比	6.6	5.49	7.02

访谈中，那些来自农村的城市老年人表示当时年迈的父母是和其他兄弟姊妹住在乡下，他们只有在认为有必要的时候才回家照料老人，平时也帮不上什么具体的忙，偶尔往老家寄点钱尽尽孝心。在城市，1951年公布的《中华人民共和国劳动保险条例》对企业职工家属的福利待遇做了明确规定，工人与职员供养的直系亲属疾病时，得在该企业医疗所、医院或特约医院免费诊治，普通药费减半。1953年劳动部公布的《中华人民共和国劳动保险条例实施细则修正草案》中就规定，职工供养的直系亲属中，"祖父、父、夫年满六十岁或完全丧失劳动力者""祖母、母、妻未从事有报酬的工作者"均享受社会保险待遇。下面的访谈节录描述了这样的情形。

武DY：那时候我父亲在上班，我母亲是家庭妇女，跟我弟弟住，但是我母亲身体不好，常年住院。一年的两次大病，我都扔下工作回去陪床，……由于那时候工资低，经济帮助平常很少给，这个就是在有病的时候给一些，因为我父亲有工资，也够他们花，而且那时候单位也给报销。那时候没有什么要买的，都是凭票统购，按本本供应呢，现在那个本本还在呢。你要看可以给你拿。什么棉花啊，肉呀，粮食啊，包括烟酒糖茶。有时候你有钱也不卖给你，大家都是公平的。过节工会啊专门访贫问苦，看看你需要点什么，尤其是过春节，要提供一些困难补助。我记得我大妹妹和二妹妹上学的时候，只要居委会提供一个证明，你就一分钱也不要出。那个时候母亲的医药费是我父亲的单位给报销的，过去医疗条件即使不好，但是家属看病也给报销百分之五十，我们自己几乎不怎么掏腰包。单位给开个证明就可以报销，我们叫介绍信，完了是单位去给

---

〔1〕 数据来自国家统计局人口统计司、公安部三局编：《中华人民共和国人口统计资料汇编（1949—1985）》，中国财政经济出版社1988年版，第478—481页、第602—605页、第742—745页。

报销，剩下自费部分就从工资里报销。过去因为是国家给包了，大
夫就没有什么后顾之忧了，过去医院就算半个慈善机构。不过，过
去医疗条件差，那时候一个肺结核都治不了，要是医疗条件好的话，
我的老母亲还能多活十几年，现在医疗条件好了。……在照顾母亲
时，没有什么不方便的，都是自己的老人，不要有任何的忌讳，就
给她擦擦身体，洗洗脚。……总之就是能做的都做。

武 DY 的话印证了计划经济时期的单位福利。如果老年人病了，可以在直
系亲属的单位申请报销一部分医疗费用。至于平时的生活花销，老伴的工资
基本够用。作为子女，对老年人的照料主要就是一些日常琐事或在住院期间
的陪护，经济上的支持很少。由于这一时期城镇离退休人员的主要收入为退
休金，所以日常生活中家庭承担的照料主要是非经济性的，是否向父母提供
经济支持取决于父母是否有能力照顾自己。另外，从以上访谈内容看，一旦
父母不能照顾自己或其他兄弟姊妹不能照料时，武 DY 就会义无反顾地去照料
母亲，例如在住院期间，给母亲擦擦身体，洗洗脚等等之类的。

（二）城市家庭提供养老服务的诠释

中国人关于家的概念是指那种血脉相连的亲密的人际关系网络。从构架
上看，家的结构是可以扩大的，家的生命是要绵续的，家具有一种"差序格
局"的结构原则。家的这种伸缩性主要根据事业的大小和重要性而定，这些
事业包括政治的、经济的、文化的等。[1]从文化上看，"孝是中国文化最突出
的特色"，"孝之所以重要是因为它能促进家庭及其他社会集体的团结、和谐
及延续。"[2]家庭结构的扩大需要孝文化去维系，孝文化的延续又为家庭结构
的扩大提供了支持。所以传统中国社会表现出以家庭主义为本的集体主义特
征。中华人民共和国成立以后，虽然传统的家庭结构和家庭文化受到了巨大
冲击，但根深蒂固的孝文化价值依旧在社会生活中存在，成年子女若不能照料
父母仍然会内疚、自责。上例中武 DY 的父母平时和其弟弟住在一起，自己并
不负责母亲日常的生活起居，在他看来这也是没有问题的，因为母亲是和自己
人生活在一起。然而在母亲生病住院时，扔下工作都要去照顾母亲，以尽孝道。

〔1〕　参见费孝通：《乡土中国》，生活·读书·新知三联书店 1985 年版，第 48 页。
〔2〕　杨国枢主编：《中国人的心理》，桂冠图书公司 1988 年版，第 39 页、第 42 页。

尽管由于访谈的局限没有获得更多像武 DY 这样的访谈对象，但可以确定，在整个计划经济时期，像武 DY 这样照顾老年人的情况应该不是个案，因为它本身就是那个时期城市人口及其年龄结构背景中的一个随机案例，而且其行为完全符合以孝文化为基础的社会角色期待。布迪厄指出：“条件制约与特定的一类生存条件相结合，生成习性。习性是持久的、可转换的潜在行为倾向系统，是一种有结构的结构，倾向于作为促结构化的结构发挥作用。”〔1〕计划经济体制下的城市单位制虽然消解了许多家庭的传统功能，但积淀千年的孝文化在老年人生活遇到困难时，子女还是会向老年人提供必要的照料，而这就是那个时期城市家庭子女的行为习性。从单一的行动者来看，习性表现个体的思想、感知和行为，但如果将个体的习性放到特定时空的大背景中便会发现，习性是历史的产物，是历史情境谱系中产生的图式。因此，“作为具有相同或相似生存状况和条件的阶层，不可分地是一类具有相同习性的生物学意义上的个体，该相同习性作为行为倾向系统，为相同条件的全部产品所共有。”〔2〕以习性概念来分析城市家庭子女对老年人的照料状况可以发现，计划经济时期的城市家庭成员仍然怀有家庭养老的理念，在具体行为方式上是采取随时在场照料，还是在必要时候在场照料，取决于个人对具体情形重要性的认知和判断。

三、制度实践中的养老服务需要透视

人的需要具有扩张性、多样性和层次性，它总是在不同的历史阶段渐次发展。马斯洛的需要层次理论说明，人的需要通常由生存向生活、低级向高级、物质向精神发展。之所以呈现这样的趋势，归根结底是因为人的需要是在历史的实践中形成和发展的，过程表现为：在特定历史背景下形成需要——在实践中满足需要——再形成新的需要。

对于老年人来说，养老服务需要也是由潜在需要逐渐转变为显性需要的。在计划经济时期，整个社会物品短缺，经济供养是老年人养老需要中最核心的部分。回顾那一时期，无论是国家还是家庭，提供最多的实际上都是经济支持。一方面国家通过劳动保险让老年人老有所养、老有所医，单位福利多

〔1〕 [法]皮埃尔·布迪厄：《实践感》，蒋梓骅译，译林出版社 2003 年版，第 80 页。
〔2〕 [法]皮埃尔·布迪厄：《实践感》，蒋梓骅译，译林出版社 2003 年版，第 92 页。

以生活性的物质产品为主；另一方面家庭照料首要表现为基本生活物品支持。访谈过程中，当被问及被访者父母的养老服务需要时，他们这样回答：

　　王 LZ：那时候全家能吃饱肚子就好，都是很常见的东西，土豆白菜啥的，和现在没法比，穷的。

　　赵 JX：能吃饱就不错了，那三年（1959-1961）听说还有的人饿死了，能活着就不容易了……，至于你说的养老服务，帮你做这个、弄那个的，那时候没有哪个想法，只要你在厂子里干，好像也没啥可要的，呵呵。爹妈有个头疼脑热的，我们有时间看着就行。

　　人的需要总是在满足物那里得到确立，说到底是人对环境的能动性适应。一言以蔽之，需要总是反映并受限于特定的历史条件。尽管期间可能有一些人除了经济供养以外还有精神抑或其他方面的需要，但大多数老年人的需要同计划经济时期他们的同辈群体需要具有相似性，上述访谈并不仅是个别。当然，这也不是说国家包揽了所有的养老服务，而是与先前传统的家庭养老相比，计划经济时期的养老服务供给具有明显的国家化倾向。

第五章

改革开放初期的家庭与养老服务供给

1978 年党的十一届三中全会拉开了经济市场化改革的序幕。在城市，国有企业改革在不断扩大企业经营管理自主权的同时，逐渐向社会剥离先前承担的社会福利责任。遗憾的是，刚刚从计划经济体制走出来的社会，根本没有能力承担企业分离出来的福利责任，于是社会福利社会化就变成了社会福利家庭化，城市养老服务供给倚重家庭。本章主要回答的问题是：改革开放初期的社会福利制度是如何变迁的？家庭为什么能够承担企业卸载的福利责任？家庭又能提供什么样的养老服务？

第一节　国有企业改革中的社会福利社会化

传统的经济社会发展理念倾向于将社会福利看成是经济发展的附属，即待经济发展有了足够剩余之后，资源才可以从生产领域转向福利支出。[1]这种"工业化逻辑"奉行的经济第一、福利第二的理念非常适宜于分析那些急于摆脱贫穷落后的国家，急迫发展的心态常常促使这些国家的民众勒紧裤腰带搞经济建设，福利只是服务于经济的一种手段，并时时根据经济发展的具体情况做出相应的调整。景天魁在分析我国社会政策发展阶段时认为，从 1949 年至 2002 年，社会政策一直从属于经济而没有独立的地位。[2]因此，要分析改革开放初期的城市养老服务供给，必须先从经济市场化改革开始。

---

〔1〕　See Wilensky, H. L., C. N. Lebeaux, *Industrial Society and Social Welfare*, Russel Sage Foundation, 1958, p. 10.

〔2〕　参见景天魁：《论中国社会政策成长的阶段》，载《江淮论坛》2010 年第 4 期。

一、大背景：经济市场化的历程

1978 年 12 月 18 日，中国共产党第十一届三中全会正式拉开了市场化改革的序幕。会议通过的《中国共产党第十一届中央委员会第三次全体会议公报》旗帜鲜明地将全党、全国的工作重心转移到经济建设，还明确指出了经济管理体制权力过于集中的问题。随后，国家启动了针对国营企业放权让利的一系列改革。1979 年 7 月国务院发布的《关于扩大国营工业企业经营管理自主权的若干规定》中允许企业在完成国家下达的任务后，自行决定生产计划并保留一部分利润用于建立生产发展基金、集体福利基金和职工奖励基金。尽管此时的中央计划和市场共同调节经济的机制激发了企业的生产积极性，但因为政府收入减少，很快陷入了财政赤字困境。1979 年国家财政赤字高达135.41 亿元（表 5.1），这表明国营企业的初次市场化改革并不理想。当国家主导的国营企业改革陷入困境时，市场经济却悄悄在边缘化的领域绽放生机，并很快在日后引领整个经济体制再次向市场化转型。在这一系列的"边缘革命"中，对市场经济促动最大的因素是乡镇企业的异军突起、城镇个体经济的兴起和沿海经济特区的设立。

表 5.1 1950 年-1980 年历年国家财政收支总额统计[1]

单位：亿元

年份	财政收入	财政支出	收支差额
1950	62.17	68.05	-5.88
1951	124.96	122.07	2.89
1952	173.94	172.07	1.87
1953	213.24	219.21	-5.97
1954	245.17	244.11	1.06
1955	249.27	262.73	-13.46
1956	280.19	298.52	-18.33

[1] 数据来自国家统计局国民经济综合统计司编：《新中国五十五年统计资料汇编（1949-2004）》，中国统计出版社 2005 年版，第 104 页。

续表

年份	财政收入	财政支出	收支差额
1957	303. 2	295.95	7. 25
1958	379. 62	400. 36	−20. 74
1959	487. 12	543. 17	−56. 05
1960	572. 29	643. 68	−71. 39
1961	356. 06	356. 09	−0. 03
1962	313. 55	294. 88	18. 67
1963	342. 25	332. 05	10. 2
1964	399. 54	393. 79	5. 75
1965	473. 32	459. 97	13. 35
1966	558. 71	537. 65	21. 06
1967	419. 36	439. 84	−20. 48
1968	361. 25	357. 84	3. 41
1969	526. 76	525. 86	0. 9
1970	662. 9	649. 41	13. 49
1971	744. 73	732. 17	12. 56
1972	766. 56	765. 86	0. 7
1973	809. 67	808. 78	0. 89
1974	783. 14	790. 25	−7. 11
1975	815. 61	820. 88	−5. 27
1976	776. 58	806. 2	−29. 62
1977	874. 46	843. 53	30. 93
1978	1132. 26	1122. 09	10. 17
1979	1146. 38	1281. 79	−135. 41
1980	1159. 93	1228. 83	−68. 9

　　乡镇企业对中国走向市场经济做出了卓越的贡献。[1]乡镇企业的前身是社队企业，党的十一届四中全会通过的《中共中央关于加快农业发展的若干问题的决定》明确要求："社队企业要有一个大发展，逐步提高社队企业的收入占公社三级经济收入的比重。凡是符合经济合理的原则，宜于农村加工的农副产品，要逐步由社队企业加工。"国家政策有力地推动了社队企业的发展，从1979年到1983年，社队企业在就业人数、收入、利润等方面一直保持相对稳定状态。鉴于乡镇企业的发展业绩和人民公社制度废除的现实，1984年3月1日，中共中央、国务院转发农牧渔业部和部党组《关于开创社队企业新局面的报告》，同意将社队企业改名为乡镇企业，并明确指出"乡镇企业已成为国民经济的一支重要力量，是国营企业的重要补充。"此后，乡镇企业进入了高速发展的黄金时期（表5.2）。1987年，邓小平在会见南斯拉夫共产主义者联盟中央主席团委员科罗舍茨时用"异军突起"四个字来形容乡镇企业的崛起。

表 5.2　1979 年–1983 年社队企业（乡镇企业）发展情况[2]

年份	单位数（万个）	从业人员（万人）	营业收入（亿元）	利润总额（亿元）
1979	148	2909	491	112
1980	142	3000	596	126
1981	134	2970	670	122
1982	132	3113	772	128
1983	135	3235	929	137
1984	165	3848	1268	155
1985	1223	6979	2566	247
1986	1515	7937	3364	329
1987	1750	8805	4598	381
1988	1888	9545	6620	650
1989	1869	9367	7763	675

---

　　[1]　参见［英］罗纳德·哈里·科斯、王宁：《变革中国——市场经济的中国之路》，徐尧、李哲民译，中信出版社2013年版，第80页。

　　[2]　数据来自中华人民共和国国家统计局编：《中国统计年鉴—2004》，中国统计出版社2004年版，第21页、第119页。

年份	单位数（万个）	从业人员（万人）	营业收入（亿元）	利润总额（亿元）
1990	1873	9265	8614	683
1991	1909	9614	10 583	815
1992	2092	10 625	16 390	1119

　　城市市场化改革的边缘力量还有个体经济。个体经济产生和发展最直接的动力是解决城市大量的失业问题，尤其是返城知识青年。1955 年，团中央组织的中国青年代表团在访问苏联期间，考察了苏联城镇青年垦荒情况。回国之后代表团向党中央递交了《关于苏联开垦荒地的一些情况的报告》，提出动员城市知识青年参加垦荒是解决青年就业的一个办法。随后，党中央肯定了这个报告，于是开启了知识青年上山下乡运动的进程。然而，由于大多数人是迫于当时强大的社会压力去的，所以到了 70 年代，当城市管制稍稍有一点松动时，一小部分知识青年以招工、考试、顶职、独生子女照料父母等各种各样的名义逐步返回城市。较为深远的影响在于这些少量的返城知识青年现象犹如大堤上的蚂蚁洞，随即带来了知识青年大规模的返城行为。1978 年10 月，全国知识青年上山下乡工作会议决定停止上山下乡运动并允许知识青年返城，到 1979 年绝大部分知识青年陆续返回了城市。据统计，仅 1979 年上半年，城镇需要安排就业人数达 2000 万人，其中返城知识青年约 700 万人。[1]迫于大量城镇待业人员的就业压力，国家逐步放开了对城镇待业人员摆摊设点自谋职业的做法。1981 年 10 月 17 日，中共中央、国务院发布的《关于广开门路，搞活经济，解决城镇就业问题的若干决定》指出要打开个体经济的就业渠道，并将个体经济视为社会主义公有制经济的必要补充。名正则言顺，个体经济的地位、身份在政策上的确认有力地促进了个体经济的发展（表 5.3），并带动了整个社会私营经济的发展。

---

　　〔1〕 中共中央整党工作指导委员会编：《十一届三中全会以来重要文献简编》，人民出版社 1983年版，第 29 页。

表 5.3　1979 年–1983 年城镇个体经济分行业就业人数统计（年底数）[1]

单位：万人

年份	合计	工业	建筑业	农林牧副渔业	运输业	商业饮食业服务业
1979	32	6	1	0	1	24
1980	82	10	1	0	1	70
1981	113	11	1	0	2	99
1982	147	16	1	0	2	128

　　市场化的边缘革命不仅发生在乡镇企业、个体企业这些边缘主体上，还发生在边缘地区。1979 年 4 月，继蛇口工业区之后，广东省委领导班子向中央提出将汕头作为改革开放的"试验田"。邓小平对广东的提案非常认可，1981 年 7 月 19 日，中共中央和国务院发布《关于批转〈广东福建两省和经济特区工作会议纪要〉的通知》，正式批准在深圳、珠海、汕头、厦门建立出口特区（1980 年 5 月出口特区改名为经济特区）。经济特区的建立，吸引了大量的海外资金，为私营经济的发展提供了一个广阔的平台。与此同时，私营经济主体引发的激烈市场竞争迫使国营、集体企业再次进行现代市场经济改革。

　　卡尔·波兰尼对工业革命时期的市场演进模式分析时指出，"人类历史（在此之后）的下一个发展阶段就是试图建立一个巨大的自发调节的市场。然而在重商主义这个西方民族国家所特有的政策中，却没有任何成分预示了后来这样一种独特的发展。重商主义对贸易的'解放'仅仅是将贸易从排他主义中解放出来，但同时也扩大了管制的规模。经济制度仍然被浸没在普遍的社会关系之中；市场仅仅是某个制度设置的附属特征，而这个制度设置前所未有地受着社会权威的控制和规制。"[2]20 世纪 80 年代初期，尽管我国的私营经济表现出飞速发展的态势，但依然没有走出计划经济的管制思维。当然，当时将市场经济视作资本主义的意识形态，同样使得许多人对私营经济有很强的防范心理。直到 1984 年中共十二届三中全会通过《中共中央关于经济体

---

〔1〕　数据来自中华人民共和国国家统计局编：《中国统计年鉴—1983》，中国统计出版社 1983 年版，第 137 页。

〔2〕　［英］卡尔·波兰尼：《大转型：我们时代的政治与经济起源》，冯钢、刘阳译，浙江人民出版社 2007 年版，第 58 页。

制改革的决定》之后，整个国家官僚阶层对市场经济才有了普遍的认可，这次会议也成为市场经济体制改革的一个里程碑。

承认了市场经济，那就得尊重市场的价值规律，这样商品的价格就不能仍旧按照过去的行政指令而定。所以，在党的十二届三中全会以后，物价改革问题开始浮出水面。尽管国家对国营企业依然实行价格双轨制（同一产品计划内部分实行国家定价，计划外部分实行市场调节价的制度），但这在一定程度上已经扩大了国营企业的自主权。在利润驱使下，国营企业之间出现了不同种类、不同形式的横向经济联合。1986年，国务院公布《关于进一步推动横向经济联合若干问题的规定》，进一步推动了企业之间的横向经济联合。意想不到的是，企业之间的横向经济联合结出了"股份制"的硕果，进而又推动了国营企业的市场化。

市场化客观上会带来国营企业的自我扩张。当时大部分国营企业常用的手法是将平价物资划入市场采购部分，以提高价格，增加利润。[1]这种倒买倒卖国家计划物资的做法带动了物价大幅度上涨。科尔奈指出，社会主义企业"因为存在预算软约束"，"不存在任何内部的自我约束机制来控制这种扩张冲动，投资饥渴必然泛滥成灾"。[2]国营企业的持续投资和物价上涨使得通货膨胀率不断上升。面对价格双轨制带来的经济危机，1988年9月，国家开始着力控制物价，遏制通货膨胀。1989年11月，党的十三届五中全会审议通过的《中共中央关于进一步治理整顿和深化改革的决定》提出用三年或者更长一点时间基本完成治理整顿任务，市场经济改革进入缓滞阶段。在此期间，苏联解体和东欧剧变，反对市场化改革的声音和政治情绪有所加强。幸运的是，当市场化改革遭遇危机时，对外开放政策却一直坚持下来了。1984年2月，邓小平在视察经济特区后指出："除现在的特区之外，可以考虑再开放几个港口城市，如大连、青岛。这些地方不叫特区，但可以实行特区的某些政策。我们还要开发海南岛，如果能把海南岛的经济迅速发展起来，那就是很大的胜利。"[3]1988年，国家增设海南省为新的经济特区，并将对外开放的

---

〔1〕 参见李晓西主编：《中国经济改革30年：市场化进程卷》，重庆大学出版社2008年版，第118页。

〔2〕 ［英］卡尔·波兰尼：《大转型：我们时代的政治与经济起源》，冯钢、刘阳译，浙江人民出版社2007年版，第155页。

〔3〕 中共中央文献编辑委员会编：《邓小平文选》（第三卷），人民出版社1993年版，第52页。

范围由经济特区扩大至大连、秦皇岛、天津等 14 个沿海城市。经济特区、连片沿海开放城市的确立及其表现出来的勃勃生机为日后市场化改革的持续推行提供了有力的支持。当 20 世纪 90 年代初面临意识形态之姓"资"姓"社"的争论时，邓小平正是通过南方谈话干净利落地结束了意识形态争论，肯定了市场化改革的方向。1992 年 10 月，在中国共产党第十四次全国代表大会上，江泽民明确提出，中国经济体制的改革目标是建立社会主义市场经济体制，之后，市场化改革全面推进。

二、"企业办社会"模式的改变

国有企业改革不仅是我国经济体制改革的中心环节，而且还对我国的福利制度变迁产生了深刻影响。这里所讲的国有企业（1992 年之前称之为国营企业），不仅包括中央政府投资兴办的企业，而且也包括县、区级以上政府投资兴办的企业以及国家机关和国有企事业单位投资兴办的企业，前者被称为中央国有企业，后者被称为地方国有企业。[1]由于国有企业全面依赖国家，国家在意识形态上又承诺为所有人提供基本的食品、住房、医疗、教育等福利，所以在整个计划经济时期，国有企业一直是城市社会福利最主要的供给者。

长期以来，国有企业在国家计划指令下生产，管理层和职工的工资按国家规定的标准发放，所得利润上缴国家，如遇亏损，国家补贴，企业在运行方面没有任何自主经营权。为了实现"赶超经济"的目标，国民收入分配重生产轻消费。[2]如此一来，职工工资长期停滞不增，尤其是"文革"期间，工资不增反降（图 5.1），最终损害了工人的生产积极性，造成了普遍的"企业大锅饭"现象。1978 年，党的十一届三中全会指出了经济管理体制权力过于集中的问题，提出要扩大企业的经营管理自主权。随后，国有企业开始了"放权让利"改革。1979 年 7 月，国务院公布《关于扩大国营工业企业经营管理自主权的若干规定》《关于国营企业实行利润留成的规定》，允许国有企业在完成国家计划任务以后可以根据市场行情自行决定生产，允许企业利润

---

〔1〕 参见张文魁、袁东明：《中国经济改革 30 年：国有企业卷》，重庆大学出版社 2008 年版，第 1 页。

〔2〕 参见王宁：《从苦行者社会到消费者社会：中国城市消费制度、劳动激励与主体结构转型》，社会科学文献出版社 2009 年版，第 43—80 页。

留成用于扩大生产和职工福利，这极大地提高了企业和职工的生产积极性，至 80 年代中期，国有企业度过了一个黄金时期。对于这一点，从 1979 年以后国有企业职工平均工资涨幅趋势就能反映出来（图 5.1）。

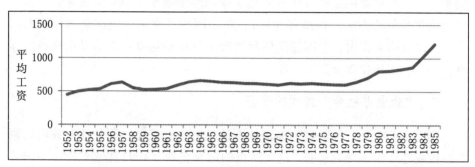

图 5.1　1952 年-1977 年国有企业职工平均工资统计[1]

20 世纪 80 年代中期，乡镇企业异军突起，而与此形成鲜明对比的是越来越多的国有企业开始衰落。受乡镇企业的影响，国有企业开始效仿乡镇企业搞承包制改革。作为国有企业改革的配套政策，1986 年至 1988 年，国家相继公布《中华人民共和国企业破产法（试行）》和《中华人民共和国全民所有制工业企业法》，进一步明确了企业自主经营的权利和责任。这些综合制度改革在短期内迅速提高了国有企业的生产积极性，工业总产值明显上升。但到了 20 世纪 90 年代，承包制的一系列弊端开始显现出来，其中最主要的是国家财政收入的下滑，于是在 1993 年国家全面停止了承包制。与承包制同时进行的改革还有股份制。20 世纪 80 年代中期以后，在西方产权理论的影响下，一些经济学家提出企业股份制改革。厉以宁认为，国有企业改革应该转换企业经营机制，变企业国有制为企业股份制，才能真正建立国有企业的激励机制，明晰责权问题。[2]1987 年 11 月，中国共产党第十三次全国代表大会的报告中指出，股份制形式"是社会主义企业财产的一种组织方式，可以继续试行"，随后出现了一波股份制改革高潮。然而由于乡镇企业等非公有制经济的冲击，这一时期的国有企业并不景气。为了继续走出困境，1992 年 7 月，

---

〔1〕　数据来自国家统计局国民经济综合统计司编：《新中国五十五年统计资料汇编（1949-2004）》，中国统计出版社 2005 年版，第 118 页。

〔2〕　参见厉以宁：《股份制与现代市场经济》，江苏人民出版社 1994 年版，第 213-220 页。

国务院发布《全民所有制工业企业转换经营机制条例》，核心是扩充国有企业的经营管理权，自此国有企业职工的铁饭碗被打破。中国共产党第十四次全国代表大会进一步强化了国有企业的经营自主权，并将建立现代企业制度作为以后几十年国有企业改革的方向。

卡尔·波兰尼在形容市场与社会的关系时使用了"嵌入"一词。[1]1990年以后国有企业建立现代企业制度的努力实际上是一个脱嵌过程，即国有企业逐步与政治、社会分离。与政治分离表现为企业的经营管理权越来越自主，与社会分离表现为"企业办社会"模式逐渐解体。问题是国有企业在改革过程中是如何把原有的福利责任卸载给社会的呢？

第一种途径是"瘦身社会保险"。在计划经济时期的"企业办社会"模式下，职工的生老病死几乎全部由企业承担。由于企业的全民所有制性质，社会保险及相关服务的承担者实际上就是国家。市场化改革以后，国有企业逐渐摆脱国家的直接控制，成为具有相对独立的自主经营管理权的主体，而国家也不再对国有企业进行亏损补贴，如此一来，国有企业职工的养老、医疗等福利责任国家也不再承担。

关于职工养老保险。1986年7月，国务院发布的《国营企业实行劳动合同制暂行规定》要求"企业在国家劳动工资计划指标内招用常年性工作岗位上的工人，除国家另有特别规定者外，统一实行劳动合同制"，并且规定劳动合同制工人的退休养老基金由企业和劳动合同制工人缴纳，其中，企业缴纳的退休养老基金数额为劳动合同制工人工资总额的15%左右，劳动合同制工人缴纳的退休养老基金数额为不超过本人标准工资的3%。养老保险由企业包揽向社会统筹转变，减轻了国有企业的社会负担，有效地配合了企业"两权分离"改革。1991年6月，为进一步减轻国有企业负担，促进经济体制改革，国务院公布《关于企业职工养老保险制度改革的决定》，将养老保险的社会统筹人群扩大至企业所有职工，实行国家、企业、个人三方共同负担，即国家让税、企业和个人按月缴纳，其中，职工缴费比例不超过本人工资总额的3%。另外，这次养老保险制度改革还首次提出要建立包括基本养老保险、企业补充养老保险和职工个人储蓄性养老保险相结合的多层次养老保险体系。

---

〔1〕　参见［英］卡尔·波兰尼：《大转型：我们时代的政治与经济起源》，冯钢、刘阳译，浙江人民出版社2007年版，第60页。

1993 年 11 月，党的十四届三中全会通过的《中共中央关于建立社会主义市场经济体制若干问题的决定》带来了职工养老保险制度的结构性改革，为配合国有企业转换经营机制，建立现代企业制度，国家将重点完善企业养老和失业保险制度，强化社会服务功能以减轻企业负担。具体做法是城镇职工养老和医疗保险金由单位和个人共同负担，实行社会统筹和个人账户相结合。1995 年 3 月，国务院专门发布《关于深化企业职工养老保险制度改革的通知》予以落实此项改革。然而，由于在执行过程中，企业、个人担负部分在各地差异很大，国务院于 1997 年 7 月 16 日发布《关于建立统一的企业职工基本养老保险制度的决定》，对个人和企业缴费做了明确规定，其中，企业缴费一般不得超过企业工资总额的 20%，个人缴费从 1997 年本人缴费工资的 4%逐步提高至 8%，个人账户规模为本人缴费工资的 11%，个人缴费全部记入个人账户，其余部分从企业缴费中划入补齐。为了做实个人账户，2000 年 12 月，国务院发布了《关于印发完善城镇社会保障体系的试点方案的通知》规定将个人账户规模由 11%调整至 8%，职工缴费比例为本人缴费工资的 8%，企业缴费部分不再划入个人账户。另外，作为基本养老保险制度补充的企业补充养老保险，最早在 1991 年 6 月国务院公布的《关于企业职工养老保险制度改革的决定》中提及，文件将企业建立补充养老保险作为企业职工养老保险制度的重要组成部分。2000 年，国务院在《关于完善城镇社会保障体系的试点方案》中将其称之为企业年金。由于企业年金的企业缴费部分（职工工资总额的 4%以内）在成本中列支，国家也只是鼓励有能力的企业建立企业年金，所以企业年金制度并没有强制普及实施。

关于职工医疗保险。1984 年 4 月，卫生部和财政部联合发布《关于进一步加强公费医疗管理的通知》，正式开启了公费医疗制度改革。由于适逢国有企业自主经营管理改革推进阶段，企业和地方政府对公费医疗改革的态度非常支持，并积极进行了多种形式的改革探索。1994 年 4 月，国家体改委、财政部、劳动部、卫生部四部委共同发布的《关于职工医疗制度改革的试点意见》中建议职工医疗保险费用由用人单位和职工共同缴纳；用人单位按不超过职工工资总额的 10%缴费，职工个人按本人工资的 1%缴费后随经济发展和工资增加逐步提高。之后，经国务院批准，先后在全国范围内进行了试点试验。1998 年 12 月，国务院公布《关于建立城镇职工基本医疗保险制度的决定》规定城镇职工基本医疗保险费由用人单位和职工双方共同负担；基本医疗保险基金实行社会统筹和个人账户相结合，其中，用人单位缴费率控制在职工工资总额的6%左右，职工缴费率一般为本人工资收入的2%。至此，城镇职工基本医疗保险制度定型。

与职工养老保险改革一样，企业职工医疗保险改革的同时，国家鼓励企事业单位为职工建立补充医疗保险制度。1995年1月1日实施的《中华人民共和国劳动法》第75条提出"国家鼓励用人单位根据本单位实际情况为劳动者建立补充保险……"。为配合城镇职工基本医疗保险制度改革，1998年国务院公布的《关于建立城镇职工基本医疗保险制度的决定》中指出在参加基本医疗保险的基础上，作为过渡措施，允许建立企业补充医疗保险。2000年4月，劳动保障部和财政部联合发布的《关于实行国家公务员医疗补助的意见》指出在实施城镇职工基本医疗保险的基础上，对国家公务员实行医疗补助，医疗补助经费由同级财政列入当年财政预算。与此相比，企业职工补充医疗保险并没有出台国家层面的规范文件。

可见，改革开放以后二十多年的探索，国有企业职工养老、医疗保险实现了从企业保险向社会统筹转变，保险费用支付完成了由国家包揽转变为企业、个人联合承担，这意味着具有"单位身份"的城市老年人照料开始由"国家来养老"向"国家帮养老"转变。

第二种途径是企业职工减员。20世纪90年代中期以后，随着市场经济体制的逐步完善和私营经济的迅速发展，国有企业陷入了长期亏损的境地。1997年9月，江泽民在中国共产党第十五次全国代表大会上的报告明确指出要加快推进国有企业改革，实行鼓励兼并、规范破产、下岗分流、减员增效和再就业工程，形成企业优胜劣汰的竞争机制。十五大以后，国有企业在三年改革攻坚和扭亏脱困过程中，重点对纺织业和煤炭业进行了重组、兼并和破产改革，另外还关停了一批规模较小的小炼厂、小水泥厂、小烟厂等，由此大量的企业职工下岗。据统计，从1998年至2000年，国有企业下岗职工人数累计1904.5万人。[1]

为了保障下岗职工的基本生活，国家探索建立社会保障体系。1998年1月，劳动部发布《关于建立下岗职工基本生活保障制度的通知》，要求所有地

---

〔1〕　参见国家统计局人口和就业统计司、劳动和社会保障部规划财务司编：《中国劳动统计年鉴—2005）》，中国统计出版社2005年版，第162页。

级以上城市都要建立下岗职工基本生活保障制度。1998 年 6 月，中共中央、国务院发布《关于切实做好国有企业下岗职工基本生活保障和再就业工作的通知》，要求凡有下岗职工的企业建立再就业服务中心，负责为本企业下岗职工发放基本生活费和代缴养老、医疗等社会保险费用。1999 年 1 月，国务院发布《失业保险条例》取代之前的《国有企业职工待业保险规定》。对于失业保险费，单位按照工资总额的 2%缴纳，个人按照本人工资总额的 1%缴纳，履行缴费义务满 1 年后即可领取失业保险金。1999 年 9 月，国务院发布《城市居民最低生活保障条例》，那些领取失业保险金而生活仍无法得到保障的下岗职工也被覆盖在列。上述社会保障体系的建立，在保障下岗职工基本生活的同时，也使得企业职工由"单位人"变为社会人，企业只承担职工有限的福利责任。

第三种途径是买断职工工龄。由于国有企业的铁饭碗、高福利待遇，企业改制过程中的职工减员做法在实施过程中面临强烈抵制。然而，建立现代企业制度的目标迫使企业必须理清对一些特殊职工（如伤残职工）所承担的福利责任。在这种情况下，一些改制企业率先探索以经济补偿的形式让职工放弃职工身份。具体经济补偿标准往往以工龄为基础计算，这样的做法也被称为"买断工龄"。2002 年，财政部、劳动和社会保障部等八部门联合印发《关于国有大中型企业主辅分离辅业改制分流安置富余人员的实施办法》，对企业改制过程中的职工分流安置做出了明确规定。具体做法是：对从原主体企业分流进入改制企业的富余人员，应由原主体企业与其变更或解除劳动合同，并由改制企业与其变更或重新签订三年以上期限的劳动合同；对分流进入改制为非国有法人控股企业的富余人员，原主体企业要依法与其解除劳动合同，并支付经济补偿金；对分流进入改制为国有法人控股企业的富余人员，原主体企业和改制企业可按国家规定与其变更劳动合同，用工主体由原主体企业变更为改制企业，企业改制前后职工的工作年限合并计算。这个文件发布后，许多国有企业进行了改制或重组，在这个过程中，许多职工以现金补偿的形式被企业买断了工龄，即不再享有国有企业铁饭碗和高福利待遇。事实上，许多进行改制的国有企业并没有按照文件相关规定对职工支付经济补偿金。国务院发展研究中心企业研究所于 2004 年对全国 16 个省和省会城市的 4138 家（实际向 6627 家国有企业发放了问卷）国有企业的调查结果显示，在改制的 2696 家企业中，未给职工提供经济补偿的企业并不少（表 5.4）。

表5.4　改制企业给职工提供经济补偿情况统计[1]

	国有控股企业	完全民营化企业
完全民营化，提供职工补偿	未填报	170（70%）
完全民营化，未提供职工补偿但是提供就业保障	未填报	32（13%）
国有控股，提供职工补偿	81（14%）	未填报
国有控股，未提供职工补偿	245（41%）	未填报
全部样本	597（100%）	242（100%）

　　买断工龄补偿是企业对于职工放弃国有企业职工身份转而成为私营企业职工或者干脆退出劳动力市场而实行的一种做法。这种做法有效减轻了改制中的国有企业的社会负担。与此同时，也为许多大中型国有企业在实施主辅分离、辅业改制过程中的大规模裁员提供了便利。对于职工，这种经济补偿的数额主要是根据自身工龄和企业的支付能力综合确定，并没有一个统一的标准。企业职工身份转换的经济补偿软约束大大减轻了企业裁员的压力。《国有企业改制重组调查研究报告》显示，改制为国有法人控股的企业，裁员占全部职工比重大致在3%–10%，改制为非国有法人控股的企业，裁员占全部职工比重大致在24%左右。[2]这意味着在国有企业改制过程中，企业将相当数量的职工从企业中推了出来，在相应的在福利供给中，企业也完全退了出来。

　　第四种途径是剥离社会职能。计划经济时期的单位是城市资源分配的中枢环节，除了负责职工的养老、医疗保险等外，还负责实物福利的分配和发放。作为职工实物福利之重要组成部分的住房，主要是由单位出资修建后，依据某种标准无偿或低费出租给职工。为便于生产和生活，住建房屋通常在地理位置上毗邻本单位，由此城市空间仿佛由一块块的单位社区拼接而成。有学者指出，改革开放之前的城市社区之间有着明显的疆界痕迹，使得城市在

────────────

　　[1]　数据来自国务院发展研究中心企业研究所：《国有企业改制重组调查研究报告》，载《改革内参》2005年第17期。

　　[2]　参见国务院发展研究中心企业研究所：《国有企业改制重组调查研究报告》，载《改革内参》2005年第17期。

整体功能上显得支离破碎。[1]在低工资、高福利体制下，每一个单位社区内部，单位依托单位社区为职工提供各种生活服务，医院、学校、浴室、文体活动场所等一应俱全。正是凭借单位社区这一空间载体，国家润物细无声般地把一些政治、经济、文化以及社会服务职能转嫁给了企业。

伴随市场化进程的深入推进，国有企业在改制过程中被来自"单位办社会"的福利包袱压得越来越喘不过气，建立现代企业制度的目标迫使企业剥离先前的福利职能。与此同时，在市场化氛围中，住房分配制度在执行过程中出现的不少问题也客观要求国家对其进行改革。1994 年 7 月，国务院公布《关于深化城镇住房制度改革的决定》，将建立与社会主义市场经济体制相适应的新的城镇住房制度，实现住房商品化、社会化作为住房改革的根本目的，结束了住房建设投资、维修由国家、单位统包的体制。从此以后，原有的单位社区开始逐渐解体。单位社区衰落了，企业先前承担的社会福利职能也便社会化了。

三、社会福利社会化后的福利供给

社会福利的核心议题主要围绕福利"谁提供""如何提供""给谁提供"三个问题展开。据此推理，社会福利社会化的基本含义是指社会福利供给主体的多元化、筹资渠道的多样化以及服务对象的大众化，其中，福利供给主体的多元化是社会福利社会化的引擎。

社会福利究竟由谁供给，实际上是一个社会福利责任应该由谁承担的问题。基于不同的生活环境，人们对此问题的看法不尽一致。在经历了福利国家制度发展始末以后，西方主流的认识是社会福利除了国家提供以外，家庭、市场和社会志愿组织等都应该参与其中，这种认识被学界称之为福利多元主义或福利混合经济。计划经济时期，我国城市社会福利主要是由企业替国家包揽，服务人群主要局限于企事业单位的职工，俗称"企业办社会"模式。市场化改革以后，沉重的福利负担严重束缚了企业的市场竞争力，于是在随后一次次的国有企业改革中企业将担负的社会福利职能逐渐推向社会。

需要说明的是，尽管我国社会福利的社会化与西方福利国家在改变国家

---

〔1〕 参见张鸿雁、殷京生：《当代中国城市社区社会结构变迁论》，载《东南大学学报（哲学社会科学版）》2000 年第 4 期。

一元化福利供给认识上具有一致性，但在福利供给的实践方面差异甚大。福利国家在遭遇经济危机以后，政府能够很快把一些原先由国家承担的福利转移给社会或市场，这是因为他们有发达的市场和社会组织。而我国，在经历了一个相对较长、高度集中的计划经济阶段以后，国家的力量异常强大，市场和社会组织的力量相当薄弱。在推进市场化改革的最初一二十年里，虽然私营经济发展迅速，但由于自身规模和首要的逐利目标所限，私营企业并没有承担起应有的福利责任。科尔奈在分析社会主义国家私营经济兴起时指出，各种形式的私营企业涌现的首要原因是对更好收入的物质渴盼。[1]从 1978 年开始市场化改革到 1995 年间，社会保险改革始终局域于国有企业内部，即使在 1995 年国务院提出深化企业职工养老保险制度改革时，也只是提出要在 20 世纪末基本建立适用城镇各类企业职工和个体劳动者的养老保险体系，对各类私营企业是否缴纳养老保险并没有强制性要求。所以，在国有企业改制过程中，那些改制为非国有法人控股的企业中，并没有多少企业为职工缴纳社会保险。另外，社会组织在福利领域发挥的作用也很小。在 20 世纪 90 年代以前，社会组织主要是各地的妇联组织发挥一定的福利服务作用。90 年代以后，社会组织在数量上才有了快速发展（表 5.5），但直到 2012 年国家才开始大力支持社会组织参与社会福利服务提供。

表 5.5　1988 年-2007 年社会组织发展情况统计[2]

年份	社会团体	民办非企业	基金会
1988	4446	-.	-
1989	4544	-.	-
1990	10 855	-.	-
1991	82 814	-.	-
1992	154 502	-.	-
1993	167 506	-.	-

〔1〕　参见［匈］雅诺什·科尔奈：《社会主义体制——共产主义政治经济学》，张安译，中央编译出版社 2007 年版，第 405 页。

〔2〕　数据来自《中国社会组织年鉴》编委会编：《中国社会组织年鉴 2015》，中国社会出版社 2015 年版，第 877 页。

年份	社会团体	民办非企业	基金会
1994	174 060	–	–
1995	180 583	–	–
1996	184 821	–	–
1997	181 318	–	–
1998	165 600	–	–
1999	136 764	5901	
2000	130 668	22 654	
2001	128 805	82 134	–
2002	133 297	111 212	

注：－表示无统计信息。

　　社会福利社会化，客观要求国家、家庭、市场和社会组织等提供社会福利。但是，由市场化改革而带动的社会福利社会化实际上名不副实，因为企业将原本承担的福利分离出来以后，由于当时的社会和市场根本没有能力或意愿去补缺。按照排除法的逻辑，那剩下的就只有家庭这个主体了。

　　在计划经济时期，企业的福利成本最终完全是由国家担负的。市场化改革中，为了让国有企业轻装上阵参与市场竞争，国有企业在改革过程中，企业包揽社会福利的模式被逐渐打破。一方面，养老、医疗保险费用由企业和个人共同负担。为了补偿同时被打破的铁饭碗，维护社会稳定，国家建立了城镇职工失业保险制度和城市居民最低生活保障制度，向那些在企业改制过程中被甩在社会边缘的人群提供基本生活保障。另一方面，以城镇住房商品化、社会化为肇始，企业逐渐削弱了实物福利、单位社区福利服务的供给。作为补偿，国家建立了城镇职工住房公积金制度。总的来看，为搞活国有企业，国家主导了国有企业的改革进程，支持国有企业削减职工福利。然而，对于企业剥离的社会福利，国家有限地承担了一部分外，剩下的就只有靠家庭去承担了。由此可见，市场化改革过程中的社会福利社会化，实际上是社会福利的家庭化。但是到目前为止，对于家庭为什么能担负这些福利责任并没有清晰的阐述，所以接下来将对这一问题予以回答。

第二节　民营经济发展与家庭福利功能的提升

一、民营经济的兴起

民营经济是相对于国营经济而划分的。有学者对民营经济做了广义和狭义的界定：广义的民营经济是对除国有和国有控股企业以外的各种所有制经济形式的统称，包括个体户、私营企业、集体企业、港澳台投资企业和外商投资企业；狭义的民营经济不包括外资经济。[1]也有学者将外资经济视作与国有经济、民营经济相对的部分，不主张将外资经济划入民营经济的范畴。[2]另外，虽然集体经济属于劳动者集体所有，但在性质上它是公有制经济的重要组成部分。因此，本书指称的民营经济是指个体经济和私营经济。

在计划经济时期，人们往往将社会主义等同于公有制，非公有制形式的各种私有经济受到严格限制。党的十一届三中全会以后，民营经济不再被当作资本主义的尾巴受到批判。1980年8月，《中共中央关于转发全国劳动就业会议文件的通知》提出了劳动部门介绍就业、自愿组织起来就业和自谋职业相结合的方针。1981年10月，中共中央、国务院发布《关于广开门路，搞活经济，解决城镇就业问题的若干决定》，提出要开辟个体经济的就业渠道，并将一定范围的劳动者个体经济视为社会主义公有制经济的必要补充。国家对个体经济的鼓励，有力地促进了个体经济的发展，同时也带动了私营企业的发展。然而由于私营企业存在的雇佣与剥削之争，使得私营企业的发展一直存在争议。直到1988年4月12日七届全国人大一次会议通过了《中华人民共和国宪法修正案》，私营企业的合法地位才得以认可。此后，民营经济乘着市场化的东风一路猛进。个体户从1981年的183万户增至1999年的3160户，私营企业从1988年的40 600户增加至1999年的1 508 857户，并且随着企业户数的增加，从业人员大幅增加（表5.6），从业人员的劳动报酬总

---

〔1〕　参见王劲松等：《中国民营经济的产业结构演进——兼论民营经济与国有经济、外资经济的竞争关系》，载《管理世界》2005年第10期。

〔2〕　参见周立群、谢思全主编：《中国经济改革30年：民营经济卷》，重庆大学出版社2008年版，第2页。

额从 1994 年以后一直占国内劳动者报酬总额的 80% 以上。[1] 经过几十年的发展，民营经济的经济地位已经从"必要的、有益的补充"转变为"重要组成部分"。

表 5.6　1981 年–1999 年个体、私营企业发展情况[2]

年份	个体		私营	
	户数（万户）	从业人员（万人）	户数（户）	从业人员（万人）
1981	183	227	–	
1982	261	320	–	–
1983	590	746	–	–
1984	933	1304	–	–
1985	1171	1766	–	–
1986	1211	1846	–	–
1987	1373	2158	–	–
1988	1453	2305	40 600	–
1989	1247	1941	91 000	164
1990	1328	2093	98 141	170
1991	1417	2258	107 843	184
1992	1534	2468	139 633	232
1993	1767	2939	237 919	373
1994	2187	3776	432 240	648
1995	2528	4614	654 531	956
1996	2704	5017	819 252	1171
1997	2851	5442	960 726	1350

---

〔1〕　参见周立群、谢思全主编：《中国经济改革 30 年：民营经济卷》，重庆大学出版社 2008 年版，第 83 页。

〔2〕　数据来自王克忠主编：《非公有制经济论》，上海人民出版社 2003 年版，第 10 页、第 30 页。

续表

年份	个体		私营	
	户数 （万户）	从业人员 （万人）	户数（户）	从业人员 （万人）
1998	3120	6114	1 200 978	1710
1999	3160	6241	1 508 857	2022

注：－是无统计信息。

蓬勃发展的民营经济对我国经济社会的发展做出了巨大贡献。个体、私营企业的大量涌现，在创造国民财富、增加经济收入、优化经济结构的同时，也提供了大量的就业岗位，尤其是适逢国有企业改制期间，大量的下岗职工在私营企业中实现了再就业。据不完全统计，65%的国有企业下岗职工在私营企业找到了生计。[1]更为长远的影响还在于个体、私营企业的发展激活了人们的致富欲望，激发了社会的活力，越来越多的人或者投资经营私营企业，或者在其中就业，所有这些经济活动在增加家庭收入的同时，也提升了家庭的福利供给能力。

二、民营经济发展中的家庭角色

在民营经济发展的过程中，家庭充分发挥了它的经济功能，在生产和消费两端的经济行为有力地支持了民营经济的发展。如果将经济行为浓缩为生产和消费，那么家庭主要扮演了两个角色，即作为生产者的家庭和作为消费者的家庭。

在计划经济时期的城市，绝大部分的生产都是在工厂中进行的，家庭的主要经济功能就是消费。市场化改革以后，随着国家对个体、私营经济管制的放开，越来越多的家庭或直接参与经济活动，或为经济活动提供间接支持。科尔奈指出，社会主义国家在民营经济兴起的过程中，几乎已经被彻底摧毁的家庭企业开始在经济生活中重新发挥重大作用，走在了私有化的最

---

〔1〕　参见周立群、谢思全主编：《中国经济改革30年：民营经济卷》，重庆大学出版社2008年版，第5页。

前列。[1]由于个体经济规模小、起步运营资金少，那些在城市中没有固定工作的富余劳动力便可以在家庭中或者在居住小区内开办经营作坊，如夫妻店、兄弟店、姊妹店等。生产的灵活性和获利自主性，驱使家庭付出得更多，其结果是家庭在劳动积极性、劳动强度和工作时间方面发生了惊人的飞跃，一旦有预期的利润，很快会有相应的家庭作坊去追逐。事实上，由于长期以来对重工业的过度倾斜，导致民众基本消费品和生活服务非常匮乏，个体经济只要能生产出产品或服务，总是能销售出去获利。当时出现的一些"脑体倒挂"现象也从侧面证实了个体经济丰厚的利润。1988 年修正的《中华人民共和国宪法》肯定了私营经济的合法地位，解除了"七上八下"的禁锢之后，那些生意做大的个体户很快发展成为私营企业，也有些个体户相互联合起来组成更大的私营企业。由此可见，个体和私营经济的发展不仅解决了家庭成员的就业问题，还提高了家庭的经济能力。

促使家庭作坊式的个体户，甚至私营企业快速涌现的一个隐形而又不能忽视的原因是家庭关系保证的相互信任。Arrow 将信任视作一个社会经济运行的润滑剂。[2]帕特南在分析意大利南部和北部的民主制差异时，指出作为社会资本的信任能够产生合作进而带来强经济与强社会。[3]福山指出，普遍的信任能够简化经济交易成本并能规范经济交易，从而提高经济绩效。[4]尽管上述研究所讲的信任是一种弥散于整个社会成员之间的普遍信任，但信任的功能同样适用于家庭，甚至因为家庭成员之间的亲密关系而增强。费孝通用"差序格局"来描述我国社会人际关系的亲疏远近，实际上也揭示了以家庭血缘关系为中心的人际圈是最亲密、最值得信任的。Newton 把这种建立在家庭成员关系基础上的信任称之为深度信任。[5]信任度越高，越容易促成合作，家庭成员之间的高度信任有效地促成了有限的资金、人力、物力的聚拢，造

〔1〕 参见 ［匈］雅诺什·科尔奈：《社会主义体制——共产主义政治经济学》，张安译，中央编译出版社 2007 年版，第 425 页。

〔2〕 See Arrow, K. J., "Gifts and exchanges", *Philosophy and Public Affairs*, Vol. 1, No. 4, 1972.

〔3〕 参见 ［美］罗伯特·D. 帕特南：《使民主运转起来：现代意大利的公民传统》，王列、赖海榕译，江西人民出版社 2001 年版，第 176–190 页。

〔4〕 参见 ［美］弗朗西斯·福山：《信任：社会美德与创造经济繁荣》，彭志华译，海南出版社 2001 年版，第 151 页。

〔5〕 See Newton, K., "Social capital and democracy", *American Behavioral Scientist*, Vol. 40, No. 5, 1997.

就了雨后春笋般出现的个体经济。而一旦政策允许，有能力的个体经济就会向家族式的私营企业转型，因为这种基于家庭成员关系的信任为当时缺乏私人合同的法律框架和信贷困境条件下的融资提供了类似担保的作用，增加了不确定条件下的合作。邱泽奇指出，我国现有的民营企业，绝大多数是家族企业。[1]

民营经济的发展还与家庭的消费行为相关，或者说家庭消费对民营经济的发展起到了推波助澜的作用。中华人民共和国成立初期，为了在资源短缺的条件下实现优先发展重工业的目标，国家采取了抑制私人消费、鼓励人民节衣缩食的策略。[2]为了落实这一策略，国家一方面依托企业为职工提供了慷慨的集体福利，另一方面通过票证制度控制了人们的生活消费资料。市场化改革以后，福利逐渐从企业剥离出来，长期被抑制的私人消费需求活跃起来。由于国家长期以来注重对重工业的投入而轻居民消费，造成基本消费品和生活服务供给非常匮乏。正是在这种情境下，个体、私营企业"拾遗补缺"，迅速进军餐饮、修理、家政、交通等生活服务领域，满足了人们多样化的社会需要。这样一来，国家将原先承担的福利责任推向社会时，个人便从市场上获得了这些满足物。

民营经济在解决消费物品和生活服务短缺以及由此造成的民众吃穿住行难等方面做出了巨大的贡献。[3]反过来，民众的这种消费也推动了民营经济的发展，二者相得益彰。在住房消费方面，城镇住房制度改革改变了过去人们集中居住在单位小区的情形，改革进程发生了有利于家庭私人房屋和住宅的变化，许多家庭努力争取属于自己的房屋，继而使家庭退回到私人生活领域。在饮食方面，街头巷尾的个体摊点、私营企业提供了价格不同、品种多样的美食；与此同时，越来越多的家庭开始购买各种烹饪厨具、冰箱等。在出行方面，条件好一点的家庭购买了自行车和摩托车，条件更好的家庭则购买了小轿车。在家政服务方面，家庭消费处于一个非常尴尬的境地。计划经济时期，单位住宅小区内配备了托儿所、幼儿园、养老服务机构等。改革开放初期，国家逐渐将这些社会服务退回给了家庭。尽管许多家庭能够买得起

---

〔1〕　参见邱泽奇：《家庭主义价值共识与民营企业发展》，载《人民论坛》2011年第5期。

〔2〕　参见王宁：《从苦行者社会到消费者社会：中国城市消费制度、劳动激励与主体结构转型》，社会科学文献出版社2009年版，第49页。

〔3〕　参见王克忠主编：《非公有制经济论》，上海人民出版社2003年版，第42页。

他们以前买不起的东西，但是这种消费有一个理性的计算，大多数时候只要通过人力能够替代的物品或服务是不会轻易购买的。家庭经过理性的经济计算和社会道德的考量之后，认为由家庭成员照顾家庭中的老弱病残要比花钱雇佣照顾服务更经济，社会也更能接受这种方式。虽然无法获得家庭在上述多方面的具体消费资料，但是只要结合民营经济的发展状况，便不难确定家庭消费量的增加和自主性的增强对民营经济的促进作用。

三、家庭福利功能的提升

家庭功能是指家庭对于人类生活和社会发展的作用。尽管不同学者对家庭功能有不同的概括，但归根结底，家庭总是以满足人的需要为导向。基于人的成长需要，家庭的功能主要包括：生产、消费、抚育、社会化、娱乐、赡养等。其中：生产和消费是家庭的经济功能，借以满足家庭成员的基本生活需要；抚育功能满足家庭成员繁衍后代的需要；社会化和娱乐功能满足家庭成员的求知、社会适应以及心理调适需要；赡养功能满足家庭成员的生命延续需要。人的需要满足旨在让人生活得更好，所以家庭功能的发挥对家庭成员而言本身就是一种福利。但是，家庭除了满足家庭成员的需要外，也对家庭成员有一种约束，如要求家庭成员遵守社会秩序。据此，本书将家庭福利功能区分为广义和狭义两个层次：广义的家庭福利功能是指直接或间接有利于家庭成员需要满足或提升家庭成员福祉的家庭功能；狭义的家庭福利功能是指家庭成员之间相互支持（包括物质的、精神的、心理的），以使家庭成员健康发展、适应社会。由于此处意在说明家庭在民营经济发展过程中如何发展自身以满足家庭成员的不同需要，所以对家庭的福利功能是广义取向的。

家庭的福利功能是自然产生的，因为家庭成员之间的行动原则是利他主义。亚当·斯密指出："他自己的家庭成员，那些通常和他住在同一所房子里的人，他的父母、他的孩子、他的兄弟姐妹，自然是他那最强烈的情感所关心的仅次于他他自己的对象。"[1]正是这种家庭成员的利他主义天性为家庭的福利功能提供了一个坚实的伦理基础。诚如贝克尔所言："一个利他主义家庭

---

〔1〕 ［英］亚当·斯密：《道德情操论》，蒋自强、钦北愚译，商务印书馆 1997 年版，第 282-283 页。

的每一个成员部分地被保险。"〔1〕家庭成员的利他主义倾向是相互的，黑格尔指出，这种利他主义表现为家庭成员之间的爱。爱规定了家庭成员之间的行动原则是互惠，而不是市民社会的自利，"爱的第一个环节，就是我不欲成为独立的、孤单的人，我如果是这样的人，就会觉得自己残缺不全。至于第二个环节是，我在别一个人身上找到了自己，即获得了他人对自己的承认，而别一个人反过来对我亦同。"〔2〕互惠的统一性原则是家庭成员的伦理价值，但在实践领域这种同一性原则并不必然表现为时时对称，除了夫妻、姊妹、兄弟等平行的关系外，代际之间的利他表现为对父母的赡养和对子女的抚育。

家庭的福利功能是不断变化的。引起变化的原因，既有来自家庭外部的，也有来自家庭内部的。就外部性因素而言，一定社会的整体经济发展状况、社会制度以及文化和社会规范都可能影响家庭福利功能的发挥。中华人民共和国成立以后，为摆脱落后，缩小与资本主义发达国家的发展差距，彰显社会主义制度的优越性，以毛泽东为领导核心的党中央提出和实施了以"大跃进"、"两步走"等为主要内容的"赶超英美"经济发展战略。〔3〕为保证社会资源最大限度的投入经济建设，国家对城市职工的社会福利大包大揽，实行家长制管理。〔4〕与此同时，在中华人民共和国成立初期的《中华人民共和国婚姻法》、城市的就业制度以及各行各业的"铁姑娘"文化的共同影响下，大量的城市女性投入到工业和社会其他建设部门中去。至1997年，在国家规定的就业年龄范围内形成了城镇女性充分就业的局面。〔5〕整个这一时期的低工资、高就业、高福利政策，直接改变了传统家庭的福利功能，或者准确地说，这一时期的家庭福利功能被大大弱化了。市场化改革过程中，一方面国有企业承担的社会福利逐渐剥离给社会，另一方面民营经济在发展过程中增强了家庭经济功能，使得传统的家庭功能回归家庭。

除了外部性因素以外，家庭结构也会影响家庭功能的发挥。一般意义上的结构是指事物各组成部分之间相互稳定的联系。家庭结构是指家庭成员及

---

〔1〕 [美] 加里·S·贝克尔：《家庭经济分析》，彭松建译，华夏出版社1987年版，第200页。

〔2〕 [德] 黑格尔：《法哲学原理》，范扬、张企泰译，商务印书馆1961年版，第175页。

〔3〕 参见胡鞍钢：《谈毛泽东赶超美国的强国之梦》，载《当代中国史研究》2011年第3期。

〔4〕 参见徐道稳：《建国以来我国社会政策的价值转变》，载《中南林业科技大学学报（社会科学版）》2008年第2期。

〔5〕 参见杨善华编著：《家庭社会学》，高等教育出版社2006年版，第68页。

其相互之间形成的相对稳定的联系方式。它包含两方面的要素：一是人口要素，即家庭成员的数量；二是关系要素，即家庭成员之间的纵向和横向联系。西方社会学的一个重要理路是结构功能分析，其起点和关注核心是一定结构形态下的各构成要素及其相互之间的功能发挥问题，中心意涵是结构与功能间的相互构建。结构功能理论为认识家庭结构和家庭福利功能之间的关系提供了一种可参考的分析视角。计划经济时期，在企业"低工资、高福利"和国家定量供给制以及票证制度的影响下，家庭的生产和消费功能严重萎缩，家庭能提供的福利乏善可陈。市场化改革以来，一方面，随着个体、私营经济的兴起，家庭结构发生了显著变化。因为家庭从事生产经营活动，往往会带来家庭成员的增加和代际关系的变化。正如费孝通所言："中国的家是一个事业组织，家的大小是依着事业的大小而决定。如果事业小，夫妇两人的合作已够应付，这个家也可以小得等于家庭；如果事业大，超过了夫妇两人所能担负时，兄弟伯叔全可以集合在一个大家里。"[1]中国的家是一个具有很大伸缩性的概念，这种伸缩性不但为个体经济的发展提供了便利，而且有助于民营经济的兴起和发展。通过家庭亲属之间的联合，家庭可以相对便利地解决人力、资金、物力等方面的不足，将个体作坊扩张为私营经济。另一方面，家庭结构的变化也强化了家庭的福利功能。首先，以单个家庭或家庭联合生产经营，带来了家庭经济收入的增加（表5.7），进而直接导致了家庭消费结构的变化，洗衣机、冰箱、电视、电脑等消费品丰富了家庭生活。其次，家庭成员数量的增加，改变了家庭在照顾老弱病残中的角色。科尔奈指出，经典社会主义体制中政府以其家长主义的作风，承担了儿童保育、医疗保健、老年人赡养等方面的职责，[2]但在改革期间，政府将照顾老弱病残的任务强行退回给了家庭。而家庭之所以能承接这些任务，除了家庭经济收入的增加，还与家庭结构的扩大是分不开的。家庭成员的增加及其亲属之间的伦常往往使得家庭具有强烈的家庭主义倾向，即在计算成本和收益时以家庭为单位计算，而不是具体计算到家庭内所有成员。许多家庭（尤其是收入较低的）经过理性的计算之后发现，由家庭成员照顾老弱病残比雇佣外人更经济，于是

---

〔1〕 费孝通：《乡土中国》，生活·读书·新知三联书店1985年版，第40页。

〔2〕 参见［匈］雅诺什·科尔奈：《社会主义体制——共产主义政治经济学》，张安译，中央编译出版社2007年版，第426页。

在国家福利退场的时候，家庭服务就登场了。最后，家庭代际交流的增多，强化了子代对父辈的照顾意识。有研究指出我国社会历来传承的孝道文化会随子女与父母之间频繁交流而被强化。[1]

表 5.7　1984 年-2003 年各类企业职工平均工资统计[2]

单位：元

年份	国有企业	城镇集体企业	其他	年份	国有企业	城镇集体企业	其他
1984	1034	811	1048	1994	4797	3245	6303
1985	1213	967	1436	1995	5625	3931	7463
1986	1414	1092	1629	1996	6280	4302	8261
1987	1546	1207	1879	1997	6747	4512	8789
1988	1853	1426	2382	1998	7668	5331	8972
1989	2055	1557	2707	1999	8543	5774	9829
1990	2284	1681	2987	2000	9552	6262	10 984
1991	2477	1866	3468	2001	11 178	6867	12 140
1992	2878	2109	3966	2002	12 869	7667	13 212
1993	3532	2592	4966	2003	14 577	8678	14 574

　　综上所述，20 世纪 80、90 年代民营经济兴起和发展过程中，家庭扮演了一个重要的促进者角色。家庭生产经营活动恢复的同时，家庭的福利功能也得到了很大提升，并由此改变了家庭照顾老弱病残成员的角色，在其中，老年人的照顾服务日益由家庭担负，即由计划经济时期的去家庭化向再家庭化转变。然而，这种转变并不纯粹是自然而然的。在市场化改革过程中，国有企业改革与民营经济的兴起和发展几乎是同步的，当国家为了发展经济而摆脱沉重福利负担的时候，并没有给予家庭准备承接这些福利负担的准备时间。对此，科尔奈指出国家"将这些重担卸下留给公众的速度，比家庭愿意或者

---

〔1〕　参见熊跃根：《需要、互惠和责任分担——中国城市老人照顾的政策与实践》，格致出版社 2008 年版，第 30 页。

〔2〕　数据来自国家统计局国民经济综合统计司编：《新中国五十五年统计资料汇编（1949-2004）》，中国统计出版社 2005 年版，第 118-119 页。

能够承担的速度要快得多。"[1]在这种情况下，为了平稳的实现福利责任的转移，国家在家庭层面做了一系列的努力，强化了家庭的照顾责任和意识，降低了家庭在面对国家福利服务短缺时的风险。

第三节　养老服务供给的再家庭化

一、家庭提供养老服务的传统

我国历来有尊老敬老的传统，历朝历代都制定过一些尊老敬老的礼制和法规，以示对老年人的关怀与尊敬。虽然这并不表明朝廷承担了老年人养老责任，但形成了家国一体的忠孝文化。何怀宏指出，从整个国家看，家与国是相连的，国家的稳定需要"以孝养忠"，甚至"以孝治国"。[2]

在历史上，西周分封制的实施，使国家如同一个自上而下依靠血缘关系层层分封与效忠的大家族。这个从士大夫到周天子所形成的宗法制分层网络，有一套严密而复杂的周礼加以维系，家国一体的礼乐制度由此而生。[3]西周灭亡后，在礼崩乐坏的春秋时期，致力于依周礼重建社会秩序的孔子及其儒家学派重塑家国一体思想。在先秦儒家那里，国家与家庭高度同构化、一体化，家是国的伦理原型，国是家的关系延伸。汉武帝独尊儒术以后，儒家思想成为我国传统社会的统治思想，家国一体的思想及架构一直延续下来。对此，国内一些学者梳理了历朝历代家国共同体的基本特征，显现了家国一体作为传统中国意义框架的连续体形态。[4]梁漱溟在比较中西方文化时指出："在西洋人的意识中生活中，最占位置者为个人与团体两极；而在中国人则为家庭与天下两极。此其大较也。"[5]在家国一体的政治构架下，传统文化的主流始终强调家庭要助力于国家利益，并将其作为家庭的核心价值，当家庭利

---

〔1〕［匈］雅诺什·科尔奈：《社会主义体制——共产主义政治经济学》，张安译，中央编译出版社 2007 年版，第 427 页。

〔2〕参见何怀宏：《良心论——传统良知的社会转化》，上海三联书店 1994 年版，第 129 页。

〔3〕参见许纪霖：《现代中国的家国天下与自我认同》，载《复旦学报（社会科学版）》2015年第 5 期。

〔4〕参见姜义华：《中国传统家国共同体及其现代嬗变（上）》，载《河北学刊》2011 年第 2期。

〔5〕梁漱溟：《中国文化要义》，上海人民出版社 2005 年版，第 146 页。

益和国家利益发生冲突时，要舍家报国。[1]自宗法分封制实施以来，在国家与家庭的关系向度上，从国家一端看，国家实际上一直掌控着家庭，从家庭一端看，家庭则一直服从于国家。国家和家庭犹如跷跷板的两端，但是家庭的"上下"却完全取决于国家。

社会福利制度的设计必须契合自身的文化传统，以孝治国方略的文化根源在于儒家。儒家文化把家庭伦理共同体作为政治共同体的起点。在《论语·学而》中，有子曰："其为人也孝悌，而好犯上者，鲜矣；不好犯上，而好作乱者，未之有也。"儒家文化中的孝文化将赡养老人视作子女义不容辞的责任。子游问孝，子曰："今之孝者，是谓能养。至于犬马，皆能有养；不敬，何以别乎？"子夏问孝，子曰："色难。有事，弟子服其劳；有酒食，先生馔，曾是以为孝乎？"在孔子看来，孝敬父母要做到尽心竭力。在《孟子·离娄上》中，孟子曰："事孰为大，事亲为大。"孟子还指出了不孝的行为，"世俗所谓不孝者五，惰其四支，不顾父母之养，一不孝也；博弈好饮酒，不顾父母之养，二不孝也；好货财，私妻子，不顾父母之养，三不孝也；从耳目之欲，以为父母戮，四不孝也；好勇斗很，以危父母，五不孝也。"从以上孔孟关于孝的论述中可以发现，儒家文化强调子女对待父母要做到爱、养、敬。自此为肇始，儒家不仅建立了尊老敬老的孝文化，而且在日常生活中通过国家的礼法规制强化了这些思想，将老年人照料圈于家庭之中。福山指出："中国儒教的本质就是家庭主义"。[2]长期受儒家文化传统的影响，家庭历来扮演了最主要的老年人照料角色。

二、让家庭再提供养老服务

中华人民共和国成立以后，国家和家庭之间的关系发生了重要变化，表现出明显的"去家庭化"特征。在城镇，"单位"不仅负责职工的就业，而且几乎垄断了各种福利资源的分配。单位制下的生产和生活集体化，使"单位保障"逐渐取代传统的家庭保障。[3]与此同时，城镇实施的充分就业政策也使女性普遍走出家门，大大削弱了家庭在养老服务供给中的作用。家庭

---

〔1〕　参见刘紫春、汪红亮：《家国情怀的传承与重构》，载《江西社会科学》2015 年第 7 期。

〔2〕　［美］弗朗西斯·福山：《信任：社会美德与创造经济繁荣》，彭志华译，海南出版社 2001年版，第 56 页。

〔3〕　参见谭深：《城市"单位保障"的形成及特点》，载《社会学研究》1991 年第 5 期。

"它只成了个一家人的共同消费单位"。[1]改革开放以后，国有企业在改革过程中逐渐向社会卸载福利，实践社会福利社会化模式。但是，在市场化改革初期的一二十年里，由于社会组织、市场福利供给主体的缺乏，社会福利社会化实际上只能是社会福利家庭化。于是，在市场化过程中家庭获得更多自主权的同时，国家让家庭承担更多的老年人照料责任就成了一种必然的选择。可问题在于国家是如何撬动家庭的呢？陈映芳指出，在中华人民共和国成立之后的30年里，国家深入基层社会对传统的家族组织和家族伦理实施了全面改造，形成了国家与个人关系的"支配-服从"模式，从而使配偶之间、亲子之间的家庭生活变成了服从国家利益需要的可有可无的私人利益，国家与家庭的关系严重失衡。[2]由于计划经济时期的"去家庭化"严重削弱了家庭的福利功能，因此要想在市场化改革过程中让家庭重新承担更多的老年人照料责任，国家必须在家庭功能增强的同时改变人们依靠国家的意识。

"家"的登场以及让其变成显性的福利制度安排是通过一系列自上而下的"氛围营造"完成的。回顾20世纪80、90年代党和国家领导人的养老思想和相关政策法规，可以发现一个以家庭养老为核心的"事件串"。以下列出了其中的一部分予以说明（表5.8）。

表5.8 1982年-2002年家庭养老主题部分重要文件

事件类型	事件	事件内容节选
法规	1981年1月1日实施《中华人民共和国婚姻法》	第14条第1款 夫妻有互相扶养的义务。 第15条第1款 父母对子女有抚养教育的义务；子女对父母有赡养扶助的义务。
	1996年10月1实施《中华人民共和国老年人权益保障法》	第10条 老年人养老主要依靠家庭，家庭成员应当关心和照料老年人。第11条第1款 赡养人应当履行对老年人经济上供养、生活上照料和精神上慰藉的义务，照顾老年人的特殊需要。

---

[1] 费孝通：《家庭结构变动中的老年赡养问题——再论中国家庭结构的变动》，载《北京大学学报（哲学社会科学版）》1983年第3期。

[2] 参见陈映芳：《社会生活正常化：历史转折中的"家庭化"》，载《社会学研究》2015年第5期。

事件类型	事件	事件内容节选
贺信致词讲话	1983 年 11 月 23 日，聂荣臻同志给《中国老年》杂志的信	敬老、养老是我们中华民族传统的美德，必须努力发扬并予以法律保护。
	1985 年 12 月 8 日，薄一波同志在接见全国老年大学经验交流会议代表时的讲话	老人的儿子也大了，接触也不方便，就跟孙子们在一块儿，捉迷藏啊，看电视呀，讲故事、讲传统呀，给孙子们多做工作。
	1988 年 5 月 27 日，宋平同志在关心下一代工作座谈会上的讲话	退居二、三线的老干部，是培养教育青少年的一支重要力量，具有独特的优势。
	1989 年 10 月 8 日，江泽民同志在接见"全国老有所为精英奖"、"敬老好儿女金榜奖"暨第二次全国老龄工作会议代表时的讲话	尊老敬老是我们中华民族的美德，这种优良传统一定要继续发扬，今天在座的"敬老好儿女金榜奖"获得者都是敬老的模范。
	1990 年，陈丕显同志在中华老年报社社务委员会会议上的讲话	要对那些嫌弃、歧视、虐待老人的不良、不法行为进行批评、揭露，使这些行为遭到社会的谴责。
	1993 年 11 月 26 日，陈丕显同志在中国老龄问题对策研讨会上的讲话	家庭养老、爱老、敬老是中华民族炎黄子孙几千年来的传统美德。……要认真贯彻执行保护老年人合法权益的法规、条例，继续推行签订《家庭赡养协议书》……
	1999，司马义·艾买提同志在全国"敬老好儿女金榜奖"、"老有所为奉献奖"、"重视老龄工作功勋奖"表彰大会上的讲话	充分发挥家庭养老的功能，每个家庭都要责无旁贷地承担起赡养老人、照顾长辈的义务，通过道德、法律、舆论等多种手段，使人们更加重视家庭养老，使家庭成为老人颐养天年、享受天伦之乐的最好归宿。
	2000 年 8 月 26 日，李岚清同志在国务院召开的全国老龄工作会议上的讲话	采取有效措施，增强家庭成员赡养老年人的法律意识，使他们自觉依法履行赡养义务，对老年人真正做到经济上供养、生活上照料、精神上慰藉。……对于子女不尽赡养义务甚至虐待老人的，要严肃批评教育直至依法追究责任。

从上述关于家庭养老主题的"事件串"中可以发现，市场化改革初期的一二十年里，家庭养老以法规、党和国家领导人的讲话而被持续强化。尽管无法准确估量这些"事件串"究竟给当时的家庭养老带来多大的影响，但毫无疑问，它们肯定强化了家庭对老年人的养老责任。党和国家领导人不能被视为普通的行动者，在我国，他们的理念对社会福利制度安排具有非常重要的影响，所以呈现他们对于家庭养老的态度，实际上能够反映那个阶段国家对老年人养老责任的总体思路和核心主旨。如果对这些贺信、致词和讲话做仔细分析，便会发现这样一种话语逻辑。首先，从道德层面给敬老、爱老行为定性，反复强调它是中华民族的传统美德，这样做的结果是将普遍的家庭养老问题变成社会道德问题。其次，强调老年人过去的贡献和现在的余热。认可老年人的贡献有两个好处：一是缓解老年人被"社会化"之后的失落；二是促进社会对老年人的接受。为了避免将老年人视作累赘，领导人在讲话中多次提及老年人有余热，在长期的革命、建设过程中积累了丰富的知识，有关心和教育孩子的优势。这就是说老年人可以帮子女带孩子，给孙子们讲故事、讲传统，给子孙们多做些事，这既让老年人感到老有所用，又能让老年人帮家庭减轻负担。三是巩固老年人家庭养老责任。国家双管齐下，一方面褒奖敬老养老好儿女，一方面贬斥不尽养老义务的子女，如此一来，家庭的赡养伦理和服务供给角色就被激活了。

三、家庭提供养老服务的具体实践

转换视角，接下来从城市老年人的访谈叙述中，呈现他们对家庭提供养老服务的认知以及自身养老服务需要的满足状况。

（一）内化的家庭养老责任

自古以来，孝是中国人最重要的善行和德行。正所谓"百善孝为先"，不孝之人定缺德，所以德又以孝为本，通过孝举，可以反映人的德行。长期在这种孝文化的影响下，子女照料老人成了天经地义的事。在访谈中，当问及被访的老年人"照料父母是国家的责任还是家庭的责任"时，他们这样回答：

徐 FL：还是家庭的责任，自己的责任，孝心么，不能靠国家，（国家）还得建设，就靠自己。

李 SY：那是个人的责任，为什么说是个人的责任，父母生了你养了你。过去有句老话养儿防老，父母养了你就得孝敬。

赵 CJ：这个应该是家庭的责任吧，对吧，这个父母的养育之恩大家都要回报吧。

王 YX：还是自己的责任，家庭的责任吧。照顾父母本来就是咱们做儿女的责任，父母把我们几个兄弟姐妹拉扯大也不容易。

汪 BQ：各个家庭有各个家庭的条件，条件好点吧就多照顾点，条件不好也没办法。

赵 JX：家庭的责任吧，我们没有想过这会是国家的责任。就想的说是父母吧，就应该是自己家照顾的，有了病了，自己拿钱儿给看看，也没有想过为什么。自己的小孩儿自己养活大的，自己的父母就应该自己照顾。

张 FZ：自己的家哇，能有人家国家啥事，……国家哪给得过来，那也不少钱呢。国家也真是不好管，还是家庭责任。

赵 FC：唉，这个东西吧，照顾父母也不是国家的责任，还是你自己的责任，国家决定你有赡养老人的义务，老人也有抚养你的义务。

沈 JY：我们那时候人的观念和现在年轻人都不一样，以前的人都是认为自己的父母就得自己照顾，哪里有国家啥事。

于 ZM：这玩意儿咋说呢，我们压力大吧，我们肯定压力大啊。国家也困难，也是改革当中，讲话了，咋能管你。

赵 BL：当然自己的责任啰，像我们那时候人的脑子里就没有说靠国家这种想法，那时候人的观念和现在不一样。

李 WL：照顾父母哪有国家的责任啊，那都是自己的责任。那老人要是有病啦，不能动了，那咱们就是，怎么看看，让老人怎么样舒心啦，怎么样伺候伺候，怎么样吃点好的啦，反正这都是个人的责任。

从上述诸多的回答中可以发现，老年人普遍认可家庭照料，实际上就是由伴侣和子女来提供养老服务。从源头上讲，这样的观念一直以来也是传统社会人们的一种生活方式，它的影响已经深入人心、根深蒂固，对于老年人更是如此。当然，观念本质上离不开人的生活境遇，它是人们生活中对自身及其环境的一种自觉反映。一般而言，除非是个体遇到困难或是环境发生重要变化，否则原有的观念是不太容易被新观念所取代的。在访谈中，一位老人的回答也证实了这一点。

> 赵GP：（照顾老人）是国家的责任。因为你说他（被访者父亲）一辈子都在这里建设，不断地工作，到他老了反而还要自己去交各种费。但是交完了去看病，反而不是说给全免，只是部分免，最后感觉什么都没有，所以特别不合理。原来这地方，哪有现在这样建设的好，那时老一辈自个努力干，现在这里好了，反而他们什么都没有。

强调国家的责任是公民权利兴起之后的一种新观念。但是这种新观念能否取代原有的家庭养老认知，关键在于人们对这些新观念是否认同，而观念的认同又与人的生活境遇直接相关。赵GP老年人之所以认同照料老人是国家的责任，很大程度上是因为觉着自己"什么都没有"。如果再仔细分析就会发现，赵GP强调国家对老年人的照料责任，其观念逻辑依然没有跳出孝文化的范畴。因为他觉着国家困难的时候，他和他的父亲把一生都奉献给了国家，那时候国家困难，现在国家建设好了，就应该回报。这与"父母生养了你，你就得孝敬"的逻辑是一样的。观念会影响人的行为，世代相传的家庭照料观念，是中国人日常生活遵守的行为规范。

（二）话语叙述中的养老服务需要满足

所谓叙述，就是将事情的前后经过陈述出来。从时间来看，有叙述最近发生的事，也有叙述时间比较久远的事。此处所讲的老年人家庭养老服务的历史叙述，主要在于呈现市场化改革初期的一二十年中城市居家老年人的服务需要，并在此基础上揭示家庭提供养老服务的前提。

1. 温饱与和谐关系需要的满足

需要具有普遍性和客观性。马斯洛将人的基本需要从低到高依次分为生理需要、安全需要、归属和爱的需要、自尊需要、自我实现需要等。[1]Alder-fer修正了马斯洛的需要层次理论，指出人有三种核心的需要，即生存需要、和

---

[1] 参见［美］A. H. 马斯洛：《动机与人格》，许金声、程朝翔译，华夏出版社1987年版，第40—69页。

谐相互关系的需要和成长的需要。[1]在各种需要的关系上，他们都认为新的需要的产生与当下需要的满足相关。对于老年人，国内学者普遍认为，经济供养、日常生活照料和精神慰藉是其养老需要的核心板块，而每个板块的具体内容和满足程度存在高低、多少之分，这需要结合特定的时空背景和个体差异才能确定。那么改革开放后的前一二十年里，城市老年人的养老服务需要主要有哪些呢？在访谈中，被访谈者包 JF 老人这样说：

> 包 JF：我照料我的婆婆，我的父亲我还真没照料，我的丈夫是当兵的，是军长的警务员。……后来我丈夫转业了就来了这了。我特别孝顺我的婆婆，我的父亲我都没这么孝顺过，我还养着三个儿子，那时候非常不容易。我对我婆婆就跟亲娘一样。（您认为当时您婆婆的需要主要有哪些？）。那时候有什么需要，吃饱喝足就行了呗。

对于老年人来说，哪些需要是显性的、迫切的，哪些需要是潜在的、可延缓满足的，取决于老年人的个体情况，也取决于满足其需要的条件和手段。通常来看，老年人自身的年龄、性别、婚姻状况、生活自理程度、经济支付能力以及偏好等均会影响其养老服务需要的次序。同时，家庭收入对老年人的养老服务需要也具有显著影响，表现为家庭经济越困难，老年人的养老服务需要越会被压缩，层次也越低。经历了计划经济时期的低收入、物品短缺以及节俭观念的熏陶，尽管在改革开放以后，城市居民的家庭收入有所提高，但在大多数情况下，城市老年人的养老服务需要依然集中在日常生计照顾方面。

人是社会性动物，不仅需要吃饭，还需要与人交流。对于老年人，由于缺少"工作场域"的交流，与家庭成员之间的交流就显得特别重要。被访者马 JJ 老人这样说：

> 马 JJ：我是85年来这的，来这以后没有工作，我以卖冰棍儿为主。86年我的婆婆（前夫的）生病了。因为她们的婆媳关系不好，所以我就承担起来了。一天24小时，除了卖冰棍儿，有时间就陪着

---

[1]　See Alderfer, C.P., "An Empirical Test of a New Theory of Human Needs", *Organizational Behavior and Human Performance*, Vol. 4, No. 2, 1969.

她。上了岁数了，最需要的就是孝敬和陪伴。用心地去陪伴，我觉得这就是义务。

改革开放以后，由于家庭收入来源的多样化，较之于计划经济时期，家庭养老的能力有所提升。但是，在经历了计划经济时期的低收入、物品短缺之后，抑制老年人需要扩张的惯性依然在发挥作用。无论是老年人还是家人都认同一种节俭的生存观念，这形成了那一时期老年人需要的相对固定样态。当然，那个阶段由于家庭结构的非核心化比例较高，〔1〕而且照顾者心中强烈的孝道观念，老年人的交往需要基本上都能够满足。〔2〕

2. 多子多福与日常生活照顾需要满足

由于长期受儒家传统文化的影响，多子多福的观念一直受到人们追捧。人们相信老年以后，来自子女的照顾多，晚年生活就有保障。在访谈中，当问及："请您具体谈谈当年您和您的家人照料父母的情况？谁是主要的照料者？"时，沈JY老人这样回答：

> 沈JY：我们大伙儿（兄弟姐妹）一起照顾呗，那时候孩子也多，大伙一起照顾。我有四个哥，一个姐，我是家里老小。那时候父母单独住，我爸一个月700多块（退休金），那时候就凑合用，没生病的话，生活费也够了，生病的时候大伙一起出钱。平时的时候还是我照顾比较多，因为我是家里老小，我搁家出来的最晚。父母也不住在一起，我一般都是下了班去看看，帮着买买东西，洗洗衣服之类的。那时候我开个小卖店，天天得看着小卖店，还得照顾家庭和父母，一天忙的迷迷糊糊的都，上班也忙，下班也忙。唉，年龄大了都需要家人料理日常生活。……父母生病了，就大伙一起照顾，轮流的。现在父母都不在了，母亲99年没的，父亲01年没的。

---

〔1〕 1987年全国60岁以上老年人口抽样调查显示，全国老年人口家庭类型以3代户比例最高，抽样调查占50.0%，其次是2代户，占29.2%，城市的相应比例为36.9%和34.6%。参见田雪原：《中国老年人口宏观——1987年全国60岁以上老年人口抽样调查分析》，载《中国人口科学》1988年第5期。

〔2〕 参见田雪原：《中国老年人口宏观——1987年全国60岁以上老年人口抽样调查分析》，载《中国人口科学》1988年第5期。

上面的访谈节录证实，20世纪80、90年代，父母孩子多，在其晚年参与日常照顾的人就多。李银河指出，"养儿防老"作为一种伦理规范，有其历史的经济基础，经济基础改变了，这种伦理规范才会发生改变。尽管改革开放初期的一二十年里，市场经济发展很快，但家庭观念的改变却要慢得多。在家庭经济相对不富裕的年代，以子女数量生活换取老年保障的做法是靠得住的。对于作为被照顾者的父母，多生孩子实质上是对不确定的老年生活的一种投资，这样的观念已有几千年的历史，不可能指望在短短的十几年内就能改变。[1]

3. 困难家庭的老年人照顾需要满足

这里的困难家庭主要指的是那些经济困难且照顾人手缺乏的家庭。养老责任向家庭转移之后，家庭能够向老年人提供什么样的养老服务，很大程度上取决于家庭的收入和成员数量。一般而言，那些经济条件好、子女数量多的老年人获得的支持和养老服务也较多，这意味着那些困难家庭的老年人养老服务需要期待也低，而且满足程度也较低。在访谈中，确实也发现了这样的案例。

> 周GF：那时候我们两口子上班时候也就是凑凑合合。她（老伴）是九几年单位不景气不干了回来了，我是94年单位就不怎么景气了，有活就回去干没活就在家待着，那时候工资也不高，才400多块钱。我母亲，和我哥哥生活，在我这呢我也承受不了。她（母亲）原先是"五七工"，没退休金。我哥也是下岗，我们都是二冶的么，算是93年左右就下岗了，但那阵下岗没解除劳动关系，回家也不给钱，你上班了只要谁有活就叫你去了你就去，你没有活就在家待着。我家就这一个哥哥，但也没办法，要是放在我这的话，我的压力更大是不，也真的是没办法，要说我哥一出去工作我们这一家全部都得动，全都得去照料老人，你轮一天我轮一天啊，如果要是有一个去工作的话，老人身边离不开人，大家都得去维护这个老人的生活。唉（叹气）。……照料就是每个月、每个星期、隔三岔五去买点水果、蔬菜去看看了。那个时候困难，平时我们也就是买点新鲜

---

〔1〕 参见李银河：《生育与村落文化·一爷之孙》，文化艺术出版社2003年版，第97页。

的吃的什么的，人家老人养活我们到这么大，没吃过的东西太多太多，所以我们有点什么好的东西尽量满足老人，让人家能吃到这个东西，说明这辈子还行，让人家也感觉这辈子没白活。（那平时就是您哥哥照料了？）天天得给做饭，还有洗澡呐、洗衣服，反正生活这一套都得有，和照料小孩似的。我哥天天……这么说吧，除了睡觉以外都在老人跟前。说起来照料老人也是很繁琐、复杂的一件事。老百姓都有压力，但你说只能有苦往肚里咽。照料老母亲性别压力这也没办法，你说是不。（您认为照料母亲最需要什么？）我觉得最重要的就是钱和人啊，老人的要求也不是说多么高，只是普普通通，吃好吃饱了就行了，人活得心情舒畅些就好。你要说吃的多么好，我们老百姓来说也谈不上。

根据案例反映，周 GF 的母亲除了需要经济供养外，还需要专门有人提供日常照顾。迫于生计，周 GF 和他哥哥基本上只能满足母亲的经济供养需要，其他的日常照顾需要满足困难重重，而且由于经济拮据，只能通过家庭内部消化。尽管这一时期随着社会经济的发展，城市老年人的养老需要内容有所扩增，但对于那些困难家庭的老年人而言，情况并非如此。人的需要总是在满足物那里得到确立，经济上的拮据加之家庭照顾成员的不足，困难家庭老年人的养老需要依然主要停留在温饱层面，这意味着市场化改革过程中城市老年人养老的家庭化也会带来老年人内部的分化。

总的来看，作为市场化改革"配套措施"的社会福利制度，是城市单位制解体以后的必然产物。为了避免社会福利社会化可能出现的社会问题，国家主动成为家庭伦理的强有力的倡导者，老年人由家庭养老被反复强化，作为最高决策者的党和国家领导人自上而下的倡导对养老家庭化起到了不可估量的推动作用。或许其中也有文化惯性的作用，但是因为这种倡导来自社会顶层，就不可避免地会放大其影响。在这个过程中，一方面，人们逐渐从"国家–个人"的二元关系模式中解脱出来，家庭功能得以恢复，人们开始"回归"家庭；另一方面，家庭始终没有摆脱国家的支配，家庭成为老年人照顾的绝对主体。另外，伴随民营经济的迅速发展，那些高收入家庭的老年人的确可以从中受益，因为货币可以购买营养的食物、良好的医疗资源、舒适的住房等。而那些身处中低收入家庭的老年人却受到两方面的压力，先前单位提供的福利大幅减少的同时，家庭收入又限制了他们的生活需要。许多家庭及其成员发现他们处在两难境地，要待在家里照顾老年人就没有收入，而要出去挣钱就不能照顾老年人。单位福利相继没落，而市场和社会又无能为力，中低收入家庭的老年人及其家庭成员面临很大的养老服务供给挑战，这也是养老家庭化的一个主要困境。

第六章
21世纪初期的市场与养老服务供给

经过二十多年的市场化改革，国民经济布局和结构的战略性调整取得了显著效果，国民经济总量大幅攀升。[1]但与此同时，经济增长方式过于依赖投资而导致的内需不足问题成为影响经济社会可持续发展的瓶颈。为此，党的十六大以后，中共中央提出要进一步深化市场改革，完善社会主义市场经济体制。其中，共享改革发展成果，保障和改善民生成了加快转变经济增长方式的题中要义。我国由此进入"社会政策时代"，[2]社会福利供给亦重新强调国家的责任。当然，这不是再现计划经济时期的国家角色，而是要在政府的主导和带动下，着力增加社会福利供给总量和水平。于是，在福利多元主义制度范式的影响下，国家将市场纳入社会福利供给体系，由此形成了福利三角制度结构。本章将对国家为何引入市场提供养老服务、市场如何提供养老服务以及市场提供养老服务的效果进行阐释和实证分析。

第一节 迈向多元化的养老服务供给

中华人民共和国成立后，国家通过企业为职工及其家属提供了力所能及的劳动保险，并支持单位社区开办公共食堂、托儿所、幼儿园、老年活动场所等，形成了"企业办社会"的福利模式。改革开放以后，经济体制改革推动了社会福利制度改革，在这一过程中，原本由企业承担的福利逐渐社会化。由于当时缺乏相应的福利供给主体，企业卸载的福利实际上转移给了家庭，

---

〔1〕 参见黄中平等：《改革开放30年纪实》，人民出版社2009年版，第18页。

〔2〕 参见王思斌：《社会政策时代与政府社会政策能力建设》，载《中国社会科学》2004年第6期；王绍光：《从经济政策到社会政策：中国公共政策格局的历史性转变》，载《中国公共政策评论》2007年第1期。

家庭成了社会福利的主要供给者。不管福利制度如何变迁，国家和家庭是这一阶段社会福利提供的两个最主要主体，由此也形成了"国家-家庭"二元福利制度结构。然而，进入新世纪以后，这种社会福利制度结构日益面临巨大的挑战。诺斯指出，经济制度变迁是两种基本经济力量相互作用的结果，"一种是与贸易量增长相联的规模经济，另一种是实施机制的改善与发展，使得合约以低成本实施成为可能。"[1]也就是说，制度本身的效果与制度环境对制度变迁具有重要的影响，当制度供给和需要处于均衡状态时，制度是稳定的；反之，当制度不能满足需要时，制度变迁就不可避免。诺斯关于经济制度变迁的解释对于认识我国社会福利制度变迁具有重要启发。具体就国家与家庭供给养老服务而言，一方面需要审视家庭提供养老服务面临的挑战，另一方面需要从制度环境层面重新认识国家的福利责任。

一、家庭提供养老服务的困境

城市老年人家庭养老的困境主要来自家庭结构的小型化、女性就业率提升与老龄化社会老年人养老服务需要增加之间的矛盾。

在满足老年人生活照顾方面，家庭的能力受到家庭结构变动的挑战。从历次人口普查家庭户规模统计数据看，中华人民共和国成立以来，我国的家庭规模持续小型化，至2020年家庭平均人口已不足3人，这至少表明一人户或一对夫妇家庭户快速增加。

尽管不能确定这些家庭户中有多少老年人独居或与子女分开居住，但传统文化变迁、人口迁移、跨城工作、城市化等都使独居或与子女分开居住的老年人数不断增加。许多研究佐证，老年父母与成年子女分开居住的比例有明显的上升趋势。[2]还有一些研究专门分析了这种居住安排对老年人的影响。

---

〔1〕　[美]道格拉斯·C·诺斯：《制度、制度变迁与经济绩效》，刘守英译，上海三联书店1994年版，第170页。

〔2〕　参见刘宝驹：《现代中国城市家庭结构变化研究》，载《社会学研究》2000年第6期；杜鹏：《北京市老年人居住方式的变化》，载《中国人口科学》1998年第2期；曾毅、王正联：《中国家庭与老年人居住安排的变化》，载《中国人口科学》2004年第5期；李斌：《分化与特色：中国老年人的居住安排——对692位老人的调查》，载《中国人口科学》2010年第2期；王跃生：《中国城乡老年人居住的家庭类型研究——基于第六次人口普查数据的分析》，载《中国人口科学》2014年第1期；章英华、于若蓉：《家庭结构的持续与变迁——海峡两岸老年人居住安排的比较》，载《社会学研究》2014年第3期。

李春华与李建新指出，居住安排变化对老年人死亡风险存在影响，尤其是与子女同住变为不同住老人的死亡风险最高。[1]任强与唐启明指出，独居的老年人心理健康状况较差。[2]

居住方式的改变，意味着老年人从家庭获得的日常照顾变得越来越间接，但这并不必然减少家庭对老年人的养老服务供给量。一直以来，家庭照顾都有很强的女性化特征，女性在老年人日常生活照顾方面承担着主要责任。如果老年人与子女分开居住，而子女依然能提供照顾服务，居住方式的改变对老年人家庭养老服务的冲击就不会很强。但事实上，持续推进的市场化改革为女性就业领域的扩大和职业发展提供了更多的机遇，并且随着女性受教育程度的提高，女性的就业意愿和就业率明显增强。经过改革开放三十多年的发展，我国女性的劳动参与率已大大高于世界平均水平，[3]并且城镇就业女性的劳动时间与男性也不相上下（表6.1）。当城镇女性劳动参与率以及劳动时间大幅提高，家庭对老年人的日常照顾便不能再由女性提供，从而产生照顾者角色严重缺位的问题。因此，如何填补女性就业留下的照顾空缺，成了家庭提供养老服务必须解决的难题。

表 6.1　2013 年按就业身份、性别区分的城镇就业人员工作时间构成[4]

单位:%

	1—8 小时	9—19 小时	20—39 小时	40 小时	41—48 小时	48 小时以上
男性（总体）	0.4	0.9	6.6	36.7	20.4	35.1
雇员	0.4	0.9	6.6	42.3	21.8	28.1
雇主	0.2	0.9	4.3	21.3	16.4	57.0
自由劳动者	0.3	0.8	7.2	15.9	15.5	60.3

〔1〕　参见李春华、李建新：《居住安排变化对老年人死亡风险的影响》，载《人口学刊》2015 年第 3 期。

〔2〕　参见任强、唐启明：《中国老年人的居住安排与情感健康研究》，载《中国人口科学》2014 年第 4 期。

〔3〕　参见潘锦棠：《经济转轨中的中国女性就业与社会保障》，载《管理世界》2002 年第 7 期。

〔4〕　参见国家统计局人口和就业统计司编：《中国人口和就业统计年鉴（2013）》，中国统计出版社 2013 年版，第 186 页。

	1-8 小时	9-19 小时	20-39 小时	40 小时	41-48 小时	48 小时以上
家庭帮工	0.1	1.0	9.6	19.3	13.6	56.3
女性（总体）	0.6	1.8	10.1	37.6	20.1	29.8
雇员	0.7	1.9	10.5	42.1	21.4	23.5
雇主	0.5	1.3	4.4	20.3	16.2	57.2
自由劳动者	0.5	1.3	8.4	18.0	13.3	58.4
家庭帮工	0.4	1.3	12.4	19.6	16.2	50.1

家庭提供养老服务涉及两个方面，除了提供照顾服务的家庭成员以外，作为被照顾者的老年人的服务需要的增长也对家庭养老提出了新的挑战。马斯洛的需要层次理论表明，需要是不会长期停滞的，随着经济社会发展水平的提高，老年人的需要也会越来越丰富。在物质短缺的年代，老年人的照顾需要主要集中在吃穿等相关方面，随着家庭收入水平的提高，老年人对健康、尊重、社会交往等方面的需要就会逐渐显现，传统的家庭照顾也越来越不能满足老年人多样化的养老服务需要。除此之外，老龄化也加重了家庭照顾的负担。2010年我国第六次全国人口普查数据显示，60岁及以上人口占总人口的13.26%，其中65岁及以上人口占总人口的8.87%。人口老龄化常带来人口高龄化，而高龄化往往伴随失能。据中国老龄科研中心称：2006年城市老年人生活能部分自理的占9.6%，完全不能自理的老年人占5.0%；[1]2010年城镇失能老人占5.6%，自理困难占12.4%；认为自己日常生活需要照料者占12.8%，其中79周岁以下9.2%，80周岁及以上39.9%。[2]与非失能老人相比，失能老人需要家庭成员更多的照顾投入。然而家庭却因为结构的小型化、分开居住安排以及女性就业率的提升而越来越难以满足老年人照顾需要，这意味着需要有更多的福利提供主体参与养老服务供给。

---

〔1〕 参见《〈中国城乡老年人口状况追踪调查〉研究报告（全文）》，载 https://wenku.baidu.com/view/de7b690af78a6529647d5384.html.

〔2〕 参见《中国城乡老年人口追踪调查主要数据简报（2010年）》，载 https://www.cncaprc.gov.cn/cs/193606.jhtml.

二、国家福利责任的重新认识

西方社会关于国家的福利责任讨论主要围绕功能论和冲突论展开。功能论认为，国家承担福利责任主要是弥补工业化过程中家庭保障功能的式微。一方面，工业化带来的社会流动解构了传统的家庭、邻里、社区等结成的支持网络，由此增加了个人的社会风险；另一方面，工业化的发展也为国家供给社会福利提供了经济基础。[1]对此，有研究者将国家福利责任看成是国家对工业化或现代化社会提出的功能性需要的回应。[2]冲突论将国家福利责任看成是阶级斗争的产物。其实践渊源可以追溯至 19 世纪 80 年代德国颁布的《疾病保险法》、《意外事故保险法》和《老年和残废保险法》等。新马克思主义者奥菲将福利国家视作资本主义化解社会经济危机的一种手段，但是福利国家制度并不会从根本上解决资本主义危机，而只是维系资本主义制度的一种权宜之计。[3]

从结果来看，无论是功能论还是冲突论，国家福利责任最终是回应公民的社会需要的，或者说国家福利责任是为满足公民社会需要而产生的，如果公民的社会需要以权利形式确定下来，那么国家福利责任也就制度化了。1949 年马歇尔在《公民身份与社会阶级》的演讲中，首次明确提出了公民权利理论。立基于英国公民身份的演化历史，马歇尔指出了公民身份的三个组成部分：民事权利、政治权利和社会权利，其中：发展于 18 世纪的民事权利是指支持个人自由所必需的权利，包括诸如人身、言论、思想和信仰等方面的自由，拥有财产和订立有效契约的权利以及司法权力；发展于 19 世纪的政治权利是指选举和参与行使政治权力的权利；发展于 20 世纪的社会权利是指从某种程度的经济福利安全到充分享有社会遗产并依据社会通行标准享受文明生活的一系列权利。[4]马歇尔的公民权理论问世以后，满足公民的社会需要变成了国家的应尽义务，"社会权利可强制政府履行福利责任"。[5]

---

〔1〕 See Wilensky, H. L., C. N. Lebeaux, *Industrial Society and Social Welfare*, Russel Sage Foundation, 1958, p. 149.

〔2〕 See Skocpol, T., E. Amenta,"States and Social Policies", *Annual Review of Sociology*, Vol. 12, 1986.

〔3〕 参见［德］克劳斯·奥菲:《福利国家的矛盾》，郭忠华等译，吉林人民出版社 2006 年版，第 7 页。

〔4〕 See Marshall, T. H., "Citizenship and Social Class", in Manza, J., Sauder M. (eds.), *Inequality and Society: Social Science Perspectives on Social Stratification*, W. W. Norton and Co., 2009, pp. 93-111.

〔5〕 彭华民等主编:《东亚福利: 福利责任与福利提供》，中国社会科学出版社 2014 年版，第 4 页。

不同国家担负的福利责任有大小之分，这与各个国家的文化传统、意识形态、政治制度、经济发展状况等紧密相关。对于这一点，埃斯平-安德森关于福利体制的"类型学"划分做了很好的诠释。[1]与此同时，一些关于东亚福利体制或社会政策的研究也表明，国家在福利提供中具有非常强的自主性，[2]这意味着在威权国家，社会对国家福利责任的牵制力较小。"政治制度相对集权化的国家，决策者的权力很大，而他们面临的正式否决权或拥有否决权者非常弱小。"[3]所以这些国家的决策者实施社会福利计划的伸缩余地很大。上述观点比较适用于分析我国计划经济时期和改革开放前一二十年里国家在福利责任担当中的角色，因为无论是计划经济时期福利责任的国家包揽，还是市场化改革以后福利责任的家庭化，福利责任的划分始终完全由国家主导，也正是如此，在市场化初期社会福利社会化的过程中，国家福利责任的缺位现象才比较突出。

亚当·斯密以降的自由市场经济理论和实践表明，市场经济和集权政治是不相容的，经济市场化要求国家收缩权力的边界。秦晖对我国明清时期东南地区宗族关系与商品经济同步发展的解释也反映出了这一点，"在社区自治与自治性社区权利极不发达的传统中国，与市场关系的发展相联系的小共同体（包括家族组织）可能在某种程度上起到社区自治的功能，并以其集体进取精神克服大共同体的束缚。"[4]20 世纪 90 年代一些研究者敏锐地发现，市场经济正在逐渐改变我国的社会结构，相关市民社会理论的讨论方兴未艾。[5]由

〔1〕　参见［丹麦］哥斯塔·埃斯平-安德森：《福利资本主义的三个世界》，苗正民、滕玉英译，商务印书馆 2010 年版，第 141–192 页。

〔2〕　参见熊跃根：《国家力量、社会结构与文化传统——中国、日本和韩国福利范式的理论探索与比较分析》，载《江苏社会科学》2007 年第 4 期；［美］罗格·古德曼、彭毅德：《东亚福利制度：巡走游学、适应性变革与国家建设》，载［丹麦］戈斯塔·埃斯平-安德森编：《转型中的福利国家：全球经济中的国家调整》，杨刚译，商务印书馆 2010 年版，第 288–335 页。

〔3〕　［英］赫伯特·基奇尔特：《政党竞争和福利制度削减：政治家何时选择不受欢迎的政策？》，载［英］保罗·皮尔逊编：《福利制度的新政治学》，汪淳波，苗正民译，商务印书馆 2004 年版，第 433 页。

〔4〕　秦晖：《"大共同体本位"与传统中国社会（下）》，载《社会学研究》1999 年第 4 期。

〔5〕　参见景跃进：《"市民社会与中国现代化"学术讨论会述要》，载《中国社会科学季刊（香港）》1993 年第 5 期；俞可平：《社会主义市民社会：一个新的研究课题》，载《天津社会科学》1993 年第 4 期；徐勇：《市民社会：现代政治文化的原生点》，载《天津社会科学》1993 年第 4 期；邓正来、［英］J. C. 亚历山大编：《国家与市民社会：一种社会理论的研究路径》，中央编译出版社 1999 年版，第 1–29 页。

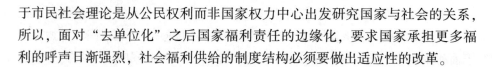

于市民社会理论是从公民权利而非国家权力中心出发研究国家与社会的关系，所以，面对"去单位化"之后国家福利责任的边缘化，要求国家承担更多福利的呼声日渐强烈，社会福利供给的制度结构必须要做出适应性的改革。

三、福利多元主义：社会福利制度构建的新趋势

20 世纪 70 年代末，危机中的福利国家制度引起社会对国家福利责任的反思，尤其是新自由主义批评国家对福利的垄断供给，主张福利私营化和市场化。在这样的背景下，打破国家主导供给的福利多元主义理论应时产生了。

福利多元主义，亦称福利混合经济，强调福利提供主体的多元化，认为一个社会的福利不能完全依靠国家供给，而应该由国家、市场、家庭、志愿组织等多个主体共同提供。[1]社会福利总量就是这些主体提供的福利总和。福利多元主义还强调福利社会分工，不同福利主体提供福利的方式和规则是不一样的。例如：家庭在共享价值指导下提供微观的非正式福利；市场秉持交换价值提供经济福利；国家保持公平正义价值，通过对社会资源的再分配向社会提供福利。不仅如此，不同主体提供的福利因福利体制的差异也存在量的差异。埃斯平–安德森关于资本主义福利体制的研究表明，社会民主主义福利国家强调政府提供福利，自由主义福利国家强调市场提供福利，保守主义福利国家强调家庭提供福利。[2]福利多元主义为解决福利国家危机提供了一种新的社会政策范式，它重新界定了国家的福利责任，有效减轻了国家的福利负担，与此同时，充分肯定了市场、家庭、志愿组织等福利提供主体的地位和功能，解决了国家收缩福利供给以后社会福利供给不足的问题，实现了社会福利的社会化。

在我国，面对"去单位化"以后家庭福利供给的困境，2000 年 2 月 13 日，国务院办公厅转发民政部等部门《关于加快实现社会福利社会化意见的通知》（国办发〔2000〕19 号）指出，我国社会福利由国家和集体包办，存

---

〔1〕 See Rose, R., R. Shiratori "Introduction：Welfare in Society：Three Worlds or One?", in Rose, R., R. Shiratori (eds.), *The Welfare State East and West*, Oxford University Press, 1986, pp. 13-36; Evers, A. "Shifts in the Welfare Mix：Introducing a New Approach for the Study of Transformations in Welfare and Social Policy", in Evers, A. et al. (eds.), *Shifts in the Welfare Mix：Their Impact on Work*, *Social Services and Welfare Policies*, Campus Verlag, 1990, pp. 7-29.

〔2〕 参见［丹麦］哥斯塔·埃斯平–安德森：《福利资本主义的三个世界》，苗正民、滕玉英译，商务印书馆 2010 年版，第 13-47 页。

在资金不足、福利机构少、服务水平较低等问题，难以满足人民群众对福利服务需求日益增长的需要，要求社会福利提供主体要多元化。与此同时，学界也将福利多元主义理论引介到国内，很快给我国社会福利制度结构改革带来了新的方向，无论是实践领域还是理论界，福利多元主义已经成为解决我国社会福利供给乏力问题的一个新的思路。在福利多元主义理论的影响下，社会福利制度结构正在朝着由国家、家庭、市场等共同构成的新的福利制度结构转变。

需要说明的是，尽管我国目前的福利多元主义与西方有共同之处，例如强化市场和志愿组织的福利功能，但是在理论的适用性方面必须注意以下几点：第一，出发点和目的不同。西方福利多元主义的出发点是要解决国家福利负担过重的问题；而我国采用福利多元主义恰恰是解决国家福利提供乏力的问题。前者的目的是要削减国家福利，后者的目的是要替国家补缺。第二，理论适用的场景不同。西方的福利多元主义萌芽于自由的市场经济、自主的社会组织氛围中，或者说福利国家只是一度取代了社区、家庭、社会组织等福利提供主体的功能；而我国的福利多元主义是在市场经济发展过程中，在国家寻求福利制度改革的过程中，从西方国家舶来的，先前的计划经济体制以及改革初期市场化，并没有培育起来发达的市场和大量富有自主性的社会组织。第三，发挥作用的方式不同。在西方国家，国家与市场之间形成了一套相互制衡的规则、文化，因此福利多元主义发挥作用的方式主要依靠各个主体之间的相互规制与合作；而在我国，由于长期以来的国家中心主义，导致市场力量发育不足，福利多元主义发挥作用的方式主要依靠国家的统领。一言以蔽之，我国的福利制度构建很大程度上取决于国家的适应性变革能力。

第二节　养老服务的市场提供

一、市场缘何能提供养老服务

从字面上看，福利混合经济是由福利和混合经济构成，其中的混合经济是指多种所有制经济的混合。20世纪80年代以后，西方国家兴起的福利混合经济研究有深刻的历史渊源。英国在宣布建成福利国家以前，经济上一直奉行自由主义，政治上政府充当"守夜人"的角色。反法西斯战争胜利以后，工党领袖艾德礼在竞选中击败丘吉尔出任英国首相。由于战争的影响，"那时已经没有有效的私人部门来调动投资、货物和重建与复苏所需要的技术，国际贸易和国际支付已经中断。政府不得不填补这一真空并承担责任，成为经济恢复的组织者和斗士。"[1]为了避免战争之后陷入萧条，工党政府对经济进行了强有力的干预，实施了一系列国有化政策，建立了混合经济模式。[2]很快，这一做法在法国、德国等广泛流行，并造就了欧洲战后经济 30 年的辉煌。这就不难理解，为什么 20 世纪 70 年代末福利国家遭遇危机以后会出现大量福利混合经济的动议，主张改变国家一元化的福利提供。

国家与市场的关系问题是现代社会福利思想的基本主题，因为对社会公平与经济效率关系的探讨是旷日持久的。在 20 世纪 40 年代中期至 70 年代中期，国家强调普遍的公民权利保障，实施全面和普惠的社会福利服务，由此慈善机构、志愿组织以及社区、邻里、家庭等提供福利的能力和机会受到抑制。虽然国家成为最大的福利提供者而一度广受民众支持，然而也正是由于国家几乎垄断了福利供给，使得国家的福利服务在缺乏效率的同时，还滋长了社会的福利依赖，侵蚀了个人、家庭的社会责任。当福利国家遭遇危机以后，复兴的自由主义声称市场能满足大部分人的大部分福利需求，并由此助推了福利的市场化。显然，社会福利市场化的一个重要目的是引入市场化机制来提高福利提供效率，并减少对国家提供福利的依赖。在福利市场化的过程中，作为福利消费者的个人，在市场中购买自己需要的福利服务，既满足了效率的要求，也体现了个人自主的权利。从以上福利混合经济理念的兴起以及国家与市场在福利提供中的角色可以发现，市场参与福利提供是社会福利社会化的固有特征。然而需要注意的是，由于市场本质上是一个交换的场所，所以福利的市场提供一般具有以下几个特征：①逐利性。"市场的逻辑是将经济活动集中在便于发展生产并获得高额利润的地方"，[3]所以不是所有的

---

〔1〕［美］丹尼尔·耶金、约瑟夫·斯坦尼斯罗：《制高点 重建现代世界的政府与市场之争》，段宏等译，外文出版社 2000 年版，第 21 页。

〔2〕参见黄安年主编：《当代世界史资料选辑》（第 2 分册），首都师范大学出版社 1996 年版，第 169—184 页。

〔3〕［美］罗伯特·吉尔平：《国际关系政治经济学》，杨宇光等译，上海人民出版社 2006 年版，第 9 页。

需求市场都会满足；②可选择性。消费者可根据自己的偏好和能力购买福利；③去污名化。市场提供福利遵循权利和义务的对称性，不存在社会对福利消费者的歧视问题；④补缺性。市场往往提供国家和家庭不能或不便提供的福利；⑤有偿性。市场提供的福利不是"社会工资"，它需要福利消费者去购买或换取；⑥分化与不平等。那些拥有足够资源的个体有能力购买医疗、住房、养老以及其他形式的福利服务，从而导致福利分化与不平等。一句话，市场总是以需求为导向，这决定了市场提供的福利存在因时、因地、因人的差异。

对于老年人而言，养老需要主要包括经济供养、日常生活照料和精神慰藉。有研究者将老年人的需要分为两类：经济需要和服务需要，其中：经济需要主要是老年人生活所需的现金以及其他实物；服务需要是指老年人生活的非物质性需要，如心理慰藉、情感支持或帮助等。[1]对于市场而言，向老年人提供哪些养老服务很难有一个详细的清单。大体来看，市场可以向老年人提供3种类型的服务：一是替代性服务，在家庭照顾不便或不能照顾老年人时出现，如私人养老院、私人住院护理等；二是补充性服务，如家政市场上雇佣保姆等；三是支持性服务，如向低龄健康老年人提供工作机会等。然而，改革开放以来，我国在发展社会主义市场经济的过程中，市场提供的养老服务无论是服务的量还是服务的质都存在不足。这是因为：一方面受"新发展主义"[2]的影响，企业的生产和服务重心始终在经济获利较高的领域而忽略了老年养老市场；另一方面老年人的收入水平、思想观念以及政府的政策支持在一定程度上也影响了老年人福利服务市场的开发与发展。进入21世纪，老龄化社会的到来必然出现养老服务需求和市场供给间的不平衡矛盾，这要求国家必须引导市场提供更多的养老服务。

二、市场提供养老服务的实践历程

改革开放初期，在社会福利社会化的理念下，政府开始探索社会力量兴办福利服务机构，鼓励民间资本进入养老服务领域。大致的进程是：20世纪80年代理念萌发，90年代开始实施，进入世纪以来加速推进。

---

〔1〕　参见陈静：《对老年社会福利供给中市场作用的探讨》，载《青海社会科学》2014年第6期。

〔2〕　［美］高柏：《经济意识形态与日本产业政策：1931-1965年的发展主义》，安佳译，上海人民出版社2008年版，中文版序言第4页。

在"单位制"生产生活模式下，单位提供的社会服务很大程度上是通过单位小区传递的。1984年，中国共产党第十二届中央委员会第三次全体会议通过的《中共中央关于经济体制改革的决定》中指出，要改变职工吃企业"大锅饭"的局面，确立职工和企业之间的正确关系，让企业轻装上阵参与市场竞争。企业在增强活力和竞争力的同时，先前承担的社会服务功能逐渐弱化并趋于瓦解，民众的日常生活和处事观念受到影响，基层社会矛盾纠纷不断并积聚为社会问题。与此同时，随着企业"大锅饭"的打破，家庭提供福利服务的压力不断增加，迫切需要社会力量参与服务提供。1987年，民政部在武汉召开的全国社区服务工作座谈会上提出要发展社区服务。1993年，民政部等14部委联合发布《关于加快发展社区服务业的意见》（民福发〔1993〕11号），指出社区服务是探索社会福利社会办和职工福利向社会开放的一条新路子，要依靠社会各方面力量兴办社区服务业。当时的社会服务内容主要包括为老年人、残疾人、优抚对象服务和便民利民服务，也由此开启了市场供给养老服务的大门。1999年，中华人民共和国民政部令第19号发布的《社会福利机构管理暂行办法》中规定依法成立的组织或具有完全民事行为能力的个人可以举办为老年人、残疾人、孤儿和弃婴提供养护、康复、托管等服务的机构。以上社会服务政策表明，民间资本既可以在社区提供养老服务，也可以提供机构内养老服务。2000年，我国整体上进入老龄化社会，为了满足急速增长的社会养老服务需要，政府加大了对民间资本投入养老服务领域的支持力度。从发展理念来看，国家引导市场提供养老服务的实践历程有三个显著特点。

一是先少后多。长期以来，由于意识形态和社会主义计划经济体制的惯性影响，民间资本提供营利性的养老服务并不能用一蹴而就完全形容。2000年，中共中央、国务院发布的《关于加强老龄工作的决定》（中发〔2000〕13号）中明确指出要鼓励和引导社会各方面力量积极参与、共同发展老年服务业。同年10月，财政部与国家税务总局发布《关于对老年服务机构有关税收政策问题的通知》（财税〔2000〕97），对民间资本投资兴办的老年社会福利院、老年服务中心、老年公寓等给予暂免多项税收的优惠。由于这一时期社会力量参与提供的养老服务主要限定于福利性或非营利性，因此民间资本对养老服务业的投资活力并没有被完全激发出来。为了进一步吸引社会力量投资兴办养老服务机构，2006年，国务院办公厅转发的全国老龄委办公室等

10部门《关于加快发展养老服务业的意见》（国办发〔2006〕6号）中指出要鼓励社会资金以独资、合资、合作、联营、参股等方式兴办养老服务业，并且可以向老年人提供低收费服务。同年，民政部发布《关于开展全国养老服务社会化示范单位创建活动的通知》（民函〔2006〕292号），对示范单位基本标准的规定中要求服务要完善，即服务项目中既要有满足"三无"、低保、困难老年人需求的福利性服务，同时也要有满足其他老年人需求的经营性服务。为了全面推进居家养老服务工作，政府还引导民间资本逐渐向居家养老服务、医养服务、养老产品开发等领域拓展。2008年，全国老龄委办公室等10部委联合发布《关于全面推进居家养老服务工作的意见》（全国老龄办发〔2008〕4号），提出要鼓励和支持社会力量参与、兴办居家养老服务业。为贯彻落实《关于鼓励和引导民间投资健康发展的若干意见》（国发〔2010〕13号）精神，充分发挥市场配置资源的基础性作用，以达到进一步鼓励和引导民间资本在更大领域和范围投资的目的，2012年，民政部发布了《关于鼓励和引导民间资本进入养老服务领域的实施意见》（民发〔2012〕129号），由此在政策层面，民间资本几乎可以进入法律法规未明确禁止的养老服务领域，可以发展居家和社区养老服务、举办养老机构或服务设施、参与提供基本养老服务和参与养老产业发展等。2015年，国务院办公厅转发的《卫生计生委等部门关于推进医疗卫生与养老服务相结合指导意见的通知》（国办发〔2015〕84号）中将"政府引导，市场驱动"作为推进医疗卫生与养老服务相结合的基本原则之一，允许社会力量通过市场化运作的方式，针对老年人健康养老需求举办医养结合机构以及老年康复、老年护理等专业医疗机构。2019年，国家卫生健康委员会发布《关于做好医养结合机构审批登记工作的通知》（国卫办老龄发〔2019〕17号），明确支持医疗机构设立养老机构，并且简化了营利性医疗机构申请内部设置养老机构的程序。2020年，国务院办公厅发布《关于促进养老托育服务健康发展的意见》（国办发〔2020〕52号），提倡企业加强养老服务产品研发和创新设计，发展"互联网+养老服务"。经过20年的发展，作为市场主体的企业已经能够全面对接老年人群的养老服务需求。

二是先辅后主。1993年，中国共产党第十四届中央委员会第三次全体会议通过的《中共中央关于建立社会主义市场经济体制若干问题的决定》中明确指出，必须坚持以公有制为主体、多种经济成分共同发展的方针。在这样的发展格局下，为了建立与社会主义市场经济体制和社会发展相适应的社会福利事业管理体制和运行机制，促进社会福利事业健康有序发展，2000 年，国务院办公厅转发民政部等部门《关于加快实现社会福利社会化意见的通知》（国办发〔2000〕19 号）中提出要采取国家、集体和个人等多渠道投资方式，形成社会福利机构多种所有制形式共同发展的格局，为此要求各级政府将一部分资金用于鼓励、支持和资助各种社会力量兴办社会福利机构。在 21 世纪初期，市场提供的养老服务还只占整个养老服务供给总量的一小部分。然而随着我国老龄化程度的加剧，一方面老年人的养老服务需求不断增长，另一方面养老服务和养老产品供给不足。为了解决养老服务供需矛盾突出的问题，2013 年，国务院发布《关于加快发展养老服务业的若干意见》（国发〔2013〕35 号）中提出要完善养老服务业发展的市场机制，逐步使社会力量成为养老服务业的发展主体，提供方便可及、价格合理的各类养老服务和产品，以满足老年人及其家庭多样化的养老服务需求。同年，民政部发布《关于开展公办养老机构改革试点工作的通知》（民函〔2013〕369 号），提出在确保国有资产不流失、养老用途不改变、服务水平明显提高的前提下，对新建公办养老机构逐步通过公建民营等方式运营，而且，民政部办公厅和发展改革委办公厅联合发布的《关于开展养老服务业综合改革试点工作的通知》（民办发〔2013〕23 号）中明确指出要让社会力量成为发展养老服务业的主体。2016 年，国务院办公厅发布《关于全面放开养老服务市场提升养老服务质量的若干意见》（国办发〔2016〕91 号），明确指出要降低营利性养老机构的准入门槛，鼓励境外投资者在华举办营利性养老机构，与此同时，允许营利性养老机构自主确定服务收费项目和标准。2019 年，国务院办公厅发布《关于推进养老服务发展的意见》（国办发〔2019〕5 号），对接收经济困难的高龄失能老年人的营利性养老机构，按入住的老年人数量给予与非营利性养老机构同等的运营补贴，同时，入住的老年人也可以按规定享受养老服务补贴，这为营利性养老机构的发展进一步消除了政策区隔。经过这些年的发展，以市场化、营利性方式提供的各类养老服务几乎遍及养老各个领域，尤其是居家养老服务供给方面，企业提供的助餐、助浴、助洁、助医等养老服务已经非常普遍，一些个性化的养老服务也在快速发展。

三是先有后好。对于市场参与养老服务供给，政府的策略是：前期进行鼓励和引导，扶持其生存；后期进行规范和提高，促进其发展。2000 年，财

政部与国家税务总局发布《关于对老年服务机构有关税收政策问题的通知》
（财税〔2000〕97号），对民间资本投资兴办的老年社会福利院、老年服务中
心、老年公寓等给予暂免多项税收的优惠。2011年，国务院发布《关于印发
中国老龄事业发展"十二五"规划的通知》（国发〔2011〕28号），其中要
求各级政府对社会力量参与老龄事业发展时给予政策指导和资金支持。在政
府的税收优惠政策和财政补贴政策支持下，养老服务的市场化供给取得了长
足发展，但与此同时，养老服务供给中存在的服务规范、行业自律和市场监
管等方面的问题也不容忽视。为了规范养老服务业发展，2013年，民政部发
布了《关于推进养老服务评估工作的指导意见》（民发〔2013〕127号），提
出要建立健全养老服务评估制度，提升养老服务水平，保障老年人合法权益。
2014年，民政部等5部门联合印发《关于加强养老服务标准化工作的指导意
见》（民发〔2014〕17号），提出要在养老服务领域推行标准化工作，不断完
善市场规范，促进养老服务业健康发展。同年2月，民政部、保监会、全国
老龄办联合发布《关于推进养老机构责任保险工作的指导意见》（民发
〔2014〕47号），要求养老机构自愿参加责任保险，提升养老机构责任意识和
风险意识，在强化自身管理的同时，维护老年人合法权益。十九大以后，随
着医养结合养老服务的日益普遍化，国家卫生健康委办公厅、民政部办公厅、
中医药局办公室联合发布《关于印发医养结合机构服务指南（试行）的通
知》（国卫办老龄发〔2019〕24号），对医养服务的内容、流程作了详细规
定，进一步规范了养老服务的市场化供给。

三、市场提供养老服务中的国家策略

长期以来，由市场提供福利的观念和实践常常受到抑制。市场提供福利，
意味着福利不再免费，这样一来，那些经济收入水平较高的家庭获得市场福
利的可能性显然要比社会中低层家庭更有优势，因此社会对福利的市场化难
免存在异议。但是，面对家庭提供福利的乏力和国家提供福利的无力困境，
从21世纪初开始，在构筑多元福利制度时，政府先后采取了观念引导、政策
扶持和规范管理策略，其中，观念引导的目的在于重新定位福利责任归属，
政策扶持和规范管理的目的在于鼓励和规制市场供给福利。

（一）观念引导

我国进入老龄化社会以后，政府引导市场提供养老服务的进程加快。通

过一系列政策文件可以清晰地发现国家对市场提供养老服务的福利意识形态之变化。老龄化社会仅依靠家庭并不能满足老年人的养老服务需要。另外，对于有关鼓励市场提供养老服务的一系列政策文件进行分析也发现，养老服务往往和市场化、产业化配套出现，国家又多次强调福利不能由国家包办，这充分说明政府希望通过市场提供养老服务，以缓解福利服务供给压力。

更为深远的影响在于，当社会化、市场化、产业化等与福利的市场提供联系在一起时，服务买卖就变成了理所应当的事，于是那些来自经济相对富裕家庭的老年人便能利用这些便利获得比其他老年人更好的养老服务，而那些无法购买市场养老服务的老年人则自我负责，要么接受照顾匮乏的事实，要么铆足劲地去挣钱，以便在有服务需要时可以从市场购买。养老服务的市场提供也把一些福利责任无形之中划给了老年人及其家庭，若老年人个人没有能力实现自我照顾，依靠家庭就是很自然的选择。计划经济时期一度被视之为国家的福利，在市场化情境中被重新定义和分配，其结果是市场提供的养老服务仅属于那些经济条件优越的老年人及其家庭。就福利意识形态而言，市场提供养老服务的观念转变成了解决国家和家庭养老困境的有效手段。当然，要达成这样的目的，国家还需要一系列政策措施为市场提供养老服务提供支持。

（二）政策扶持

波兰尼指出："贸易的起源存在于同经济体的内部组织无关的外部领域之中"，"确凿无疑的是，从已有的证据看，断言地方市场曾发源于个体的交换行为是一个很轻率的举动"，事实上，"西欧国内市场实际上是由国家干预所创造的。"[1]与此同时，"市场机制也不能自动冒出来"，因为"在某种意义上讲，市场机制是一种必不可少的公共物品"，"不可能通过人们自愿合作来提供"。[2]因此，让市场提供养老服务，必须由政府推动。那么政府是怎么做的呢？

由于社会福利社会化的宣传，市场提供养老服务的潜在买方已经确定，

---

〔1〕［英］卡尔·波兰尼：《大转型：我们时代的政治与经济起源》，冯钢、刘阳译，浙江人民出版社 2007 年版，第 51 页、第 54 页、第 55 页。

〔2〕王绍光：《变化的政府作用》，载胡鞍钢、王绍光编：《政府与市场》，中国计划出版社 2000 年版，第 27 页。

接下来需要创建养老服务的卖方。对于那些潜在的投资者，"胡萝卜"夹在一些有利的政策刺激中，这将激励他们参与生产养老服务或养老产品。国家一方面宣称养老服务和老年产业是颇有市场前景的产业，一方面又在政策上给予积极照顾。例如《国务院办公厅转发民政部等部门关于加快发展养老服务业意见的通知》规定，对参与发展养老服务业的市场组织，在土地供应、资金投入、税费减免、财政补助、社会融资、供水供电供热、免费服务等方面给予一系列优惠政策。社会养老服务机构发展情况统计表明（表6.2），在政府的大力推动下，市场主体正在积极提供社会服务。

表6.2 可提供住宿的社会服务机构情况统计[1]

年份	可提供住宿的 社会服务机构（个）	可提供住宿的 社会服务床位（万张）	可提供住宿的 社会服务机构 收养人员（万人）
2000	39 321	104.5	78.6
2001	38 106	114.6	82.0
2002	37 591	114.9	85.0
2003	36 224	120.6	89.1
2004	37 880	139.5	103.9
2005	40 641	158.1	116.2
2006	40 964	179.6	138.5
2007	42 713	242.9	191.3
2008	38 674	267.4	211.5
2009	39 671	293.5	227.5
2010	39 904	316.1	247.0
2011	42 828	369.2	279.7
2012	44 304	416.5	293.6

注：以上统计为老年及残疾人合并数据。

---

〔1〕 数据来自中华人民共和国民政部编：《2013中国民政统计年鉴（中国社会服务统计资料）》，中国统计出版社2013年版，第142-144页。

（三）规范管理

国家在继续鼓励社会力量参与老年福利服务提供的同时，针对政策落实过程中存在的诸多问题，制定了一系列规范化、标准化的政策。2009 年，针对《老年人建筑设计规范》、《老年人社会福利机构基本规范》和《养老护理员国家职业标准》落实不到位而导致的全国接连发生的几起养老机构安全事故，民政部在全国开展了"两规范一标准"落实情况专项检查工作。2010年，为加强与规范全国老年养护院的建设，住房和城乡建设部、发展和改革委员会批准发布《老年养护院建设标准》。同年，为加强和规范社区老年人日间照料中心的基础设施建设，住房和城乡建设部、发展和改革委员会联合发布《关于批准发布〈社区老年人日间照料中心建设标准〉的通知》。2012 年以后，为形成养老服务业标准化建设工作机制与体系，国家先后发布《养老机构基本规范》、《养老服务业标准化建设规划（2013—2017 年）》、《养老机构设立许可办法》和《关于加强养老服务标准化工作的指导意见》。可以看出，自 2009 年以来，国家非常重视社会力量提供老年福利服务的规范性，先后制定了一系列标准化服务的规章制度，具体的操作指标也是越来越细。整个老年人市场福利的运行基本上是沿着国家设定的目标在前行。

第三节　市场提供养老服务的现状

一、市场提供养老服务的特征

从市场提供养老服务的实践历程来看，伴随我国老龄化程度的不断加深，新增养老机构中营利性养老机构的比例不断增大，以市场化方式运营的养老服务供给模式日益普遍。然而，养老服务市场逐渐由封闭状态向开放运营过渡的过程中，市场供给养老服务的实践常常与非营利性养老服务供给并存于同一时空，二者并不总是泾渭分明而是相互影响，换句话讲，我国市场供给养老服务的发展历程，具有以下几个特征。

1. 营利性与福利性并存

进入 21 世纪以来，随着人口老龄化程度的不断加深，传统的养老服务供给体系和供给方式远远不能满足广大老年人群日益增长的多层次、多样化的养老服务需要。在社会主义市场经济条件下，有偿养老服务逐渐成为加快发展养老服务业的必然之举，对此，国家先后发布了相关放开养老服务市场，支持各类市场主体供给养老服务的系列文件。对于养老服务企业而言，在提供养老服务的同时追求利润最大化是其发展的基本目标和动力。然而，一方面由于企业经营养老服务投入大、周期长、收益慢，而且在发展初期常常面临亏损风险；另一方面我国的养老服务业供给主体存在多种类型，既有政府投资兴办经营的养老服务机构，也有政府投资、私人运营的养老服务机构，还有社会力量举办的养老服务机构，其中，政府投资的养老服务机构由于有公共资金支持，养老服务价格通常相对较低。另外，国家为了推进养老服务业发展，已将营利性民办养老服务企业纳入享受公办养老机构政策待遇范围之内，按接收老人数量享受经营补贴。这种情形下，许多规模小、资金不足的中小型养老服务企业为了获得政府资金支持和相应的优惠政策，也会采用合资、民办公助、PPP 养老模式等，在提供营利性养老服务的同时，适当提供福利性的养老服务。因此，企业提供的养老服务往往营利性与福利性并存，也就是说，其经营过程既要依靠政府支持而考虑社会效益，同时又要在激烈的市场竞争中不断追求经济利益。

2. 自主性与依附性并存

养老服务企业是由个人或其他市场主体自主投资兴办，按照市场导向自主经营的市场主体，因而其经营行为具有较强的自主性。然而，我国养老服务企业宏观运营环境的非纯粹市场化，使得养老服务企业不得不向政府相关行政部门靠拢，以寻求政府部门的支持。具体而言，一是在日益激烈的市场竞争环境中，许多中小型养老服务企业为了降低运营成本，能够承担的养老服务人员的工资以及福利待遇相对较低，导致其雇佣的服务人员的年龄偏大，而且稳定性较差。这种情境下，养老服务企业向地方政府靠拢，可以在用工要求方面获得政府的一些支持，如获得免费的业务培训。二是由于目前老年人整体收入不高，且在人生早期阶段不同程度地经历了生活物资短缺，其自力更生、勤俭节约意识较强，这使得养老服务企业经营过程中资金投入收益较慢，因此主动寻求政府的运营补贴、场地支持和税收优惠。三是部分养老服务企业在初创时期为了解决资金不足的问题，主动寻求戴"红帽子"、挂集体牌子从事经营活动，争取享受企业在税收、信贷方面的优惠，以及获得与

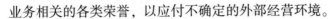

业务相关的各类荣誉，以应付不确定的外部经营环境。

3. 规范性与投机性并存

规范经营是企业稳健运营的必要条件，也是企业经营管理必须坚守的原则。养老服务企业作为市场主体，应该按照行业标准和市场要求规范运行，才能有效防范经营风险，并获得良好的企业声誉。目前，由于养老服务企业在资金投入与收益方面的考虑，以及宏观运营环境对养老服务企业经营监管等方面的相关制度不完善等，使得一些养老服务企业在经营中存在很多投机性的问题。归纳起来，突出地表现在以下几个方面：一是服务基础设施比较薄弱，例如养老机构的老年人居住房屋卫生环境和条件、机构内的日常活动设施、基本医疗设备等与民政部社会福利和社会事务司发布的《老年人社会福利机构基本规范》（MZ008-2001）制订的标准还有一定的差距；二是服务内容和水平不高，在饮食服务、生活照料、医疗保健等方面不能满足老年人的服务需要；三是工作人员管理不规范，各岗位职责分工不明确的同时，具有相应资格证书的专业护理人员短缺，非专业护理人员缺少培训；四是会计核算不规范，由于目前没有形成统一的养老服务企业会计核算规范和标准，企业无法制定完整的会计核算操作规范，导致企业会计核算存在诸多问题；五是融资手段不规范，由于养老服务业投资收益周期长，资金缺乏常常困扰养老服务企业运营。目前，养老服务企业的外部融资主要通过政府财政资金补贴和银行信贷，由于政策贯彻和执行过程中的时滞问题，常常无法解决养老服务企业资金紧缺的迫切问题，而转向申请银行贷款时，又难以符合一般贷款中的抵押条件，对此，一些养老服务企业便通过拉关系、给回扣等方式获得政策支持或银行贷款，以解决运营资金短缺的问题。

二、市场提供养老服务的微观考察

市场提供养老服务是国家对社会福利制度做出的一种适应性变革。21世纪以来，国家在扶持市场提供养老服务方面起到了决定性的作用，目前已经涌现出了大量提供养老服务的市场组织。市场最基本的关系是买卖关系，因此对市场提供养老服务的制度安排进行自上而下的分析之后，还需自下而上地从消费者角度分析市场提供养老服务的效果。

（一）作为家庭照顾"剩余"的市场养老服务

面对人口老龄化形势下的养老压力，国家大力推进养老服务供给的社会化和市场化。所谓社会化和市场化，就是由社会和市场提供有偿服务或产品。作为养老服务供给市场化的重要载体，养老机构提供的养老服务在一定程度上可以反映老年人照顾的市场化水平。截至 2010 年 10 月，我国养老机构中，"公办性的养老院还是多，民办的养老机构相对来讲所占的比例不到三分之一左右，"市场化率相对较低。[1] 中国老龄科学研究中心发布的《中国养老机构发展研究报告》显示，全国养老机构空置率高达 48%，且有利润盈余的养老机构比例为 19.4%，亏损比例为 32.5%，收支基本持平比例为 48.1%。[2] 暂且搁置养老机构的公办与民办性质之分，为什么在老龄化形势日益严峻，家庭养老困境日益突出的形势下，市场提供养老服务如此不温不火呢？在访谈中发现，很大程度上老年人根本不认可机构养老，只有当家庭确实无法养老时，作为一种被迫的选择，老年人才会去养老机构。可见，市场提供的养老服务只是家庭养老服务"剩余"后的补充。下面的访谈节录描述了老年人对养老机构的态度。

> 陈 YL：我不可能把他们（父母）送到养老院去，他们能养咱大，咱们能送他们老儿。（那您打算以后把他们接到身边来照料了？）不接来，咱这楼层高，他们上不来，那时候咱们就天天过去呗，不可能把老人送到那地方（指养老机构），那是不孝。（那您以后呢？）我还不知道怎么回事呢，将来咱们就那么一个孩子，负担重，咱也不给她添麻烦，走一步说一步呗，像咱们这一茬老人都三四个孩子（指三四个兄妹），现在就这一个，伺候你她工作也没了，咱也不可能给孩子添麻烦，现在就是走一时说一时呗。
>
> 于 ZM：我现在来说就走一步算一步吧，现在这两头老人也够我忙乎的，以后你说现在压力这么大，咱也不能给儿女压力，人家自己也得顾家，我现在也没法说，现在讲话就是活一天算一天。
>
> 赵 BL：我像现在这个岁数了，我儿子都 50 多岁了，我女儿也40 多岁了，到时候看情况吧，儿女照料不了，还得进，没办法。

---

〔1〕《吴玉韶：我国公办养老院占多数 高端养老机构可民办》，载 https://www.cncaprc.gov.cn/ldjhjly/23202.jhtml.

〔2〕参见吴玉韶等：《中国养老机构发展研究》，载《老龄科学研究》2015 年第 8 期。

从上述节录的几例访谈可以发现，尽管老年人保持家庭养老观念，但为了不给子女添麻烦，也会选择入住养老机构。父母对孩子的回报期望是有弹性的，这种弹性并不必然要求子女时刻守护在父母身旁。贝克尔认为，父母的利他主义情怀，使他们不管子女是否赡养自己，都会对子女倾尽付出。[1]在父母心中，自己孩子工作好、家庭好，生活过得好就是他们最大的心愿，即使照顾不周他们也心甘情愿。杨善华等将这种父母对子女不计回报的付出称之为"责任伦理"。[2]上述节录的访谈资料也表明了这种"责任伦理"的存在。然而，如果将家庭养老的现实可行性仅仅建立在这种"责任伦理"之上，似乎有些绝对。因为除了观念的作用，家庭经济条件、子女数量等也是影响家庭养老的重要因素。

（二）"恐怖"的机构养老服务镜像

吴玉韶等指出，我国养老机构发展中存在政策体系不完善、养老机构"双轨"运行、服务水平较低，服务有效需求不足等诸多问题。[3]对于老年人而言，对宏观政策和管理体制的感受较远，而更关注直接与其日常生活相关的服务水平，这直接影响他们是否愿意接受养老机构提供的服务。下面的访谈节录描述了这样的情形。

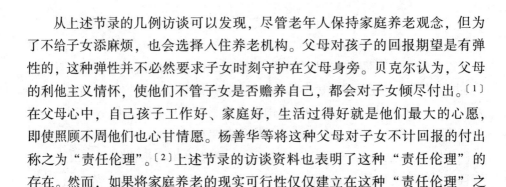

马 JJ：他们对老太太也没那么好，都给没牙的老太太吃咸菜，你看怎么说呀，没法说，你看就这国家还要采访呢，采访的时候对老人就好了，采访的时候就给吃饺子，要么就一个礼拜都是咸菜，哪有吃肉啊，你这说机构好不好啊。现在都是个人承包的，有良心的就少挣点钱，没良心的就多挣点，我说实话你说对么？

赵 CJ：我们邻居的老人，眼睛稍微看不见，送进去各种受罪，老人哭的。我二姑的婆婆也是过完年送进去的，刚开始办的三个月，后来一个月也没到就出来了。在那就被人看着，虽然每个屋都有电视，但看电视也受限，到点电就断了，这不是那天就接到她（二姑）

〔1〕 参见［美］加里·S·贝克尔：《家庭经济分析》，彭松建译，华夏出版社1987年版，第225-226页。

〔2〕 参见杨善华、贺常梅：《责任伦理与城市居民的家庭养老——以"北京市老年人需求调查"为例》，载《北京大学学报（哲学社会科学版）》2004年第1期。

〔3〕 参见吴玉韶等：《中国养老机构发展研究》，载《老龄科学研究》2015年第8期。

家了，现在大家子女每家照顾一个月。老太太去养老院就觉得委屈得不行，就哭。在家看电视想看到什么时候看到什么时候，在那到点就关了电，啥也不能干。所以我觉得这个服务不到位，太不到位，不人性化，吃饭定时、看电视定时，各种定时，他们是受不了的，进去就像进监狱似的，在我看来我都接受不了。最起码按照正常人的规律，进去让人家 9 点强制性睡觉，不合理的，夏天 9 点天都没彻底黑，按照医学角度每天十点前睡也就行了，太缺乏人性化的管理，不行。

王 GW：他们说有那养老院到那儿打老人，然后老人好好地去了，到那儿不到一年半年就死了。就是折磨老人。每次去老人就不让儿女走，然后就哭，说他们打她，具体怎么打咱们也不知道，反正说要是到了八十岁老头老太太要是尿床了，他们洗不过来就打。

在这里，对这些"他说"的真实性无从判断，但有一点是可以肯定的，这些对于养老机构的"恐怖"镜像会影响老年人购买养老服务。当然，这些"他说"可能也或多或少折射出当前养老机构的服务状况。平时吃咸菜、到点关电视、尿床就挨打等无一例外地说明养老机构滞后的服务理念和服务水平，对老年人的生活照顾仅仅停留在"养活"层次，对心理慰藉、休闲娱乐、社会参与等更高层次的服务需要鲜有提供。《全国民办养老服务机构基本状况调查》数据显示，我国民办养老机构中，提供日常生活照顾服务为主的占 87%，提供护理康复为主的仅有 10% 左右。[1] 可见，市场提供养老服务要真正做强，必须提供过硬的、人性化的、全面的服务。

(三) 消费不起的市场养老服务

除了养老观念、机构服务水平以外，老年人自身的购买力也是影响市场提供养老服务的一个硬约束。一方面无论是公办的还是民办的养老机构、养老服务都需要支付一定的费用；另一方面对于大部分老年人而言，由于收入不高，没有能力购买市场提供的养老服务。下面所记录的就是此类情况。

王 GW：我老姨父大小便失禁，行动也不方便，我说请个保姆

---

〔1〕 全国老龄工作委员会办公室事业发展部：《全国民办养老服务机构基本状况调查》，载 https：//wenku.so.com/d/e89e8fc97603b0d819eb56fe7025656d.

吧，他们家里人说请保姆要四千多，还要吃好喝好的，老伴儿也不同意，小姨子也不同意。如果看见大小便失禁的话就要另加钱，请不起啊。

　　李 SM：养老机构一个月不得 2000 块钱，老头走我前面的话我拿啥去养老，我一个月也就 2000 多块钱，以后能涨点，涨了再能涨到哪里去呢，就没那个条件。

退一步说，即使老年人愿意接受市场提供的养老服务，经济收入最终会把他们挡在门外。《中国养老机构发展研究报告》中对天津、哈尔滨、重庆等12 个城市 257 家养老机构的专题问卷调查统计结果显示，被访养老机构平均收费为每月 2134 元，其中，公办养老机构为每月 1919 元，民办营利性养老机构为每月 2133 元。[1]可见，老年人收入水平不高导致的购买力不足是养老机构空置率高的重要原因。

（四）缺乏信任的市场养老服务

买卖关系是市场的基本关系。在老年人服务市场中，提供养老服务的一方为服务提供方，支付养老服务费的一方是服务购买方，双方只有相互信任，买卖双方才会发生交易。反之，若双方缺乏信任，养老服务市场就难以发展。在访谈中，笔者发现，老年人对市场提供的养老服务并不信任。

　　赵 CJ：你看最近网上传的么，一个保姆害死了十个老人，就是为了赚钱，这个也没保障，你不知道你请到的到底是什么人，而且瘫痪不会说话的老人也没办法反映。我小姨家以前一个保姆把家里冰柜的东西拿走了很多，我小姨大脑子（指粗心）也不注意，吃的都是消耗品也没太注意，就觉得牛羊肉吃得快了些，正好那天我小姨忘拿东西返回家，遇见了保姆的儿子在家偷拿肉那些。这个居家雇保姆和进托老所都是问题，现在就没有质的保障。

　　宋 HY：……以前认识的个领导，给我来电话说老伴儿不行了，说想找个保姆，找一个力气大的，能翻身的。我也在给他找，保姆问题现在出事儿的也不少。不好找，这种情况。

---

　〔1〕　参见吴玉韶等：《中国养老机构发展研究》，载《老龄科学研究》2015 年第 8 期。

王 YX：现在的养老院啊，国家的也不好，毕竟它们不是以营利为目的的，照料肯定不是周全。私人的吧，更不用说了，收费还比较高，但是你看吧，吃也吃不好，有时候你送去了，万一是手脚不方便的，那些养老院的人吧，她也嫌弃你，不能照顾自己的去了也是受折磨啊。唉，看完电视剧《老有所依》吧，我是不想去养老院，现在就自己好好锻炼，到老了最好能自己照顾自己。

信任是一个社会经济运行的润滑剂。帕特南认为作为社会资本的信任能够产生合作进而带来强经济与强社会。[1]福山指出，"高度信任作为经济关系的附加条件可以减少经济学家所说的事务性成本，从而提高经济效益。这些成本是由诸如寻找合适的买方或卖方、合同谈判、遵守政府法规以及发生纠纷或欺诈时执行合同等行为造成的。"[2]所以，信任在促进市场经济发展方面非常有效。正在兴起的养老服务市场也需要被信任和制造信任，从而降低交易成本，增加交易行为。然而，就目前的情况来看，作为消费者的老年人并不信任正在兴起的养老服务市场。

三、市场供给养老服务存在的主要问题

虽然养老服务产业被视为朝阳产业，但是目前养老服务企业发展仍然步履维艰，纯粹市场化方式供给的养老服务在满足老年人养老服务需要时主要存在以下问题。

第一，养老服务的市场构成主体存在结构失衡。一方面受我国传统孝道文化的影响，老年人及其家庭大多优先选择家庭养老而非机构养老；另一方面当前老年人收入水平普遍不高，子女经济支持能力相对有限，老年人的养老服务购买力不足。这种境况使得养老服务业具有前期投资大、运营成本高、投资收益慢的风险，这导致许多养老服务企业经济效益不佳，甚至难以盈利、资金短缺。访谈中两位家政综合服务公司的负责人这样说：

---

〔1〕 参见［美］罗伯特·D. 帕特南：《使民主运转起来：现代意大利的公民传统》，王列、赖海榕译，江西人民出版社 2001 年版，第 176—190 页。

〔2〕 ［美］弗朗西斯·福山：《信任：社会美德与创造经济繁荣》，彭志华译，海南出版社 2001 年版，第 151 页。

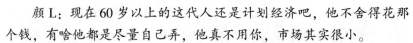

颜 L：现在 60 岁以上的这代人还是计划经济吧，他不舍得花那个钱，有啥他都是尽量自己弄，他真不用你，市场其实很小。

吕 JF：这个日间照料听起来感觉很大，实际上不见得许多老年人能来，有条件的才来，就像有些人不是不愿意去饭馆，不是说饭菜卫生不好，而是他吃不起。

与此同时，这样的市场境况也更容易产生分化，在激烈的市场竞争中，少许资本雄厚或通过其他方式成功融资的养老服务企业能够坚持下来，逐渐占据越来越多的市场份额，而大多数中小微养老服务企业由于资金短缺，或者继续争取剩余的市场份额，或者退出养老服务行业，其结果是强者越强，弱者更弱，导致养老服务市场主体结构失衡。更为深远的影响还在于，市场竞争的马太效应与现有的相关政策无意耦合，更加剧了养老服务市场的结构失衡。例如政府对养老服务机构的补贴政策落实是以养老床位数或入住老人数为依据，这就使得补贴资金主要流向规模较大的养老服务企业，中小微养老服务企业难以获得补贴；再例如消防、卫生、安全等方面的审核验收，规模较大的养老服务企业可以新建养老服务场所并进行相应的建设投入使各项要求达标，而规模较小的养老服务企业大多租赁房屋或进行旧房改造，因为建筑位置、先期设计等方面的限制，常常无法完全满足养老服务场所规定的运营条件。这些养老服务企业的凑合式的运营方式在市场监管不严格的情况下运营，既存在很大的安全隐患，又无条件获得政府补贴，还会影响其持续提高养老服务质量。

第二，养老服务特色不明显，缺乏多样化。公办养老机构能够获得相对较多的政府财政支持，其硬件条件和养老服务水平较高，养老服务价格却较低，而纯粹的民办养老服务企业则要根据市场行情和运营成本综合确定服务价格。

卓 J：我们只有日托，晚上不提供照顾服务。虽然有几张床位，但是不好弄，就是白天收费高点，老人和家庭也接受不了，收费低了自己也不够人员开支，不好弄。真正吃不开的（收入少的），你再提供服务也没用。所以说许多老人来了，就是打打牌、沟通沟通啊。就是你能提供一些理疗啊、康复之类的服务，也很少有人用，也就不怎么投入了。

虽然公办养老机构与养老服务企业分属不同的所有制性质，但不可否认的是，公办养老机构对养老服务企业的正常运营还是带来了不小的影响，其结果是公办养老机构一床难求，民办养老服务企业门可罗雀，二者形成了鲜明的对比。除了一些规模较大的养老服务企业以优质服务向经济条件较为富裕的老年人服务以外，大部分中小型养老服务企业为了生存不得不降低服务价格来吸引老年人。与此同时，为了吸引更多的老年人，许多中小规模的民办养老机构来者不拒，只要有老年人前来入住，不管是自理型的，还是失能型的都通通接受。然而，一方面由于自身服务能力有限，另一方面为了降低服务成本，这些机构往往针对不同类型的老年人提供趋同化的服务。如此一来，目标群体不确定，服务内容不分类，导致养老服务特色不明显，缺乏多样化，养老服务市场混乱，养老服务机构参差不齐。

第三，大众化的养老服务质量普遍不高。中小型养老服务企业由于资金匮乏，员工工资待遇并不高，因此很难在市场上雇佣到专业的管理人员和护理服务人员，尤其是一线的护理人员大多是文化水平低且年龄较大的女性，他们没有经过专门的护理服务学习和培训，基本上根据日常生活常识或相互分享的经验照看老人，服务水平与专业化、多样化的服务期望之间存在很大的差距。即使如此，许多养老服务企业也很难有相对稳定的服务人员，因为在我国的传统文化中，向非亲属老年人提供服务一般被视为伺候人的角色，被贴上低人一等的文化标签，加之服务生活不能自理的老年人确实存在脏、累等问题，护理服务人员遇到待遇更高、工作环境更好一点的岗位而选择离职是高概率事件。资金缺乏难以雇佣专业的护理人员提供高水平的服务，对养老服务企业的进一步发展带来了极大的不利影响。短期来看，低水平、低层次的养老服务难以吸引老年人入住，也就没有后续资金维持运营；长期来看，服务质量不高也会影响养老服务企业的社会形象，加剧民众的不信任，这也让那些确实有消费需要和能力的老年人望而却步，导致养老服务的买方市场更加遇冷，经营陷入恶性循环的不利境地。

第七章

新时代的社会组织与养老服务供给

我国进入老龄化社会以来，老年人口数量增长迅速。同时，伴随家庭结构的小型化和社会流动的日益频繁，越来越多的老年空巢家庭需要养老服务。尽管国家已将市场纳入养老服务供给体系，福利制度层面形成了福利三角结构，但是依然无法满足民众的养老服务需要。西方福利多元主义理论和实践表明，社会福利的多主体供给以及各主体间的竞争和协作能够提供更加多元化的福利服务，给予民众更多的选择和更好的服务，有效避免福利服务供给不足的困境。就养老服务供给而言，社会组织以其公益性、志愿性和非营利性等特征能够提供多层次、多样化的养老服务，与政府、市场、家庭等养老服务供给主体形成合力。本章将首先对社会组织提供养老服务的理论逻辑和路径进行阐述，然后对国家如何引导社会组织提供养老服务进行分析，最后对社会组织提供养老服务的效果进行实证考察。

第一节 社会组织的福利功能

一、社会组织的渊源和含义

从字面意思理解，社会组织泛指社会中的所有组织。但是，从社会组织使用的语境来看，社会组织是社会域的集中体现，是与国家域的政府组织和市场域的经济组织相对而言的，故而社会组织又被称为非政府组织、非营利组织，或不同于国家和市场的第三部门。

在传统中国，国家与社会之间没有明显的界限，是高度同构的。《诗经·小雅·北山》有曰："溥天之下，莫非王土，率土之滨，莫非王臣。"因此，来自社会的各类组织是相对于官方组织而言的，一般概称其为民间组织。

例如：慈善团体性的善会、善堂；互助团体性的家族宗族、乡约、合会等；生产性团体的行会、商会、会馆、青苗会等；文化团体性的诗社、讲学会等；政治团体性的朋党、胖子会、华兴会等；宗教团体性的会党、邑社等。一方面这些社会组织对经济生产、政治统治、文化传播、社会秩序维系发挥了积极作用；另一方面由于这些社会组织游离于官方，有时候甚至与官方组织对抗，威胁政治社会秩序，因此在传统中国，官方对于民间组织的监管很强，尤其是政治团体性的民间组织。中华人民共和国成立以后，为了巩固新生政权，调动和控制一切社会资源，国家建立了高度统一的社会管理体制，对先前活跃的各类社会组织进行整合。[1]具体做法是取缔具有反动或封建迷信性质的社会组织；改造旧的但对经济社会发展仍然有利的社会组织，使其与国家建设和社会管理同向同轨；建立一批全国性的人民团体。经过这样的统制式管理，计划经济时期的民间组织实际上已经由非政府组织变成了准政府组织，现代意义上的社会组织几乎不存在了。

在西方社会，国家与社会之间存在相对比较清晰的界限。当然，这条界限也不是一开始就有的。在古希腊规模有限、各自为政的城邦，"人类自然是趋向于城邦生活的动物"，[2]国家与社会是融为一体的。而在后来的亚历山大帝国、古罗马帝国时期，国家与社会开始分离。这是因为一方面大一统的帝国无法提供人人参与政治的渠道和机会；另一方面被征服的庞大的外族人群对帝国也缺乏归属感。这直接导致个人从公共政治生活领域退却到个人私生活领域，国家不再是社会本身，而变成了一个体现个人利益的集合体。[3]到了中世纪，无论是奥古斯的丁天上之城与地上之城的分离，还是阿奎那的神圣世界与世俗世界的同构，以及其间相通的教会高于世俗国家的秩序理念，使基督教文化在欧洲一统天下的同时，客观上限制了国家权力的无限扩张。近代以来，社会生产力不断进步而推动发展的商品经济，促动了欧洲民族国家的兴起。新贵族为了实现贸易自由、城市自治、扩大市场交易范围等，支持王权统一了封建领主并实现了教随国定，但与此同时利维坦式的国家也对

---

〔1〕　参见马德坤：《新中国成立以来社会组织治理的政策演变、成就与经验启示》，载《山东师范大学学报（人文社会科学版）》2020年第2期。

〔2〕　[古希腊] 亚里士多德：《政治学》，吴寿彭译，商务印书馆1965年版，第7页。

〔3〕　参见 [古罗马] 西塞罗：《论共和国 论法律》，王焕生译，中国政法大学出版社1997年版，第39页。

社会限制王权的力量构成了威胁。为了限制"朕即国家"，遏制国家权力的无限膨胀，洛克、卢梭、孟德斯鸠、斯密、托克维尔等自由主义者力证社会先于国家，主张国家与社会在对立中统一。尽管黑格尔颠倒了国家与社会的关系，批判了市民社会而赞扬了国家，但是国家并没有完全消解社会，他也不反对社会对国家权力的制约。马克思和恩格斯准确概括了国家与社会之间的对立与统一关系：一方面认为社会先于国家，指出"政治国家没有家庭的天然基础和市民社会的人为基础就不可能存在"[1]；另一方面也认为国家一旦产生便具有相对独立性，"这种从社会中产生但又自居于社会之上并且日益同社会脱离的力量，就是国家。"[2]国家与社会之间的分离不是分裂，由分离而产生的移动界限也不是鸿沟，这种分离的目的在于社会制约国家，国家服务社会。进入 20 世纪以来，经历了凯恩斯主义"革命"和对凯恩斯主义的"反革命"之后，国家和市场之间的关系较之先前突出对立与制衡进而转向统一与合作，尤其是 70 年代以后福利国家制度遭遇危机之后，国家推行的私有化、市场化改革为大量的非政府组织、非营利组织、社区组织、志愿组织的发展创造了机遇，它们同国家和市场一道共同承担公共事务的管理责任和社会福利的供给责任，社会组织参与社会治理成为当前国家与社会关系的新形态。由此可见，尽管社会先于国家和市场而存在，但是国家和市场一经产生便具有相对独立性，并且，在国家与市场的分离与合作中，形成了国家、市场与社会相结合的新型合作包容关系，鼓励社会组织承担更多的社会服务职能，不但能够降低国家管理与服务社会的成本，而且为市场经济的发展维系了良好的环境。也是在这样一种现代治理情境中，各类非政府组织、非营利组织、社区自助组织、公民志愿组织等广泛建立，并向社会提供公共服务，满足社会的服务性需要。虽然这些组织的称谓在不同国家和地区存在差异，但有一些共性的特征，即组织性、非政府性、非营利性、自治性、志愿性等，这些特征使得它们既不同于政府组织，也不同于市场组织，而被称为第三部门。[3]

---

〔1〕 ［德］马克思：《哥达纲领批判》，中共中央马克思恩格斯列宁斯大林著作编译局译，人民出版社 1965 年版，第 252 页。

〔2〕 中共中央马克思恩格斯列宁斯大林著作编译局编译：《马克思恩格斯全集》（第 1 卷），人民出版社 1972 年版，第 166 页。

〔3〕 参见 ［美］莱斯特·M. 萨拉蒙等：《全球公民社会——非营利部门视界》，贾西津等译，社会科学文献出版社 2002 年版，第 3-4 页。

我国改革开放以后，市场经济体制改革以及由此而促动的政府职能转变为社会组织的发展创造了机遇。一方面市场经济的发展客观要求政府从经济生产的具体领域中退出，另一方面国家又要确保市场经济改革和发展不能偏离既定的方向。这种情形下，许多行业协会、商会组织首先建立起来，既通过制定行业标准、生产培训等帮助政府规范、监督企业市场行为，也代表企业反映诉求、保护企业的合法权益。与此同时，随着改革的不断深入，经济社会转型过程中出现的利益分化以及由此衍生出来的各种社会问题越来越多，满足民众利益诉求的各类组织呼之欲出，也使得国家越来越重视对社会组织的发展和监督。1998 年国务院机构改革调整设立民间组织管理局，同年 10 月，国务院公布《社会团体登记管理条例》和《民办非企业单位登记管理暂行条例》。2004 年 6 月 1 日起施行的《基金会管理条例》将从事公益事业为目的基金会从社会团体中分离出来后，与社会团体、民办非企业单位一起被称为民间组织。

进入 21 世纪以后，随着民众生活水平的不断提高和权利意识的逐渐增强，对国家的社会管理能力和公共服务水平提出了更高的要求。2006 年 10 月，党的十六届六中全会通过的《中共中央关于构建社会主义和谐社会若干重大问题的决定》中多次提到社会组织这一概念，并明确要支持社会组织参与社会管理和公共服务，发挥各类社会组织提供服务、反映诉求、规范行为的作用。此后，社会组织这一概念正式取代民间组织称谓的同时，也逐渐理顺了社会组织与政府组织、市场组织间的关系，消除了以往对社会组织的片面认识，突出了社会组织的非政府性、非营利性、社会性等特征，恢复了社会组织的中介性特质。目前，我国的社会组织分为三类，即社会团体、基金会和民办非企业单位，其中：社会团体是指中国公民自愿组成，为实现会员共同意愿，按照其章程开展活动的非营利性社会组织，包括行业性社会团体、学术性社会团体、专业性社会团体和联合性社会团体；基金会是指利用自然人、法人或者其他组织捐赠的财产，以从事公益事业为目的而成立的非营利性社会组织，包括公募基金会和非公募基金会；民办非营利企业是指企业事业单位、社会团体和其他社会力量以及公民个人利用非国有资产举办的，从事非营利性社会服务活动的社会组织，主要在科技、教育、文化、卫生、体育、劳动、民政、法律等领域提供服务。

二、社会组织提供福利的理论基础

从功能论的角度看，社会组织提供福利是对政府提供福利与市场提供福利不足的补充。但若从历史的角度看，功能论视角的局限性也很明显，因为在国家与市场出现之前，就存在现代社会组织的雏形。应该如何认识这种分歧呢？实际上社会组织一直都在提供福利。在国家出现以前，亲属组织、宗教组织、互助组织等就在为人们提供日常生活照顾和服务；国家出现以后，当社会出现自然灾害或两极分化而产生大量灾民、难民、贫民时，国家常常救灾荒、薄赋敛以保障民众生计。随着商品经济的发展和工业化的推进，市场通过交换为人们提供福利，当亲属组织、宗教组织、互助组织等无力为那些不能自食其力者提供生活保障和照顾时，国家便出场兜底，充当福利提供补缺者的角色。近代以来，一方面经济发展带来国家收入增加，另一方面民众对国家提供福利的认识发生了显著变化，使得国家在福利提供方面的作用日渐突出，尤其是"二战"以后，西方主要资本主义国家纷纷建立福利国家制度，强调国家要为民众的福利负责，国家满足了民众基本的教育、健康照顾、经济和社会安全需求。20世纪70年代，中东石油危机引致西方主要资本主义国家普遍出现经济滞涨，如何摆脱继而出现的福利国家困境成为一个热门话题。新自由主义近乎全面地否定了福利国家，肯定自由化、市场化和私有化，主张限制国家在社会福利领域中的作用方式，甚至提出要粉碎福利国家。到了20世纪80年代，尽管新自由主义内部的新右派占据主流地位，但是以罗尔斯为代表的中立自由主义者还是充分肯定了国家在养老、医疗、失业、助残、救济领域中的积极作用。20世纪90年代兴起的"第三条道路"以超越传统左派和新右派之间的对立为旗帜，提出创建合作包容型的社会，构建积极的福利社会，"让公民个人和政府以外的其他机构应当为这种福利做出贡献"。[1] 目前，学术界对于社会组织参与社会福利提供的诠释主要形成了以下几种理论。

（一）政府失灵理论

政府失灵，在英文中为 Government failure，又译为政府失败或政府缺陷。

---

[1] ［英］安东尼·吉登斯：《第三条道路：社会民主主义的复兴》，郑戈译，北京大学出版社2000年版，第121页。

政府失灵是相对于市场失灵而言的，在这个意义上，政府的主要职能是"矫正市场不灵，对收入进行再分配"。[1]倘若政府行动不能改善经济效率或当政府把收入再分配给不应得的人时，便出现了政府失灵。具体在社会福利领域，政府失灵首先表现为福利供给的低效率，其次是福利供给难以顾及所有人的需要。对于政府为什么会失灵，公共选择理论基于经济学的假设和工具，对政治行为做出了深刻分析，认为政治家和官僚也是积极追求"工资、劳动津贴、社会声望、权力、社会影响力、轻松工作压力等"的行动者，因此"国家不过是政府组成人员实现偏好的工具"。[2]造成政府提供福利失灵的原因是多方面的，既有政治体制、投票规则固有的缺陷，也有政治系统中的公民、政治家和官僚的自利因素，二者结合在一起，常常使得政府成了其组成人员相互影响以达成与其利益相一致的工具。总之，"民主政治并不真的是民治政府，实际上它是选民、利益集团、政客和官僚为了权力进行的激烈竞争"所形成的"病态的政治"，这使得政府供给福利过程中出现了"被迫中奖的人"。[3]由于公共选择理论预先假定了选民、政治家和官僚的"经济人"本性，因此，矫正政府供给福利失灵的针对性策略便是健全宪政、完善决策机制，尽可能限制或破除政府的福利供给垄断地位，通过多主体竞争来提高效率。为了防止再次上演政府和市场此消彼长的戏码，也为了避免市场追逐利润而冷落处境不利者的问题，引入社会组织提供福利是一个不错的选择。由政府、市场和社会组织一起构成的福利供给格局中，一方面市场和社会组织的加入带来了竞争机制，有效抵御了政府垄断供给福利产生的资源浪费、机构膨胀、效率低下等问题，另一方面社会组织的志愿性、公益性可以更多地关注到弱势人群的福利需要，提高资源分配的正当性。

（二）合作主义理论

合作主义，对应的英文单词是 Corporatism，也被翻译为组合主义、统合主义、法团主义、社团主义。Schmitter 认为，法团主义是一个利益代表系统，

---

〔1〕［美］保罗·萨缪尔森、威廉·诺德豪斯：《经济学》，萧琛译，人民邮电出版社2008年版，第345页。

〔2〕 Niskanen, W. A., *Bureaucracy and Representative Government*, Aldine - Atherton, 1971, pp. 4, 38.

〔3〕 兰迪·T. 西蒙斯：《政府为什么会失败》，张媛译，新华出版社2017年版，第90页、第95页、第124页。

其作用是将组织化的利益团体制度化地整合到国家的决策结构中。[1]《布莱克维尔政治学百科全书》中对社团主义的简要定义是："社团主义是一种特殊的社会——政治过程，在这个过程中，数量有限的、代表种种职能利益的垄断组织与国家机构就公共政策的产出进行讨价还价。为换取有利的政策，利益组织的领导人应允通过提供其成员的合作来实施政策。"[2]国家之所以要将利益团体吸纳到体制中，直接原因是为了防止这些团体之间相互斗争而危及社会秩序，使用的策略是让它们参与公共决策，同时接受国家的统一管理。[3]就合作主义的历史而言，它并不是西方资本主义国家的福利国家制度出现危机以后才产生的。在欧洲，合作主义的理念和实践源远流长，对此有研究者归纳出了近代以来法团主义的五个不同发展阶段。[4]在早期，合作主义的雏形主要体现在国家与教会合作维持社会秩序，例如英国 1601 年颁布实施的《济贫法》，对贫民的救济中，政府主要制定法律和监督，具体实施则是由教会负责。后来随着工业化的发展，工人阶级贫困引发的劳资冲突严重威胁资本主义国家统治秩序，于是政府出面协调工人和雇主之间的矛盾，德国在 19 世纪 80 年代制定的三大社会保险法案实质上就是政府、雇主和工人三方达成妥协的产物。米什拉将合作主义理解为"根据总的国家形势为谋求各种经济和社会目标之间达到平衡状态而在社会层面上实行的三方伙伴主义。"[5]在社会福利领域，20 世纪 80 年代以后，作为对福利多元主义的批判，合作主义被人们所重视。合作主义认为，福利多元供给主体之间不可能保持势均力敌，福利供给最终会出现不均衡甚至垄断状态，而此时社会成员的福利需要也就很难都被有效地表达和满足。为了防止这种情形过度出现，国家便扮演调控者角色，力图将这些社会团体（福利提供主体的组织化表现）整合进国家决策体制中，并对它们的需求表达、内部管理进行适度控制，作为交换，国家

---

〔1〕 Schmitter, P. C. "Still the Century of Corporatism?", *The Review of Politics*, Vol. 36, No. 1, 1974.

〔2〕 [英] 戴维·米勒、韦农·波格丹诺编：《布莱克维尔政治学百科全书》，中国问题研究所等译，中国政法大学出版社 1992 年版，第 175 页。

〔3〕 参见张静：《法团主义》，中国社会科学出版社 1998 年版，第 23 页。

〔4〕 参见吴建平：《理解法团主义——兼论其在中国国家与社会关系研究中的适用性》，载《社会学研究》2012 年第 1 期。

〔5〕 参见 [加] R·米什拉：《资本主义社会的福利国家》，郑秉文译，法律出版社 2003 年版，第 61 页。

认可它们在本领域内的领袖地位，并通过职能转移或服务购买的方式让它们提供社会福利。在具体实践中，一些枢纽型社会组织常常承担了这些职能和任务。由此可见，合作主义面对福利国家如何重组的问题时，并没有如自由主义重新市场化，而是通过统合社会团体，撬动社会资源来减轻国家福利负担。这一做法既能有效避免国家承担过多福利而导致的政府失灵，又在一定程度上防止了过度市场化而引发的市场失灵，而且还激发了社会福利资源，可谓一石三鸟。当然，也不是所有遭遇福利国家危机的资本主义国家都这样做了，合作主义更适合那些"具有较长保守主义和/或天主教改良主义历史传统的国家"。[1]Gough 也指出，福利国家的重组依循着两种形式——新自由主义的形式与组合主义的形式，究竟采用何种形式则视阶级力量与其他因素的相对比重而定。我们已经见到英国、美国与新西兰正热烈追求新自由主义的途径；我则认为组合主义的途径则在北欧整个地保存下来，并持续更新中。[2]

（三）治理理论

治理，在英文中对应的单词是 Governance，意思是管理、支配、统治。20世纪 90 年代以后，治理成为一个非常流行的词，但它的含义已经没有了很强的操控性意味。Rosenau 指出，治理并不是统治的同义词，虽然二者都是指有目标导向的行动及规则体系，但是治理比统治更具包容性，它既包括政府机构及其正式权威机制，也包括非政府机构及其非正式的机制。[3]全球治理委员会将治理定义为各种公共的或私人的机构共同管理其事务的诸多方式的总和，它是一个持续的过程，通过这个过程，可以照顾到相互冲突或不同利益并进而采取合作行动。它包括有权强制遵守的正式机构和制度，以及基于共同认为符合其利益的非正式安排。[4]到目前为止，治理仍没有一个确定的定义，但是治理反映了一种确切的观念，即政府与社会上的非政府组织、私人

〔1〕［丹麦］哥斯塔·埃斯平-安德森：《福利资本主义的三个世界》，苗正民、滕玉英译，商务印书馆 2010 年版，第 71 页。

〔2〕参见［英］Ian Gough，《福利国家的政治经济学》，古允文译，巨流图书公司 1995 年版，第 170 页。

〔3〕See Rosenau, J. N. , "Governance, Order, and Change in World Politics", in Rosenau, J. N. , C. Ernst-Otto（eds）, *Goverence without Government：Order and Change in World Politics*, Cambridge University Press, 1992, p. 4.

〔4〕See The Commission on Global Governance, *Our Global Neighborhood：The Report of the Commission on Global Governance*, Oxford University Press, 1995, p. 2.

企业等一起负责维持秩序，合力构成国家政治、经济和社会的调节形式。治理理论在世界范围的兴起源自三股力量的推动：一是欧美发达国家遭遇福利国家危机以后，重新重视市场对经济社会的调节作用；二是发展中国家在70年代以后的经济衰退促使这些国家改变经济社会管理的传统模式；三是第三次全球化促动的人口、商品、资金、技术、信息等跨国界流动带来的诸多问题需要国家联合其他机构才能解决。〔1〕若仅从福利国家危机化解的角度看，提出国家与市场、非政府组织共同解决问题并不是治理理论的首创，但是强调在没有政府强权的情境下，各个公共的或私人的机构基于共同目标协商行动却是治理理论的显著特征。在这个意义上，治理理论可以视为是对合作主义的反思和批判，因为合作主义下的那些被国家认可的枢纽型组织将各领域、各地区大大小小的社会组织统合起来的同时，自身容易在政府的支持下形成垄断，结果导致大量的社会组织退化或消亡，而活跃的社会组织实则代表社会势力占优的阶级。可见，合作主义"不仅以旧中间阶级为代价，而且以那些没有得到很好组织的工人阶级领域为代价，它代表了高度排他性的群体框架内部所进行的协商和决策制定形式。"〔2〕不同于合作主义，治理的本质是一个多元主体参与的网络，其间的企业组织、社会组织等相对具有高度的自主权，它们之间以及与政府之间相互依赖进行持续性的协商互动，由此形成的公私伙伴关系在资源动员和复杂问题的解决等方面比任何单一主体更具优势。显而易见，治理理论并不是排斥政府，政府也不会变得完全无力，它只是用参与的影响力取代了直接的控制力，以平等身份与治理网络中的其他主体协商沟通，如果所做的决定不是它想要的，那么它也会诉诸权力来讨价还价。〔3〕另外，治理理论中公私伙伴关系的维系也离不开政府，治理网络中的各个主体协商达成的共识需要政府支持才有保障。〔4〕总之，在治理理论中，政府具有公共管理与服务提供的职能，但这并不等于政府要一力划桨。因此，对于社会福利服务的供给，政府与市场、社会等通过协商合作来实现，具体

---

〔1〕 参见王绍光：《治理研究：正本清源》，载《开放时代》2018年第2期。

〔2〕 ［德］克劳斯·奥菲：《福利国家的矛盾》，郭忠华等译，吉林人民出版社2006年版，第13页。

〔3〕 See Peters, B.G., Pierre, J., "Governance Without Government? Rethinking Public Administration", *Journal of Public Administration Research and Theory*, Vol. 8, No. 2, 1998.

〔4〕 See Hajer, M., "Policy without polity? Policy analysis and the institutional void", *Policy Sciences*, Vol. 36, No. 2, 2003.

可以采取委托、购买、补贴等手段将公共物品或福利服务的生产交由企业和社会组织来承担，这既能提高福利的供给效率，又能减轻政府负担。至此，通过合作主义与治理理论的比较发现，在社会福利供给领域治理与统治的目标都是为了解决福利国家危机问题，并无任何实质性的不同，如果二者存在差异，也只是福利提供的过程有所不同。

三、社会组织提供福利的实践路径

目前，社会组织提供社会福利主要有四种路径，即协助非正式社会福利制度提供福利、协同正式社会福利制度提供福利、通过政策倡导间接提供福利以及桥接生成社会资本提供福利。

（一）协助非正式社会福利制度提供福利

非正式社会福利制度主要是指那些能够促进个人、家庭和社区福祉的家庭、亲属、邻里和各种社区性团体等。Midgley 将非正式社会福利制度分为四类：第一类是所有文化普遍规定的需要承担义务的家庭、亲属、朋友、邻里和社区支持网络等；第二类是由宗教或特定文化规范所产生的对陌生人有帮助义务的社会性团体；第三类是旨在提高合作社及协会成员福利的社群；第四类是人们通过合作以促进社区福利的社会性团体。[1]虽然非正式社会福利制度在世界许多地方普遍存在，但其本身也需要其他外在系统的支持。已有研究表明，干旱、饥荒和贫困等往往会限制人们帮助亲戚朋友的能力，即使他们想这样做。[2]在这样的情境下，社会组织常常协助非正式社会福利制度发挥其福利功能，例如：对贫困家庭予以财物帮扶、为家庭长期照顾者提供心理疏导服务、向社区内的互助养老人群传授照顾护理培训等。

（二）协同正式社会福利制度提供福利

社会组织协同正式社会福利制度提供福利主要表现为参与政府购买服务，向服务对象提供所需的福利服务。具体在养老服务领域，服务内容包括日常生活照料、精神慰藉、医疗康复、文化娱乐等。社会组织参与政府购买服务实践，不但能够使政府利用社会组织灵活、快速、及时地回应民众多样化、

---

〔1〕　See Midgley, J., *Social Welfare in Global Context*, Sage, 1997, p.70.

〔2〕　See Bruijn, M. de., "Coping with crisis in Sahelian Africa: Fulbe Agro-Pastoralists and Islam", *Focaal*, Vol.22-23, No.1, 1994.

多元化的福利需要，避免服务供给通过刻板僵化的官僚机构层级传递产生的低效率，而且社会组织也能够克服运转资金短缺的局限性。目前在一些发达资本主义国家，社会组织承接政府购买服务不但非常普遍，而且购买规模也很大。例如在美国社会服务领域，社会组织一半以上的服务资金来源于政府资助。[1]除了直接向福利受益对象提供服务以外，社会组织还承担了公益服务项目培训、社会组织孵化以及为其他社会组织的工作人员提供职业技能培训等。例如德国联邦志愿福利组织联合会利用伞状组织支撑而成的自上而下、层级清晰的体系构架，向下辖众多州级和县级分支机构的会员提供形式多样的再教育资源和培训服务，已经成为德国非营利部门的一大特色。[2]若将就业纳入福利范畴，社会组织已经成为吸纳新增就业的重要领域。例如在 2009 年–2010 年美国失业率剧增的情况下，国内社会组织就业率却保持了 1% 的增长，[3]有效地缓解了政府面临的就业压力。

（三）通过政策倡导间接提供福利

社会组织不仅直接提供福利，而且还通过政策倡导间接提供福利，即社会组织有计划地向政策制定部门或民众宣传特定的价值理念，以影响福利政策的制定或执行，客观上产生福利效应。Andrews 和 Edwards 区分了直接倡导和间接倡导：前者是指社会组织直接向政府相关部门建言，甚至进行具有说服力的抗议活动；后者是指社会组织通过影响民众进而形成自下而上的压力来改变政府决策。[4]一方面由于社会组织直接参与了福利提供，对于民众的福利需要有直观的感受和了解；另一方面作为社会福利政策的具体实施者，对于政策落地实施过程中存在的问题或不足有比较真切的认识。这种情形下，社会组织既通过呼吁、倡导、咨询等制度化的渠道向政策制定部门反映民众福利诉求，从而影响福利政策设置，又利用自身的社会性、非政府性等身份，通过宣讲、广告等方式向民众推介福利政策，影响民众对政策的认知和遵从意愿，进而提高福利政策的执行效果。

---

〔1〕 参见 ［美］Neil Gilbert、Paul Terrell：《社会福利政策引论》，沈黎译，华东理工大学出版社 2013 年版，第 285 页。

〔2〕 参见郁建兴、任婉梦：《德国社会组织的人才培养模式和经验》，载《中国社会组织》2013 年第 3 期。

〔3〕 参见郁建兴：《美国社会组织的人才培养模式和经验》，载《中国社会组织》2013 第 1 期。

〔4〕 See Andrews, K. T., Edwards B., "Advocacy organizations in the U. S. political process", *Annual Review of Sociology*, Vol. 30, No. 1, 2004.

（四）桥接生成社会资本提供福利

布尔迪厄指出："社会资本是实际的或潜在的资源集合体，那些资源是同对某种持久性的网络的占有密不可分的。"[1]一般意义上讲，社会资本通常是指个体或团体之间的联系而形成的社会网络以及由此给网络成员带来的资源。社会资本有两个显著特征："它们由构成社会结构的各个要素所组成；它们为结构内部的个人行动提供便利。"[2]对于社会组织而言，由于自身能力、资源等方面的限制，很难全面及时地回应民众多样化的福利需要。这种情形下，联合社会力量、桥接生成社会资本以超越自身局限就成为社会组织的常规选择。事实上，社会组织的公益取向和非营利性特征往往有助于其获得社会信任，从而助力其跨越组织界限，链接社会力量形成广泛的社会网络，以充分整合各方资源对接福利受益群体的需要。

第二节　养老服务的社会组织提供

一、社会组织供给养老服务的实践历程

进入 21 世纪以来，随着人口老龄化程度的不断加剧，老年人多样化、多层次的养老服务需要日益突出，家庭、政府、市场已然不能供给足量的养老服务。这种情形下，社会组织顺应时代需要，依其公益性、非营利性、志愿性等方式补缺养老服务供给不足的同时，逐渐发展成为社会养老服务供给的一个重要主体。目前，社会组织已经活跃在居家养老、社区养老、机构养老等领域。总的来看，虽然社会组织供给养老服务起步较晚，但发展速度很快。

2000 年 2 月，国务院办公厅转发民政部等部门《关于加快实现社会福利社会化意见》（国办发〔2000〕19 号）中首次指出，鼓励集体、村（居）民自治组织、社会团体、个人和外资以多种形式捐助或兴办社会福利事业，形成社会福利投资主体多元化的格局。同年 8 月，中共中央、国务院发布《关

---

[1]　包亚明编译：《文化资本与社会炼金术——布尔迪厄访谈录》，上海人民出版社 1997 年版，第 202 页。

[2]　[美] 詹姆斯·S. 科尔曼：《社会理论的基础》，邓方译，社会科学文献出版社 1999 年版，第 354 页。

于加强老龄工作的决定》（中发〔2000〕13 号），提出要鼓励和引导社会各方面力量积极参与、共同发展老年服务业，并对社会力量投资兴办的福利性、非营利性的养老服务机构实行减免税等优惠政策。为贯彻以上文件精神，财政部和国家税务总局发布的《关于对老年服务机构有关税收政策问题的通知》（财税〔2000〕97 号）中明确指出，对政府部门和企事业单位、社会团体以及个人等社会力量投资兴办的福利性、非营利性的老年服务机构，暂免征收企业所得税，以及老年服务机构自用房产、土地、车船的房产税、城镇土地使用税、车船使用税。这些举措的实施意味着社会力量投资兴办的养老服务机构正式以合法身份向老年人提供养老服务，然而，由于传统文化的影响，社会团体或个人发起成立的非营利组织常常被习惯性的称为民间组织，其间隐含的官民分立意识既不利于非营利组织发展，也不利于政府部门与非营利组织合作。2006 年 10 月 11 日，中国共产党第十六届中央委员会第六次全体会议通过的《中共中央关于构建社会主义和谐社会若干重大问题的决定》中使用社会组织代替民间组织称谓，并提出要支持社会组织参与社会管理和公共服务，增强服务社会功能。此后，我国社会组织蓬勃发展，在满足老年人养老服务需要方面的作用日渐显现。

2013 年 9 月，国务院发布《关于加快发展养老服务业的若干意见》（国发〔2013〕35 号），明确指出要逐步使社会力量成为发展养老服务业的主体，并且鼓励公益慈善组织支持养老服务，使其成为发展养老服务业的重要力量。同月，国务院办公厅印发的《关于政府向社会力量购买服务的指导意见》（国办发〔2013〕96 号）中指出，依法在民政部门登记成立的社会组织均可参与政府购买服务，服务内容包括为老年人提供的公益性服务。为了进一步推广政府购买服务，激发社会组织活力，财政部和民政部共同发布《关于支持和规范社会组织承接政府购买服务的通知》（财综〔2014〕87 号），明确将加大对社会组织承接政府购买服务的支持力度，并且在购买民生保障、社会治理、行业管理等公共服务项目时，同等条件下优先向社会组织购买。这些政策的实施为社会组织供给养老服务提供了更加多元化的途径。

为了促进养老服务业更好更快发展，让广大老年人享受到优质的养老服务，2016 年 12 月，国务院办公厅印发《关于全面放开养老服务市场提升养老服务质量的若干意见》（国办发〔2016〕91 号），提出允许民办非营利性养老机构按照市场行情确定服务价格，这在很大程度上解决了社会组织供给养老服务面临的资金不足问题。2017 年 3 月，国务院发布《关于印发"十三五"国家老龄事业发展和养老体系建设规划的通知》（国发〔2017〕13 号），除了支持社会组织继续开展形式多样的老年人关爱服务活动，并且在农村地区积极培育为老服务社会组织以外，还支持老年社会组织参加或承办政府有关人才培养、项目开发、课题研究、咨询服务等活动，这说明社会组织参与供给养老服务的空间更加广阔。2019 年 4 月，国务院办公厅发布《关于推进养老服务发展的意见》（国办发〔2019〕5 号），其中指出，非营利性养老机构可在其登记管理机关管辖区域内设立多个不具备法人资格的服务网点，这为社会组织在更大范围内供给养老服务提供了更加宽松的制度环境，同时，为了推动居家养老、社区养老和机构养老融合发展，倡导以养老服务类社会组织为载体，积极探索互助养老服务，这反映出社会组织除了自身能够提供养老服务之外，还可以通过链接资源、整合社会力量提供志愿性、互助性的养老服务，由此社会组织在养老服务供给中的作用进一步扩大。

二、社会组织供给养老服务的主要方式

当前，社会组织供给养老服务主要通过运营养老机构、政府购买服务和志愿服务三种方式进行，其中，社会组织投资兴办或承办运营的非营利性老年服务机构，既可以按照市场行情确定服务价格提供入住式养老服务，也可以参与政府购买服务提供入户式养老服务，还可以利用自身力量提供志愿养老服务。

1. 直接运营养老机构

社会组织运营养老机构提供养老服务，是指社会组织利用非国有资产设立独立的非营利性法人，或者采取公办民营、公建民营等方式经营养老服务机构，通过提供床位向老年人提供养老服务。随着人口老龄化、高龄化程度的不断加剧，失能、半失能老人数量不断增多，在家庭养老功能不断式微的情境下，入住养老机构由专人负责照料是较为可行的做法。然而，一方面公办养老机构少，入住床位有限，常常是一床难求；另一方面私人开办的养老机构往往收费较高，虽床位有余，但较高的入住费用却令大多数老年人及其家庭难以负担。因此，政府鼓励社会组织参与提供机构养老服务便成了应然之举。2015 年 2 月，民政部等十部委联合发布《关于鼓励民间资本参与养老服务业发展的实施意见》（民发〔2015〕33 号），鼓励民间资本参与机构养老

服务，并对符合条件的民办福利性、非营利性养老机构在投资融资、税费、人才培养等方面给予政策优惠或资金补贴。有了政府的大力支持，社会组织运营的养老机构发展很快。2019年11月19日，民政部养老服务司副司长李邦华在新时代积极应对人口老龄化高端研讨会上指出，全国民办养老机构占比已超过50%，而且这个占比还在不断升高，北京、上海这一数字已超过80%。[1]在民办养老机构中，绝大多数是社会组织经营的福利性、非营利性老年服务机构，企业经营的老年服务机构只有5%。[2]目前，由社会组织运营的养老服务机构所提供的入住式养老服务正在满足失能、半失能、长期集中托养的老年人的养老服务需要。

2. 参与政府购买服务

政府购买社会组织养老服务是指政府部门通过公开招标、定向委托等形式，将原本由自身承担的养老服务转交由社会组织提供，并依据购买合同规定向社会组织支付服务费用的一种养老服务供给方式。2013年9月，国务院发布的《关于加快发展养老服务业的若干意见》（国发〔2013〕35号）中指出要深化体制改革，激发各类服务主体活力，创新服务供给方式，对此提出要制定政府向社会力量购买养老服务的政策措施。为贯彻落实政府购买服务的战略部署，2014年8月，财政部、民政部等四部门联合发布《关于做好政府购买养老服务工作的通知》（财社〔2014〕105号），明确了政府购买养老服务的工作目标、基本原则、具体要求和工作责任，从体制机制上切实保障了政府购买养老服务工作的顺利开展，也从制度上为社会组织参与竞购养老服务提供了合法性支持。2017年12月，民政部印发《关于大力培育发展社区社会组织的意见》（民发〔2017〕191号），明确指出将加大对社区社会组织的培育扶持力度，重点培育为老年人、妇女、儿童等特定群体服务的社区社会组织。经过这几年的快速发展，城市社区几乎实现了社会组织全覆盖。与此同时，社会组织因其专业性、分布广、公益性等优势，弥补了营利性养老服务机构和政府供给养老服务的不足，日益成为政府购买服务的选择对象。目前，政府购买社会组织养老服务主要集中在社区居家养老服务领域，如针

---

〔1〕 田晓航：《民办养老机构过半 我国养老服务体系内涵日益丰富》，载 https://www.rmzxw.com.cn/c/2019-11-19/2469079.shtml.

〔2〕 参见王辉：《新时代养老服务工作的新设计》，载《中国民政》2020年第1期。

对社区高龄、失能、独居老人的日常生活照顾、社区老年人文化娱乐等，而且，根据具体服务内容和要求，服务地点可以上门入户，也可以在社区内固定的场所。总体来看，社会组织提供的灵活性、多样性、便利性养老服务有效满足了社区老年人的养老服务需要。

3. 志愿服务

社会组织提供志愿养老服务是指社会组织自愿向老年人提供力所能及的无偿性、辅助性的养老服务。志愿为老服务的补缺性、灵活性、低成本性等特点，能够很好地与居家养老服务、机构养老服务相结合，及时满足老年人的临时性养老服务需要，是养老服务供给不可或缺的重要组成部分。2016年5月20日，中央全面深化改革领导小组第二十四次会议审议通过，后经中央宣传部等八部门联合印发的《关于支持和发展志愿服务组织的意见》中指出要创新志愿服务方式方法，积极推进党员志愿服务、青年志愿服务、老年志愿服务等有序开展。经过这几年的发展，社会组织参与志愿养老服务供给已初具规模，主要是为社区内的独居、空巢、高龄居家老人提供日常生活照顾和精神慰藉服务，对失能、半失能老人家庭照顾者提供喘息服务、减压支持服务等。而且，随着民众志愿服务理念和服务实践的推广，越来越多的社会爱心人士参与志愿为老服务，社会组织参与志愿为老服务的形式也发生了变化，除了依靠自身力量和资源提供养老服务以外，不仅动员和组织社会爱心人士、义工、社会志愿者等共同提供志愿为老服务，而且挖掘老年人群内部资源进行互助养老服务，例如在城市开展的"时间银行"服务，在农村开展的互助养老幸福院等。这些互助养老模式的兴起、发展和延续创新，社会组织的志愿为老服务理念和实践从中起了很大的作用，亦由此可见，社会组织参与志愿为老服务仍有很大的发展空间。

三、社会组织供给养老服务存在的问题

虽然社会组织已参与提供多样化的养老服务，有效满足了老年人的养老服务需要，但在制度和实践层面仍然面临不小的挑战。基于社会组织供给养老服务的主要方式，下面分别对其存在的问题进行分析。

（一）运营机构供给养老服务存在的问题

这里所讲的社会组织运营养老机构供给养老服务，是指专门提供养老服务的民办非营利养老机构。近年来，民办非营利养老机构助推我国养老事业

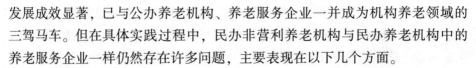

发展成效显著，已与公办养老机构、养老服务企业一并成为机构养老领域的三驾马车。但在具体实践过程中，民办非营利养老机构与民办养老机构中的养老服务企业一样仍然存在许多问题，主要表现在以下几个方面。

1. 经营资金来源不足

以社会组织身份运营的养老服务机构性质上属于非营利组织，具有鲜明的社会属性，即通过募集社会资源，面向所有老年人提供养老服务，并接受社会与政府相关部门的监督。社会组织经营的养老服务机构运营资金主要由政府补贴与优惠、社会捐赠和经营收入三部分组成，目前，这些主要资金来源均不同程度地存在供应不充分的问题。

首先，政府补贴与优惠难以落实。国务院办公厅转发民政部等部门《关于加快实现社会福利社会化意见》（国办发〔2000〕19号）中明确指出对于社会力量投资创办社会福利机构，各级政府及有关部门应给予政策上的扶持和优惠。此后，民政部、发展改革委、财政部等部委单独或联合出台的系列文件提出要对民办养老机构在建设用地、税费减免、用水用电等方面要给予扶持和优惠。然而，在政策具体落实过程中，地方政府设置了不少前置条件，民办养老机构需要通过卫生、消防、餐饮服务、年检、审计、入住率达标等要求后才能获得相应的支持。规范民办养老服务机构发展的初衷是正确的，但是现实情况是，民办非营利养老机构作为一个新事物还处在起步阶段，很难完全达到这些要求，自然难以获得政策优惠和资金扶持。

其次，获得的社会捐赠很少。一方面民办非营利养老机构采取市场化的方式运营，虽然不以营利为目的，但入住的老年人也要缴纳一定的服务费用，这让民众对民办非营利养老机构产生错觉，误以为民办非营利养老机构是私人兴办的养老服务企业而不会向其捐赠；另一方面社会捐赠并不是非营利组织收入的主要来源，即使在一些发达国家，社会捐赠在非营利组织收入中所占比例都很有限。[1]近年来，虽然我国社会捐赠总量在不断增加，但是社会捐赠的绝对数额仍然较少，而且由于捐赠激励机制、捐赠管理机制、捐赠回报机制不完善，加之居民收入普遍不高、捐赠意识不强等，尚未形成以个人或家庭捐赠为主体的捐赠格局，导致民办非营利养老机构很难获得普遍的、

〔1〕 参见［美］莱斯特·萨拉蒙、赫尔穆特·安海尔：《公民社会部门》，载何增科主编：《公民社会与第三部门》，社会科学文献出版社 2000 年版。

细水长流般的社会捐赠支持。下面的访谈节录反映了这样的情形。

> 蔺 ZP：这两年别说获得捐赠了，都是我们往外捐，尤其是疫情
> 期间，捐了不少防疫物资，都是个人捐款后买的，你看那有照片。就
> 是没有疫情，捐给我们的也很少，一是不敢要，听说不能随便接受捐
> 赠，即使有捐赠，也是个别单位捐一点，这种很少。偶尔逢年过节，
> 也有志愿者来，带点肉包点饺子啥的，这个不算捐吧，呵呵……

最后，自营性收入少。当前的现实情况是老年人依然偏爱家庭养老，对于大多数老年人而言，只有在生活不能自理且家人不能照顾时才考虑入住养老机构，然而当行动不便、出现认知障碍需要介护服务时，又难以承受高昂的入住费用，导致老年人陷入进退两难的养老窘境的同时，民办非营利养老机构的入住率过低，不但难以形成规模效应降低运营成本，而且很难赢利以维持机构持续运转。总之，社会组织经营养老机构面临很大的资金困境，而这又会影响机构改善服务环境和服务水平。

2. 专业照护服务人才缺乏

养老机构服务不是简单的日常生活照顾，服务内容包括但不限于出入院服务、生活养老服务、膳食服务、清洁卫生服务、洗涤服务、医疗护理服务、文化娱乐服务、精神支持服务等。为了规范和保证养老服务质量，2017 年 8月，民政部与国家标准委联合发布《养老服务标准体系建设指南》（民发〔2017〕145 号），要求加快建立全国统一的养老院服务质量标准和评价体系；同年 12 月，国家质量监督检验检疫总局、国家标准化管理委员会共同发布了《养老机构服务质量基本规范》（GB/T 35796-2017），对养老机构的基本服务项目、服务质量基本要求等内容做出了明确规定，这实际上就是对养老服务质量进行标准化管理。养老服务是由人提供的，服务内容越多、服务标准越高、服务管理越严，相应的服务费用也越高。然而，由于非营利养老机构运营资金不足，既难以负担养老护理人员较高的薪酬，也不愿意雇佣充足的养老护理人员。在薪酬低、人员少、任务重的条件下，雇佣年龄较大、文化水平较低、缺乏服务经验和技能的人员，同时支付其相对较低的薪酬成为民办非营利养老机构的用工策略。为了降低人力成本，民办非营利养老机构也很少投入精力和金钱组织受雇的养老服务人员进行护理技能和职业伦理方面的

培训。专业照护服务人才的缺乏，直接导致养老服务内容简单，难以达到老年人的服务预期，由此使养老机构陷入越是服务水平不高、入住率越低，经营性收入越少，越难以雇佣专业护理人员，服务水平越难以提高的不良处境之中。下面的访谈节录证实了这个情况。

> 赵 Y：现在工作人员不好找，伺候人的活不好干，年轻的都不愿干这个，都是 40、50 后的人，基本上培训一下就行。这个就是个细心耐心的活，要求再高了，给那些钱人家也不愿意干，基本上能看得过去，我们也不说啥。

3. 发展医养结合服务动力不足

随着年龄的增加，老年人的生理机能不断衰退，尤其是对于高龄、失能半失能老年人而言，由于家庭结构的小型化和家庭养老功能的日渐式微，对养老和医疗服务具有迫切需要，因此养老服务和医疗服务的有效结合成了老龄化社会养老服务发展的新趋势。2013 年 9 月，国务院发布的《关于加快发展养老服务业的若干意见》（国发〔2013〕35 号）中首次提出要积极推进医疗卫生与养老服务相结合，推动医养融合发展。之后，为了深入推进医养结合发展，鼓励社会力量积极建设医养相结合的养老服务体系，多部委联合出台了相关政策。2019 年 10 月，国家卫生健康委员会等 12 部委联合发布《关于深入推进医养结合发展的若干意见》（国卫老龄发〔2019〕60 号），提出要强化医疗卫生与养老服务衔接，推进医养结合机构"放管服"改革的同时，加大政府对非营利组织兴办医养服务机构的支持力度。2022 年 7 月，国家卫生健康委员会等 11 部委再次联合发布《关于进一步推进医养结合发展的指导意见》（国卫老龄发〔2022〕25 号），提出将进一步完善政策措施，着力解决医养结合在政策支持、服务能力、人才建设等方面的难点问题。在国家和地方政府的积极推动下，党的十八大以来，医养结合政策不断完善，实践领域也取得了积极进展。然而，尽管有越来越多的养老机构开始探索提供医养结合服务，但是总体来看，民办非营利养老机构发展医养结合服务方面的动力并不充足。究其原因，非营利养老机构面临两重困境。从服务供给角度看，一是民办非营利养老机构普遍存在运营资金不足的困境，因此难以再承担设置医疗机构所需的基础设施建设、医疗设备费用以及医护人员的工资等；二是医养结合服务政策在落实过程中推行缓慢，许多医养结合养老机构难以获得医保定点单位资质，这在一定程度上影响了医养结合养老机构的入住率，造成床位空置率高，加剧了机构自身运营的资金压力。从服务消费的角度看，医养结合养老服务机构的入住费用较高，许多老年人虽然有养老服务需要，但难以支付服务费用，这也造成医养结合养老服务机构资源闲置。由此可见，社会组织发展医养结合服务机构前景虽好，但是面临的现实困难也不少。

（二）参与政府购买养老服务存在的问题

政府购买社会组织养老服务的落脚点是要更加有效地满足老年人的养老服务需要，然而在具体实践过程中，无论是服务购买前，还是服务落实中，抑或是服务后的效果评估，都存在一些影响社会组织供给养老服务成效的问题。

1. 服务购买阶段，社会组织缺乏对服务对象准确的需求调研

对服务对象进行实地调研，准确评估其服务需要是社会服务的起点，这关系到后续服务方案的制定、实施以及服务效果。因此，参与政府购买养老服务的社会组织提交的服务项目方案应该明晰服务对象的养老需要，并确定相应的服务时间、服务内容、服务计划等。但现实情况是，许多竞购养老服务项目的社会组织并不清楚服务对象的养老服务需要，甚至连服务对象是谁、在哪个社区都不确定，完全根据经验和常识描绘服务对象，并主观臆断其养老服务需要。被访的社会组织负责人这样说：

> 温L：知道项目申报到提交申报书中间时间紧，匆忙准备申报，哪有时间去实地调查。再说，那个调查需要人、需要时间，这些都需要花费。……再说调查后的那些专业的需求分析，我们也不会做啊。

之所以出现这样的情况，与政府和社会组织之间的不对等互动有很大关系，一方面由于政府购买服务项目数量有限，而参与购买服务的社会组织数量很多，服务项目供不应求的局面自然让作为服务购买方的政府处于优势地位。理论上，政府购买什么样的养老服务、确立哪种类型的养老服务项目，应该由服务对象的意愿决定，但是由于多方面的原因，养老服务项目的具体实施范围、服务内容等更多的是由政府部门相关负责人决定，其间难免出现兼顾部门利益而忽略服务对象需要的情况，与此同时，处于购买弱势地位的

社会组织为了获得服务项目往往遵从政府的购买意愿和要求，而不是老年人的服务需要。另一方面由于服务项目供不应求带来的购买不确定性，让社会组织在前期投入方面犹豫顾虑，因为通过实地调研，做好服务对象需求评估是要投入资源的，如果没有成功购买服务项目，意味着前期的投入打水漂了，这对原本缺乏运营资金的社会组织而言是个不小的负担，这也使得社会组织很少在服务购买前下功夫进行实地调研以准确把握服务对象的养老需要。这样一来，政府购买社会组织养老服务从一开始便不能完全聚焦于老年人的养老服务需要，势必会影响后续的服务实施与服务效果。

2. 服务实施阶段，社会组织缺乏必要的社会支持

在政府购买社会组织服务实践中，社会组织获得了服务项目，并不意味着社会组织要独自实施完成服务项目。目前，政府购买社会组织养老服务集中在社区居家养老领域，服务对象主要是社区内的居家老人，因此，只有获得老年人所在社区及其家庭成员的支持，社会组织供给的养老服务才能顺利传输至老年人并取得实效。然而，社会组织常常不能及时获得这些支持，以下的访谈节录也证明了这一点。

> 蔺ZP：现在的项目（政府购买服务项目）也不好做，服务对象是社区内的老年人，需要社区配合、家庭成员支持会好很多。但是现在人感觉都忙得很，社区也忙，子女也忙，虽然是免费提供服务，联系的次数多了，人家也不乐意。这个我们也能理解，只能慢慢一点点地做。

社会组织缺乏必要的社会支持，原因有三：首先，社会组织与社区的需要不对称，由于服务购买阶段的需求评估没有做实做细，社会组织在社区提供的养老服务并不是社区内老年人急需或必需的服务，社区与社会组织缺乏合作的基础，因此社区对社会组织提供的服务不积极；其次，社区是社会治理的基本单元，是党和政府联系群众的桥梁纽带，既要负责为社区内的居民服务，又要落实上级布置的各项工作任务，所谓"上面千条线，下面一根针"，社区工作琐碎繁杂，加之时常有各种检查评比活动，社区工作人员不堪重负。这种情境下，对于社会组织为开展服务而提出的要求往往予以敷衍或不配合；最后，即使有了社区的支持，社会组织较为容易地接触到了符合项

目要求的老年人，服务开展依然面临不少困难，因为当前许多老年人处于独居或空巢状态，日常生活中子女并不陪伴在身边，这使得社会组织除了提供家庭保洁、生活养老服务以外，潜在风险较大的心理疏导、康复护理等服务不便开展。

3. 服务评估阶段，社会组织面临形式化的项目成效评估

为了保证服务项目取得成效，服务购买方通常会对服务项目的计划、实施过程及结果进行评估。评估方式通常采取过程评估和结果评估，前者主要是对服务过程的评估，后者主要是对服务结果、效果及影响的评估。不管是过程评估还是结果评估，采用科学的方法对服务项目的设计、策划、实施和效果等方面进行客观准确的测度、诊断和评价是至关重要的。然而，作为服务购买方的政府，既没有精力也没有经验亲自对社会组织开展的服务项目进行评估，于是聘请专家或委托第三方进行评估。事实上，由于专家或第三方也没有亲自参与项目的具体开展过程，并不知悉项目实际情况。这种情形下，为了在规定时间内完成项目评估任务，专家或第三方评估人员很少就项目有关的问题亲自搜集第一手资料，而是更多地依赖社会组织提供的现存资料（主要包括项目方案、实施过程记录、项目总结等）进行评估。如此一来，一些社会组织便开始投机，花费很多精力和时间制作评估材料，一则便于应付评估检查，二则以文本材料渲染服务、虚拟服务活动。结果本末倒置，实际供给的养老服务内容缩减，形式单一，无法实现政府购买养老服务的预期效果。

（三）志愿提供养老服务存在的问题

当前，我国社会组织参与提供养老服务的形式多样、内容丰富、范围广泛。从服务形式看，既有以机构法人身份独立提供的，也有以从旁协助者身份组织社会力量提供的；从服务内容看，既有侧重日常生活照顾的，也有侧重精神心理慰藉的；从服务范围看，既有针对机构内老年人的，也有针对机构外老年人的。尽管如此，社会组织供给的志愿为老服务仍然存在不少问题，主要表现在以下三个方面。

1. 志愿养老服务供给资金支持不足，缺乏稳定性

虽然社会组织直接提供或间接组织社会力量提供的志愿为老服务不以获得物质报酬为目的，但志愿服务的生成和传输是有成本的，需要稳定的、一定量的资金支撑才能持续进行。对于社会组织而言，其志愿服务所需的支撑

费用归根结底来自自身所得资金，理论上主要来源于政府购买服务、社会力量捐赠以及自身提供养老服务的营业性所得等。然而现实情况是：社会组织获得政府购买服务项目也具有偶然性或不连续性，并且项目资金使用可丁可卯，基本没有盈余。同时，社会力量捐赠份额小，提供服务的自创性收入不足。其结果是许多社会组织缺乏足够的运营资金，更遑论从中拿出一部分支持志愿为老服务，这是制约社会组织持续供给志愿养老服务的瓶颈。

2. 志愿养老服务内容形式化，服务水平不高

志愿服务的一个重要目的在于改善和提升服务对象的生活状况，具体就志愿养老服务而言，旨在有针对性地满足老年人日常生活照料、心理慰藉、情感支持等多元化的需要。然而目前国内社会组织供给的志愿养老服务更多表现在形式层面，并未能很好地对接老年人的养老服务需要，这使得志愿养老服务的实际效果并不理想。

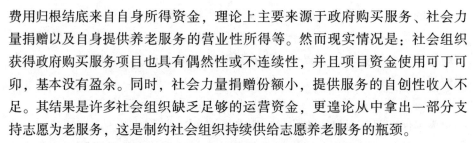

温 L：有志愿者能来就不错了，很多时候根本没有合适志愿者。我们机构还好一点，有大学生志愿者，主要是实习的，因为有大学的实习基地，一年中不间断的有大学生来实习，顺便可以做一些志愿服务……。对他们的培训什么的，基本上没有，想着他们是大学生，基本的东西应该都知道，呵呵。

从需求和供给角度讲，一方面老年人的养老服务需求量大，且呈现多样化、多层次性；另一方面在社会组织供给志愿养老服务的过程中，对具体参与人员缺乏必要的培训，不能保障志愿服务的成效。事实上，即使是志愿服务，也需要必要的培训，因为养老服务涉及的内容很多，仅靠服务人员的爱心和耐心还不够，还需要根据志愿为老服务的目标和任务，在服务认知、服务分工、服务组织、服务技能等方面进行必要的培训，才能有效回应老年人的服务诉求，进而提高志愿养老服务水平。当前，社会组织由于运营资金紧张，对参与志愿养老服务的相关人员无力组织有效的培训，致使志愿养老服务停留在形式化、简单化的层面，导致志愿养老服务很难达到较高的水平。

3. 志愿养老服务持续性不强

这里讲的志愿养老服务的持续性，是指志愿为老年人提供相对持久的养老服务。志愿养老服务不能仅凭一时的热情，倘若缺乏持续性，志愿养老服

务的效果便不能完全彰显出来。目前，社会组织大多在中秋节、重阳节、春节等日子开展与节庆相关的志愿养老服务，很少能根据老年人平时的实际生活需要提供服务，这种应景性的养老服务使得本意很好的志愿服务被一些人戏称为营销宣传、走过场的慰问活动。

> 赵Y：作为社会组织，我们也想平时多搞一些志愿服务活动，可是一是没有经费，二是缺乏人手。很多时候，在项目开展过程中需要联合社区一起做。平时社区（工作人员）顾不上，只能在一些传统节日时做，这是社区的传统，他们也愿意做。我们出点人，他们也出点钱支持一下，比如活动的条幅啊、水果啊、小礼品之类的，社区就提供了。

影响社会组织参与供给志愿养老服务的因素很多，从社会组织自身来看，主要有以下三方面的原因：一是缺乏对志愿服务者的有效激励。研究表明，志愿者的年龄、身份、动机、人格等都会影响其志愿服务的投入，因此对于志愿者的激励除了表示感谢或授予荣誉证书，还应该将工作细化，因人而异、因事而异地给予差异化的激励；二是对志愿服务者的权益保障缺乏支持，志愿养老服务的对象多为高龄、失能、独居、空巢等弱势老年人，在志愿服务的过程中出现风险的可能性较高，在目前缺乏专门的志愿服务法律制度的情况下，如若社会组织不能为其提供有力的支持，志愿服务存在的潜在风险会让志愿者望而却步；三是缺乏较为稳定的志愿养老服务队伍，由于没有有效的激励和有力的权益保障支持，加之社会组织对志愿者没有组织性的约束力，导致养老服务志愿者队伍很不稳定，人力资源方面难以支撑长期的、跟进性的志愿养老服务。

第三部分
理论诠释与研究发现

第八章

福利制度变迁中的养老服务供给诠释

本书从第四章开始，已经详细阐述了福利制度的变迁过程以及养老服务供给情况。本章的任务就是要对这个过程做出诠释。一方面整合新制度主义主要流派的特点和优势，构建福利制度变迁的理论解释框架对中华人民共和国成立以来的福利制度变迁情况，从政府策略、制度合法性以及制度环境三个方面进行分析；另一方面立足老年人的养老服务需要满足状况，探究福利制度的变迁次序。

第一节　福利制度变迁的新制度主义分析

制度安排从最初的凸显国家到倚重家庭再到趋向多元，其中推动福利制度变迁的力量是什么？它是如何推动福利制度变迁的？为什么福利制度结构会趋向多元？显然，如果对这些问题不作理论上的诠释，对于福利制度变迁过程的叙述难免浅尝辄止。为此，接下来将在新制度主义中寻找以上问题的简明答案。

一、为什么是新制度主义

之所以选择新制度主义来解释福利制度变迁，主要是基于现实诉求与新制度主义宗旨的契合性。

1. 制度结构分析的局限性

构成福利多元制度结构的各组成部分的地位是不一样的。青木昌彦在制度结构的比较分析中提出了元制度概念，用以指称"基本制度的一般形态"，其他制度都是由元制度派生出来的。[1]曹元坤将制度结构看成是由核心制度

---

〔1〕　〔日〕青木昌彦：《比较制度分析》，周黎安译，上海远东出版社2001年版，第34页。

和配套制度耦合而成的，其中核心制度是指在整体制度中，那些作用最为重要或引致其他制度发生变化的一项或一组制度；配套制度是指那些作用相对较弱或很大程度上受制于核心制度规控的制度。[1]核心制度和配套制度的划分是相对的，其地位的变化主要取决于各自在社会发展中的作用。除了制度结构的内在相关性，张旭昆还特别强调制度结构的层级性，认为制度总体上是一个层级系统，其中有一些最基本的制度，其他的制度则由这些基本制度衍生而来，可将其称之为派生制度。基本制度往往是一些比较抽象的原则，操作性不强。派生制度是对基本制度内涵的具体规定和实施措施，制度的操作性很强。基本制度和派生制度之间也不一定是一一对应的。[2]周冰重申了制度结构的相关性和层级性，认为任何制度结构是围绕一个或一组元制度而派生的制度结构树，链接这些元制度和派生制度的是制度链，他还将元制度称之为制度核心或基本制度，将派生制度称之为具体制度，并指出具体制度是为了适应元制度的需要而制定的。[3]上述对制度结构进行解构分析的启发在于，任何制度都不是孤立存在的，对制度的分析应该从宏观视角予以把握。当然，尽管制度结构中的元制度、制度核、基本制度等概念反映了制度变迁的顺序，但对于制度为什么会变迁，以及制度如何变迁之类的问题仍然缺乏比较明晰的解释。

2. 新制度主义的理论关切

新制度主义是在 20 世纪 60 年代以后开始流行起来的。当时的主流经济学是凯恩斯主义，它将资源的合理配置和利用作为分析对象，注重经济总量的宏观分析。对此，加尔布雷思认为，这种做法挤压了经济学的研究范围，有自我封闭的局限性，而应该对经济制度和结构进行分析。这里的制度包括社会的、文化的、心理的因素，经济结构也可以分为计划经济体系和市场经济体系。[4]在政治学研究方面，针对当时伊斯顿贬低国家作用的观点，[5]

〔1〕 参见曹元坤：《从制度结构看创设式制度变迁与移植式制度变迁》，载《江海学刊》1997 年第 1 期。

〔2〕 参见张旭昆：《制度系统的结构分析》，载《数量经济技术经济研究》2002 年第 6 期。

〔3〕 参见周冰：《论体制的制度结构》，载《经济纵横》2013 年第 2 期。

〔4〕 参见 ［美］约翰·肯尼斯·加尔布雷思：《经济学与公共目标》，于海生译，华夏出版社 2010 年版，第 3-22 页。

〔5〕 参见 ［美］戴维·伊斯顿：《政治生活的系统分析》，王浦劬等译，华夏出版社 1999 年版，第 557-580 页。

March 和 Olsen 指出，不能将国家仅仅视为社会环境的附属物，政治制度也不能仅仅被理解为根据预期结果的计算而做出的理性行为的产物，政治制度与社会环境之间存在复杂的关联，忽视对制度的分析是不可取的。[1]政治行动与社会背景之间的关系应该是双向的，政治能塑造社会，社会也能塑造政治，只有在多面的、制度的政治观念中，政治学才能真正理解研究主题的复杂性。[2]

新制度主义以制度作为分析对象，并将制度看成是一个不断演化的动态体系。它所擅长的结构分析法、历史分析法和社会文化分析法，将要分析的制度纳入到它的社会经济根源和文化之中，竭力探求制度有何构成、制度如何形成、制度奈何变迁等系列问题。这种理论关切与本书所要解释的福利制度变迁问题在主旨上高度一致，而且新制度主义所具有的规范因素，对"什么是好的制度？"的探究，将制度分析与人的发展、社会平等价值关联起来，这种价值判断也为福利制度满足人的需要分析提供了内在支持。

二、新制度主义关于福利制度变迁的理论解释模型

豪尔和泰勒区分了新制度主义的三个主要流派，即历史制度主义、理性选择制度主义和社会学制度主义，并指出了三种制度分析各自的优势和不足。[3]首先，在制度与行动关系方面，历史制度主义在解释制度如何影响行动时，既采用了"理性算计"途径，也采用了"文化途径"，这大大扩展了它的解释空间，但也是因为如此，历史制度主义没有建立起一套制度如何确切影响行动的机制。理性选择制度主义假定行动者的行动完全是其偏好最大化的结果，并且行动通过算计而具有高度的策略性。这样做虽然解释明了，但简化了人的动机，而且有可能形成误导。社会学制度主义反对理性选择制度主义将人的行动与制度看成是高度工具性的统一，认为制度环境会影响行动者对策略的选择。其次，在制度如何起源和变迁问题上，理性选择制度主

---

〔1〕　See March, J. G., Olsen J. P., "The New Institutionalism: Organizational Factors in Political Life", *The American Political Science Review*, Vol. 78, No. 3, 1984.

〔2〕　参见［美］B. 盖伊·彼得斯：《政治科学中的制度理论："新制度主义"》，王向民、段红伟译，上海人民出版社 2011 年版，第 17 页。

〔3〕　参见［美］彼得·豪尔、罗斯玛丽·泰勒：《政治科学与三个新制度主义》，何俊智译，载《经济社会体制比较》2003 年第 5 期。

义集中关注某些制度的执行所发挥的功能以及带来的好处，这是制度存续的关键。但是，这种解释也使理性选择制度主义对制度起源的解释不具有普遍性。社会学制度主义对这一问题的解释集中关注的是新制度如何从旧制度的限制中创设出来，显然，这种分析取向已经超出了理性的计算而走向了对制度无效率但有合法性的探究。历史制度主义也重视现存制度对制度创设和改革的模板作用，强调制度的路径依赖性，但是由于历史制度主义很大程度上采用的是归纳法，所以将证据上升为理论的过程相对比较缓慢。彼得斯将新制度主义理论细化为规范制度主义、理性选择制度主义、历史制度主义、经验制度主义、社会学制度主义、利益代表制度主义和国际制度主义等。[1]所谓规范制度主义就是把规范理解为制度如何发挥作用，如何决定或塑造个人行动，即将制度看成是个人行动的参照背景。理性选择制度主义与规范制度主义的理论旨趣大相径庭，认为行动并非由制度引导，反而将制度看成是由行动诱导构成的各种体系。历史制度主义假定最初的政策选择和制度化承诺决定着后来的政策走向，政策产生遵循"路径依赖"，除非有强大力量干涉而改变原有的惯性方向。经验制度主义认为政府机构自身的结构影响政策的演进方式和政府决策。国际制度主义实际上放大了制度解释的时空域，在国际层次的制度中解释国家行动。郭毅等将新制度主义从学科上分为经济学新制度主义、政治学新制度主义、社会学新制度主义以及组织社会学制度主义。[2]其中，经济学新制度主义研究影响经济交易制度的产生、维持与变革。政治学新制度主义又分为历史制度主义和理性选择主义两个流派：前者以国家、政治制度为中心来分析历史，致力于通过比较分析重大政治事件，从事件变迁的历时性中发掘出结构间的因果关系；后者认为制度是行动者在维护和促进自身利益的情况下建立起来的，因此它以行动者作为基本的分析单元，把制度作为主要的解释变量来解释和预测行动者行为及其导致的集体结果。社会学新制度主义对制度的定义非常广泛，不仅包括正式规则，还包括非正式规则，制度解释的重点是为什么组织会采取一套特定的制度形式、程序。组织社会学的制度主义研究的核心问题是组织的合法性和相似性机制。上述

---

〔1〕 参见［美］B. 盖伊·彼得斯：《政治科学中的制度理论："新制度主义"》，王向民、段红伟译，上海人民出版社2011年版，第1-25页。

〔2〕 参见郭毅等：《新制度主义：理论评述及其对组织研究的贡献》，载《社会》2007年第1期。

不同取经、不同流派、不同学科的制度研究共同构成了新制度主义的理论体系。当然，在其中，影响较大的是社会学制度主义、理性选择制度主义、历史制度主义，这也是学界公认的新制度主义的三大流派。[1]

比较新制度主义三大流派的理论旨趣，目的在于找到用以解释福利多元制度结构形成的理论解释框架。对于理性选择制度主义，它的分析起点是理性的个人。在制度与个人行动的关系问题上，理性选择制度主义认为，一方面制度构成了个人行动的"决策背景"，另一方面制度也是个人行动的产物。对于后面一点，马奇和奥尔森指出，把制度看作是微观行动的宏观结果是一种化约主义，"化约主义的基本要求是，较复杂系统的行为可以在较简单层面上分解成容易解释的基本行为"，这种做法是很空洞的。[2]社会学制度主义致力于回答的中心问题是：为什么各种组织越来越相似和为什么组织在做一些看似低效或无效的活动？对于这些问题，社会学制度主义的回答是，某一社会组织之所以采取没有效率的行动或走过场，是出于制度环境的合法性要求。[3]至于各种社会组织越来越相似，是由组织的趋同性决定的。[4]由此可见，社会学制度主义的理论兴趣在于阐述任何一个组织都必须适应环境才能生存，与此相应，任何个人行动都不是纯粹理性算计的结果，强调制度为行动的发生提供了认识模板，进而潜移默化地影响了个体行动的偏好。与理性选择制度主义强调行动的自主性相比，社会学制度主义倾向于把组织看成是外在制度环境的衍生物，将组织视作外在环境的情境产物，继而忽略了组织在制度变迁中的能动性。历史制度主义注重考察制度的历史，它以国家为中心来分析历史中的制度，强调制度运作和产生过程中权力的非对称性，[5]这实际上是把制度作为因变量，分析国家对制度变化的影响，[6]偏好于不同国

---

〔1〕　参见何俊志：《新制度主义政治学的流派划分与分析走向》，载《国外社会科学》2004年第2期。

〔2〕　参见［美］詹姆斯·G·马奇、［挪］约翰·P·奥尔森：《重新发现制度：政治的组织基础》，张伟译，生活·读书·新知三联书店2011年版，第4页。

〔3〕　参见［美］约翰·迈耶、布莱恩·罗恩：《制度化组织：作为神话和仪式的正式结构》，载张永宏主编：《组织社会学的新制度主义学派》，上海人民出版社2007年版。

〔4〕　参见［美］保罗·迪马久、沃尔特·鲍威尔：《铁的牢笼新探讨：组织领域的制度趋同性和集体理性》，载张永宏主编：《组织社会学的新制度主义学派》，上海人民出版社2007年版。

〔5〕　参见［美］彼得·豪尔、罗斯玛丽·泰勒：《政治科学与三个新制度主义》，何俊智译，载《经济社会体制比较》2003年第5期。

〔6〕　参见刘圣中：《历史制度主义：制度变迁的比较历史研究》，上海人民出版社2010年版，第8页。

家和地区之间的横向比较研究。

综上比较发现：理性选择制度主义承继经济学的传统，强调制度变迁中的权衡性；社会学制度主义倾向于论述制度无所不在的特质，突出制度变迁的合法性基础；历史制度主义则将政治学中权力与国家等核心概念放入历史的时间节点上诠释制度变迁。简而言之，理性选择制度主义的关键词是理性，社会学制度主义的关键词是合法性，历史制度主义的关键词是权力。

在我国，社会福利是长期依附于经济政策并服务于经济发展的。因此，经济转型必然会带来福利制度的变迁，并在一定程度上决定制度变迁的方向。从计划经济到社会主义市场经济，福利制度发生了一系列显著变迁。透过城市养老服务供给，可以清晰发现这样一些特点：一是无论福利制度是凸显国家，还是倚重家庭、趋向多元，政府自始至终都扮演了一个绝对支配者的角色，从上而下地介入福利制度构建；二是在构建福利多元制度的过程中，作为行动者的政府始终是在特定的时空情境中，寻找最大化的社会福利供给。对此，若将上述新制度主义的三个流派加以整合，便能找到一种解释福利制度变迁的理论框架（表8.1）。

表 8.1　福利制度变迁的制度主义解释框架

	理性选择 制度主义解释	历史 制度主义解释	社会学 制度主义解释
制度创设机制	制度是政府通过理性权衡创设出来的	制度是因为政府的支持而创设出来	制度是因为政府相信传统或道义上能接受被创设出来
制度变迁机制	日益增加的制度竞争性压力及适应性学习	政府权力弱化和社会群体的力量加强	国家意识形态的改变与合法性认同

理性选择制度主义贡献了行动者理性，表明制度的创设是行动者通过理性计算而推动的，日益增加的福利供给压力，在决定制度如何变迁的问题上，采取了适应性学习策略。历史制度主义贡献了行动者权力，表明制度变迁主要是由权力精英的主导。社会学制度主义贡献了合法性，表明制度变迁是因为政府对社会正义或民生福祉的追求而发起，国家意识形态的改变对制度变迁具有重要影响。与此同时，制度的合法性机制也不可忽视。因为这是一种

心照不宣的规则，必须建立在人们都能接受的基本理念规范之上。[1]当然，此处只抓取出几个关键概念，主要目的并不是要分析新制度主义三个主要流派的不足和优势，而是要对它们理论的核心概念和解释模式进行整合，这需要重新确立三个基本的分析原则。首先，制度是在历史中构建的，如果不以历史背景情境（包括国内和国际）作为制度构建的参照，就不能历史地看待制度的产生和发展过程。其次，为了解释福利制度变迁的原因和结果，在将政府作为福利制度的同时，还必须将其视作强制性组织，并特别注意它的意识形态和权力，意识形态表明政府的意志，权力显示政府的能力。最后，社会学制度主义对组织合法性的强调，提醒在分析过程中绝不能忽略制度的实际效果，因为这将导致人们对福利制度的支持态度。上述三点主张非常重要，它不仅萃取了新制度主义主要流派的关键概念，而且也是本书整体上诠释福利制度变迁的基础。下面将依次对这三点主张予以说明。

1. 囿于历史的理性构建

若从社会经济体制区分，中华人民共和国成立以来我国经历了计划经济体制和社会主义市场经济体制，而这构成了福利制度变迁的两大背景。中华人民共和国成立伊始，我国面临的形势十分严峻，虽然在军事上取得了胜利，但经济上面临着一个几乎崩溃的局面，政治上则被以美国为首的敌对势力所孤立。在这样的情势下，我国效仿苏联，走上了优先发展重工业的超常规发展道路。[2]由于重工业耗费资源较多，为了降低成本，政府实行了"高积累、低工资"政策。与此同时，为了体现社会主义制度的优越性，政府大包大揽了许多城镇职工的福利待遇，本书所论及的城市养老服务供给也在其中。

20世纪70年代末，西方主要发达国家在经历了黄金发展的30年后，出现了大规模的经济滞胀，在自由主义的指导下，美、英等国纷纷通过自由化、私有化来打破原来为保护社会而建立的福利国家制度。这正如波兰尼的"双重运动模型"所揭示的那样，这一时期的全球化正在从钟摆的一极向另一极回摆，这是一种不可阻挡的历史进程。也是在这个阶段，我国计划经济体制的内在弊端以及"文革"使整个经济处于缓慢发展甚至停滞状态，国民经济

---

〔1〕　参见［美］玛丽·道格拉斯：《制度如何思考》，张晨曲译，经济管理出版社2013年版，第1-10页。

〔2〕　参见胡鞍钢：《谈毛泽东赶超美国的强国之梦》，载《当代中国史研究》2011年第3期。

到了崩溃的边缘。于是政府开始推行改革开放，逐步引入并建立社会主义市场经济体制。在这一过程中，传统的政府角色开始发生转变。为了提高经济效益，政府在改革过程中逐渐把养老、医疗、住房、教育等保护社会的责任转嫁给家庭、市场和社会。一些持发展型国家理论的研究者指出，为了缩小与发达国家的距离，发展中国家往往依赖以政府担当经济发展主导力量的经济发展意识形态，并将经济增长作为整体社会发展的首要目标。[1]可见，对于福利责任，政府是担负还是卸责抑或是其他，目的都是为了服务国家经济建设。

福利制度变迁的新制度主义理论解释框架已经超越了纯粹的理性选择制度主义，而它又融合了社会学制度主义的分析视野。"组织制度学派的分析单位是场域"，它"是一个受时空条件限制的具体存在"。[2]为了把握福利制度结构的变迁，必须注意计划经济和市场经济这两大制度场域的情形。当然，可以合乎逻辑地做出判断，那就是政府会通盘考虑国内外的历史背景，因为它在进行理性的社会建设。这也揭示了一个重要的认识，即理性总是与特定的情境相关联，而不是先验和外在的，这就使得主体受利益驱动的假设不再空洞，也打通了理性选择制度主义与社会学制度主义、历史制度主义的隔膜。另外，强调政府在特定历史背景下的理性建构，实际上肯定了政府在福利制度构建中的自主性及其中心地位。

2. 政府的自主性与偏好

我国计划经济体制的建立和后来的市场化改革都是政府主导的，作为行动者的政府经常被认为拥有自主性，这几乎是学界的共识。所谓的政府自主性，其核心内涵是"能够确立并追求一些并非仅仅是反映社会集团、阶级或社团之需求或利益的目标"。[3]这预示着政府并不总是大公无私的。Evans 指出，政府的自主性是相对于市场而言的，根据政府嵌入市场的程度，他区分了政府的四种角色：看守者、创造者、助产者和管理者。[4]每一种角色，政

---

〔1〕 参见郁建兴、徐越倩：《从发展型政府到公共服务型政府——以浙江省为个案》，载《马克思主义与现实》2004 年第 5 期。

〔2〕 [美] 高柏：《经济意识形态与日本产业政策：1931–1965 年的发展主义》，安佳译，上海人民出版社 2008 年版，第 5 页。

〔3〕 [美] 西达·斯考克波：《找回国家——当前研究的战略分析》，载 [美] 彼得·埃文斯等编著：《找回国家》，方力维等译，生活·读书·新知三联书店 2009 年版，第 10 页。

〔4〕 See Evans, P. B., *Embedded Autonomy: States and Industrial Transformation*, Princeton University Press, 1995, pp. 77–81.

府的自主性程度是不一样的。看守人角色类似于古典自由主义的守夜人；创造者角色正相反，政府是强有力的经济参与者，有时甚至会排斥私人资本；作为助产者和管理者的政府主要是设法保护和帮助私人资本发展，结果是政府嵌入市场经济的同时，又有相对的政策自主性。政府扮演什么样的角色及其自主性如何发挥，与国家所处的发展阶段相关。总的来看，发展中国家的政府很少扮演看守者角色，因为政府在急于摆脱落后的心理驱使下，常常通过威权或直接控制经济部门，或转而扶持市场力量。如果分别考察我国计划经济和市场经济两大历史制度背景便会发现：改革开放前，政府几乎垄断了社会的全部重要资源，呈现出一种"总体性支配"方式；[1]市场化改革以后，政府采取"放水养鱼"的办法，逐渐放弃直接经营性行为，转而通过市场机制改变政府行为与经济社会诸领域的内在关系模式，总体性支配逐渐为技术化的治理所代替。[2]

考察政府的自主性，主要通过其意识形态和行动。在二者关系上，"意识形态通过影响政治话语来影响政策范式"。[3]中华人民共和国成立以来，我国福利意识形态格局从一元逐渐向多元转变，即由政府家长式逐渐向家庭、市场、社会等福利多元主体协同供给转变。与此相对应，政府不断调整或重构与家庭、市场以及社会组织等主体间的关系。

政府的自主性往往通过偏好显现出来。偏好一直是经济学揭示个体微观行为的一个基础概念，很少有人将其应用于分析集体政治行为，因为这里面有一个潜在的假设，即政治行为都是"大公无私"的。但是，同样一个人，在经济场域是追求个人利益最大化的个人，而在政治场域则却变成了大公无私的人，这该怎么理解呢？阿罗指出，在非独裁、非强加的情况下，不存在适用于所有人偏好的社会福利函数。[4]这暗示政府并不完全是"公共人"。另外，公共选择理论也认为，"经济人"假设同样适用于分析政治行为，政府官员同样也是追求效用最大化的，其理性的行为策略不过是实现自我利益的

〔1〕　参见孙立平等：《改革以来中国社会结构的变迁》，载《中国社会科学》1994年第2期。

〔2〕　参见渠敬东等：《从总体支配到技术治理——基于中国30年改革经验的社会学分析》，载《中国社会科学》2009年第6期。

〔3〕　[美]高柏：《经济意识形态与日本产业政策：1931-1965年的发展主义》，安佳译，上海人民出版社2008年版，第5页。

〔4〕　参见[美]肯尼斯·J.阿罗：《社会选择与个人价值》，丁建峰译，上海人民出版社2010年版，第1-5页。

同时与社会利益达成了某种和解。[1]阿罗不可能定理和公共选择理论共同表明，政府也有自己的偏好，即政府在实际政治过程中为了满足某种利益最大化的需要而表现出来的期望和喜好。政府的偏好不是固定不变的，利益和需要的变化导致政府追求的目标发生变化，偏好随之发生变化。因此，在分析福利制度变迁时，要充分考虑政府的自主性和偏好。

3. 制度的合法性机制与需要满足

合法性这一概念通常在政治学、社会学中用来反映政府或制度被民众认可的基础。韦伯认为，合法性必须建立在民众共同认可的或神秘或世俗的力量基础上，所以在他那里合法性的基础来源于传统、信仰或章程。[2]由于韦伯区分的政治统治合法性基础的类型（传统型、魅力型、法理型）客观上存在一种时序，即现代社会的统治合法性主要建立在法律和政治规则的权威基础之上，客观上造成人们在论及合法性时比较注重政治权力的有效性，而忽略了影响合法性的传统、权威和道德等。哈贝马斯指出，如果一种统治必须通过正面建立的规范秩序才可以说是合法的，那么这种合法性"仅仅依赖于国家根据系统的合理规则所建立起来的立法垄断和执法垄断，显然是不够的。"[3]所以，某一事物具有合法性，是因为它被判断或被相信符合某种规则并被认可和接受。

合法性不是制度的一种固定不变的特征，它可以获得也可能会丧失。斯科特强调，如果制度（组织）想要在它们的社会环境中生存与发展，它们必须得到社会的认可、接受和信任。[4]相比于理性选择制度主义对制度效率的强调，社会学制度主义特别重视制度的"广为接受"。迈耶和罗恩认为任何组织必须要适应高度组织化的制度环境，才会使组织更具有合法性、更成功，也更有可能生存，而这个制度环境就是人们普遍接受的法律制度、文化期待以

〔1〕 参见［美］詹姆斯·M. 布坎南、戈登·塔洛克：《同意的计算：立宪民主的逻辑基础》，陈光金译，中国社会科学出版社 2000 年版。

〔2〕 参见［德］马克斯·韦伯：《经济与社会》（上卷），林荣远译，商务印书馆 1997 年版，第66 页。

〔3〕 ［德］尤尔根·哈贝马斯：《合法化危机》，刘北成、曹卫东译，上海人民出版社 2000 年版，第128 页。

〔4〕 参见［美］W·理查德·斯科特：《制度与组织——思想观念与物质利益》，姚伟、王黎芳译，中国人民大学出版社 2010 年版，第 67 页。

及观念。[1]迪马久和鲍威尔进一步分析了制度环境对制度的影响，并指出了制度趋同变迁的三种机制：强制、模仿和社会规范。[2]可见制度环境要求组织采取某种行为或构建某种结构以适应社会期待，这是组织面临制度环境的一种内在的生存策略。周雪光将其称之为"合法性机制"，即那些诱使或迫使组织采纳具有合法性组织结构和行为的观念力量。[3]

合法性机制表明，制度变迁不仅要关注自上而下的权力规制，而且不能忽视民众对制度的认可和接受。迪马久和鲍威尔指出，推动制度建立和创新的能动者除了民族-国家、专业人员、各种协会、精英、边缘博弈者以外，还有普通参与者。[4]这些普通参与者对制度的认可一方面受其文化—认知性因素的影响，另一方面也受其需要满足程度的影响。而对于前者，外在的文化框架本身就是构造需要的环境，正是在特定的社会文化背景中，人的需要及其满足方式得以界定。这样，在分析福利制度变迁时，制度满足人的需要的状况一定程度上决定了人对制度的认可程度，而这种认可程度同时也构成制度变迁的制度环境。所以，归根结底，合法性机制实质映射的是福利制度供给养老服务满足老年人需要的状况。

至此已经比较完整地阐述了新制度主义理论对福利制度变迁的解释框架，即"权力——理性——合法性"框架。这个解释模式既充分考虑了新制度主义三个主要流派的核心分析概念，同时又满足制度的三大基础要素。其中：权力对应制度的规制性因素，关注制度如何变迁；理性对应制度的规范性因素，关注制度应该怎么变迁；合法性对应制度的文化—认知要素，关注制度变迁后的民众认可程度，进一步又作为新的制度环境影响制度变迁。有了这些必要的基础性分析，接下来将对我国多元福利制度结构的形成过程做出具体诠释。

---

〔1〕参见［美］约翰·迈耶、布莱恩·罗恩：《制度化的组织：作为神话和仪式的正式结构》，载张永宏主编：《组织社会学的新制度主义学派》，上海人民出版社2007年版，第19-20页。

〔2〕参见［美］保罗·迪马久、沃尔特·鲍威尔：《铁的牢笼新探讨：组织领域的制度趋同性和集体理性》，载张永宏主编：《组织社会学的新制度主义学派》，上海人民出版社2007年版，第28页。

〔3〕参见周雪光：《组织社会学十讲》，社会科学文献出版社2003年版，第75页。

〔4〕参见［美］保罗·迪马久、沃尔特·鲍威尔：《铁的牢笼新探讨：组织领域的制度趋同性和集体理性》，载张永宏主编：《组织社会学的新制度主义学派》，上海人民出版社2007年版，第24-38页。

三、新制度主义对福利制度变迁的诠释

1. 国家建设要求与政府策略

落后国家的现代化往往依靠政府强有力的推动，因为在这些国家中市场的力量通常很弱，依靠它不可能在短期内达到资源的有效配置。经过一个阶段以后，国家的经济实力增强并由此带来社会结构的变化，集权的政治经济体制便不能适应新的发展趋势，客观要求向分权的经济发展模式转变，这是落后国家经济发展的一般情形。通过对中华人民共和国成立以来的历史考察，可以发现排在优先地位的始终是经济发展。从福利制度变迁的起初轨迹来看，明显是由赶超西方发达国家的经济目标所驱动。计划经济时期，为了尽快摆脱贫穷落后的局面，我国效仿苏联模式，走上了优先发展重工业的发展道路。但在城镇职工福利待遇上则大包大揽。这样做的目的主要有两个：一是体现社会主义制度的优越性，二是提升企业职工的劳动忠诚和效率。计划经济体制的内在弊端以及"文革"，最终使整个经济社会在 1978 年前夕处在缓慢发展甚至停滞状态，国民经济到了崩溃的边缘。也适逢这个阶段，西方主要发达国家推行的自由化、私有化需要寻求新的资本投资市场。于是我国政府抓住机遇，实施改革开放政策，逐步建立了社会主义市场经济体制。在这一过程中，传统的政府福利角色开始发生转变，由原来的"提供者"转向"调节者"，逐渐把养老、医疗、住房、教育等保护社会的责任转嫁给家庭、市场和社会。就福利制度构建而言，一方面为了回应国内国际压力以及民众对国家经济地位提升的期待，形成了生产性福利制度的必要；另一方面因担忧福利国家制度的弊端，福利制度在变迁过程中，政府很少像过去那样大包大揽，而是逐步地向家庭、市场以及社会转移福利责任。由此可见，我国的福利多元制度构建，归根结底是政府积极推行国家建设的必要衍生物。

福利制度变迁还提出了一个问题，即政府到底是如何具体实施它的福利计划的呢？研究发现，在每一次福利制度变迁之前，政府都能够成功转移或解决福利制度面临的压力，而达成这个目标主要是通过意识形态引导和行政控制两种手段。首先，在福利制度变迁过程中，意识形态发挥了重要的先导作用，决定了合意的福利制度的变迁方向。城市养老服务供给从国家化到再家庭化再到市场化、多元化，意识形态方面的引导始终是第一位的，因为只有让民众在思想上认识和接受了新制度的理念，才能减少新制度产生的阻碍。

所以，以意识形态撬动制度变迁是符合制度变迁规律的。[1]姚洋更是视意识形态的演变为中国改革进程的核心。[2]其次，在意识形态渲染下，为保证福利制度变迁的时效性和有序性，政府往往通过行政手段予以干预。这是因为，在提供福利方面，政府、家庭、市场和社会组织之间并不一定具有完全一致的目标，每一种制度的思维逻辑是不一样的，甚至有时是冲突的。围绕养老服务供给不足的问题，政府通过权力规制，调和不同制度之间的利益和目标。例如，在引入市场养老服务时，政府对提供养老服务的企业给予了一系列的政策扶持，同时对其进行规范管理。后来引入社会组织时，也采取了类似的策略。总的来看，政府依靠意识形态和权力有能力掌控福利制度变迁的方向和进程。

通过前面第四、五、六、七章的内容了解到：一方面在福利多元制度结构形成的过程中，注重家庭支持的价值很少变化；另一方面，福利制度构建采取的是一种反应式的方式，适时做出调整。养老服务供给从国家大包大揽到家庭承担，再到引入市场和社会组织，多元福利制度的构建过程充分体现出以下特征：首先，福利多元制度的结构模型来源于政府多渠道的学习；其次，福利多元制度的发展并没有被传统观念所禁锢，制度构建最终还是超越了福利的家国范畴；最后，福利制度的发展是由问题驱动的，每一次制度上大的变迁都是回应发展过程中的人的需要，制度发展的基础从根本上是注重实效的。当然，福利制度的构建虽然输入了很多西方的观念，如福利市场化、多元化等，但这些观念并没有被简单地采纳，而是根据国家经济社会发展的情况和民众的文化—认知取向，在对外国的福利制度模式学习之后，根据国内情况做了适应性的调整。所以，与西方福利多元主义制度不同，我国的福利多元制度结构不是平铺形的，而是政府居于中心的"钻石形"结构，其中市场和社会组织的繁荣不是因为自身良好的公民社会基础，而是源自社会转型背景下的政府促动。

2. 制度合法性与倚重家庭

毫无疑问，两千多年的儒家思想以及与之相适应的家族、宗族传统所造就的强大家庭伦理一直是社会普遍共享的观念。无论是在"治家安邦"的上

---

〔1〕　参见刘少杰：《意识形态层次类型的生成及其变迁》，载《学术月刊》2011 年第 2 期。

〔2〕　参见姚洋：《意识形态演变和制度变迁：以中国国有企业改制为例》，载《江海学刊》2008年第 5 期。

层意识中还是在"家和万事兴"般的百姓情怀中，家庭都被要求保障老年人的晚年生活，向老年人提供养老服务体现出一种很强的"家庭主义"。罗红光认为，家庭福利是中国特色的福利文化的基本特征。[1]正是这种以家庭为基础的福利文化很大程度上决定了福利制度构建很难跳出具有长期连贯性的历史久远的家庭范畴。因此，在面对经济体制转型过程中的国有企业卸载福利担负问题时，政府反复强调家庭伦理与家庭养老的传统美德，这可以看作是政府在传统儒家文化的框架中寻找解决办法，这是政府的一种家庭主义偏好，也是政府在儒家文化意识形态中寻找最好的制度合法性根基的理性行为。

倚重家庭，显然这不是按照西方福利模式而做出的调整，体现的不是"家庭—国家"的混合福利观念，它是政府突出家庭伦理以后，对于市民社会的福利所承担的一种可能被称作"边缘无责任"的姿态。[2]在家庭伦理的支持下，城市养老服务供给责任就这样从国家转移到了家庭。前文提及，一些研究东亚福利体制的学者认为，家庭在福利提供中处在核心地位，这直接证实了城市养老服务供给的家庭化。

由家庭主要承担福利，成功抑制了人们对政府福利的需要和期待，有效地减轻了政府的福利供给压力，这样政府就可以腾出更多的精力来发展经济。类似这样的福利制度，有些学者将其称之为"生产性福利体制"，其特点是强调福利对于经济发展的贡献；[3]也有学者将其称之为"发展型福利体制"，强调经济发展优先于社会福利，将社会福利当作促进经济发展的工具；[4]还有些学者将其称之为"家户式福利体制"，即认为福利依赖家庭的提供。[5]不管是哪一种福利体制认识，有一点是可以间接印证的，那就是转型初期福利责任从企业推向社会时，实际上是主要推向了家庭。如果依据历史制度主

---

〔1〕 参见罗红光：《"家庭福利"文化与中国福利制度建设》，载《社会学研究》2013年第3期。

〔2〕 参见［美］罗格·古德曼、彭懿德：《东亚福利制度：巡走游学、适应性变革与国家建设》，载［丹麦］戈斯塔·埃斯平-安德森编：《转型中的福利国家：全球经济中的国家调整》，杨刚译，商务印书馆2010年版，第297页。

〔3〕 See Holliday, I., "Productivist Welfare Capitalism: Social Policy in East Asia", *Political Studies*, Vol. 48, No. 4, 2000.

〔4〕 参见李易骏、古允文：《另一个福利世界？——东亚发展型福利体制初探》，载《台湾社会学刊》2003年第31期。

〔5〕 See Croissant A., "Changing Welfare Regimes in East and Southeast Asia: Crisis, Change and Challenge", *Social Policy and Administration*, Vol. 38, No. 5, 2004.

义的"路径依赖"做一个大胆的预期，倚重家庭的福利制度会持续很长时间。

3. 制度环境与福利多元制度结构

福利多元制度结构的关注点是制度群，而不是单个制度。此处要解释的核心问题是福利制度结构的"同形变异"，即为什么我国的福利制度结构理论上属于福利多元主义制度范畴，但却又呈现出明显的"钻石形"？

根据韦伯式的理性组织模式，组织是一个为了完成某种任务而建立的技术体系。[1]按照这个逻辑推理，假定组织面临的任务不同，那么由技术体系所反映的组织形式就不一样。显然，理性组织模式不能解释组织结构的同形问题。迈耶和罗恩指出，制度必须遵守规范性要求才能符合广泛的社会价值观和获得生存所需的合法性与资源。[2]迪马久和鲍威尔在研究组织的趋同性时也指出了规范性同形对组织适应特定环境的重要性，这里的规范就是社会共享的观念和思维方式，它们实际上也是制度环境，它是人们普遍接受的法律制度、文化期待以及观念的复杂组合。[3]所以，制度结构表现出同形，主要是因为制度环境导致组织趋同所致，同形能提升组织的合法性，提高组织的生存概率。

结合城市养老服务供给情况分析，福利制度多元化的压力主要来自两个方面：一是家庭结构的小型化、女性就业率的提升与老龄化以及养老服务需要增加之间的矛盾；二是公民权利意识的觉醒与政府福利责任的边缘化之间的矛盾。而解决这两个矛盾的法律制度、文化期待以及观念的组合就构成了福利制度变迁的制度环境。

首先，当家庭照料出现普遍困境时，民众会期望政府出手。这是因为，我国历来有国家与家庭同构化、一体化的传统。国是千万家，有国才有家。如此一来，国家与家庭便构成了一种互惠式的对应关系。尽管传统文化的主流始终强调家庭要助力于国家发展，当家庭利益和国家利益发生冲突时，要舍家报国。但是当家庭真正处在困境边缘时，民众心中的对应逻辑是国家应该帮助家庭走出困境。这是福利供给家庭化出现困境之后，政府必须面对的

---

〔1〕　参见周雪光：《组织社会学十讲》，社会科学文献出版社2003年版，第70页。

〔2〕　参见［美］约翰·迈耶、布莱恩·罗恩：《制度化的组织：作为神话和仪式的正式结构》，载张永宏主编：《组织社会学的新制度主义学派》，上海人民出版社2007年版。

〔3〕　参见［美］保罗·迪马久、沃尔特·鲍威尔：《铁的牢笼新探讨：组织领域的制度趋同性和集体理性》，载张永宏主编：《组织社会学的新制度主义学派》，上海人民出版社2007年版。

问题。其次，自马歇尔公民权力理论以降，社会福利权成了福利国家理论中的一个核心规范理念，它要求政府对处在贫困及社会风险中的公民提供必要的福利服务。随着我国市场经济的深入推进和国家民主法治建设的不断完善，公民的社会权利意识日渐清晰，民众越来越自觉地扩展社会福利权。由于社会福利权很少依附于一定的条件，客观上要求政府提供更多的养老服务。第三，家庭养老困境需要政府解决，公民社会权利意识的觉醒也呼吁政府提供更多的养老服务。然而，只要留意西方福利国家的困境便会发现，单靠政府满足不了这些需要。21世纪伊始，当福利多元主义被引入后，很快成了我国社会福利制度结构改革的新思维。虽然制度创设的初衷不一样，但福利多元制度范式却可以解决政府福利供给不足、家庭养老乏力的问题。

制度环境先于制度而存在。当面对这些指向政府并需要政府予以满足的需要时，政府选择了构建福利多元制度结构，即在原有的"国家-家庭"结构中先后引入了市场组织和社会组织。这种制度结构上的多元化，反映了福利制度建构的现实制度环境。与此同时，虽然"组织迫不得已去吸收广为流行的组织运作的理性观念和社会的制度化所定义的做法和程序"，[1]但由政府主导构建的这个福利多元制度结构还是出现了同形变异，它不同于西方国家那种相对平面化、对话型、伙伴性的福利多元结构，而是一个政府居于中心的"钻石形"结构。这该怎么解释呢？

斯科特指出，"尽管在某一给定场域中的所有组织，都要受所处环境中制度过程的影响，但是不同的组织承受这种影响的方式是不同的，或者说应对这种影响的方式是不同的。"[2]首先，在由政府、家庭、市场组织和社会组织构成的福利多元制度结构中，不同组织的权力存在显著差异。毫无疑问，政府一元独大，所以政府决定这个制度结构的具体形态就有了充分的前提。其次，组织之间连接而形成的网络关系本身就是制度环境的重要来源，这种关系会因组织之间的交易频率、关系、性质以及地位而存在差异。在福利制度变迁过程中，市场组织、社会组织是先后"零敲碎打"式发展起来的，它们之间以及它们与家庭之间无论是先前还是当下缺乏紧密的接触，根本不可能

---

〔1〕 ［美］约翰·迈耶、布莱恩·罗恩：《制度化的组织：作为神话和仪式的正式结构》，载张永宏主编：《组织社会学的新制度主义学派》，上海人民出版社2007年版，第3页。

〔2〕 ［美］W·理查德·斯科特：《制度与组织——思想观念与物质利益》，姚伟、王黎芳译，中国人民大学出版社2010年版，第169页。

形成合力以反抗或否定制度变迁，而只能采取默认、遵守或妥协策略。最后，从文化-认知角度看，特定社会的结构决定了民众的认知取向。传统的中央集权使民众已经习惯了"由政府定夺"，这种认知容许政府在福利制度变迁过程中有相当大的自主性。

基于上述分析，政府面临养老服务供给压力时，接受了社会福利的制度化理念，但在具体的制度构建策略上，仍然是非常务实的。对于这一点，可以从整个福利制度的构建过程中反映出来。但总的来看，政府主导的"钻石形"福利制度结构还是通过传统与现代的融合合法化了。因为"这样做，组织就可以提高合法性和生存的可能性，而不管习得的做法和程序的直接效果如何"。[1]即使这样，制度仍然存在危机。建立福利制度的初衷是满足人的需要，而不能仅是一个具有合法性的架构。新制度主义提出，组织面对两种不同的环境，即技术环境和制度环境。这两种环境对组织的要求是不一样的，技术环境（即按最大化原则组织生产）要求组织有效率，制度环境要求组织有合法性。[2]只有组织满足这两个条件，制度才可能真正满足人的需要。因此，福利多元制度结构必须提供充足的养老服务，才能在老龄化形势日渐加剧的情形下满足老年人的养老需要。

第二节　从养老服务需要满足审视福利制度变迁

一、福利制度作为分析需要满足的逻辑起点

考察福利制度对人的需要的满足，实际上是对制度进行功能分析。Bradshaw 认为，福利制度的历史实际上就是组织社会去满足人的需要的制度安排。[3]家庭及其亲属关系是一种最基本的福利制度，它贯穿于人的一生。基于情感，家庭在扶老携幼的过程中能够及时、便捷地提供经济支持与各种服务。工作单位为成年人提供薪水和与工作相关的各种附加福利，包括实物形

〔1〕　［美］约翰·迈耶、布莱恩·罗恩：《制度化的组织：作为神话和仪式的正式结构》，载张永宏主编：《组织社会学的新制度主义学派》，上海人民出版社 2007 年版，第 3 页。

〔2〕　参见周雪光：《组织社会学十讲》，社会科学文献出版社 2003 年版，第 72 页。

〔3〕　See Bradshaw, J., "A Taxonomy of Social Need", in McLachlan, G. (ed.), *Problems and Progress in Medical Care*, Oxford University Press, 1972, pp. 69–82.

态的和服务形态的。对绝大部分人来说，工作收入是最重要的经济来源，而附加福利中的学习培训则为后续职业发展提供了机遇。市场制度在满足人的需要方面也发挥了巨大作用，市场生产、分配实物资源与服务，通过交换，人们各取所需，各得其所。与市场的营利性组织相比，那些非营利性的各类社会组织也在提供多种福利，而且随着公民社会的发展，它们自身在数量、规模以及提供服务的质和量方面也在持续提升。作为最有权力的政府，从起初的困难救助到提供基本的生活、健康、教育、住房等物质保障和服务的过程中，福利责任越来越清晰、服务供给越来越制度化、覆盖范围越来越普及化。另外，在上述制度之外，宗教组织在福利、服务提供中也发挥了不可忽视的作用。

从福利制度与人的需要的关系来看，福利制度或直接或间接地在满足人的需要。透过福利制度可以发现人的需要的具体内容，因为归根结底人的需要是由满足物来确定的。而且，通过福利制度的变迁轨迹，还能发现人的需要满足的优先次序。[1]因此，需要满足是分析福利制度变迁的应有之义，在对福利制度变迁分析之后，还应该对福利制度变迁之后，人的需要满足状况进行分析，以逆向佐证福利制度变迁的逻辑。

二、养老服务需要内容与满足次序

城市老年人养老服务需要在内容上包括日常照护和精神慰藉两个方面。按照需要满足的制度逻辑，福利制度变迁中的养老服务需要满足应从以下两方面分析。

1. 日常照护需要的满足

日常照护需要满足考察城市老年人在衣食住行方面得到的生活服务，特别是在生活自理能力下降或丧失、生病卧床时的起居照料和康复护理服务。家庭一直是老年人日常照护服务的绝对提供者，即使在计划经济时期，家庭也是日常照护服务的重要提供者。在市场化改革的过程中，由于家庭照料能力的下降以及老年人口高龄化、丧偶率的提高，城市老年人日常照护服务需要的满足开始在国家的引导下向市场化、社会化方向拓展，即依靠市场营利

---

〔1〕 参见刘继同：《人类需要理论与社会福利制度运行机制研究》，载《中共福建省委党校学报》2004 年第 8 期。

性组织和非营利性社会组织提供的服务补充家庭照护。但是，通过对多元福利制度提供养老服务效果的横向和纵向考察发现：无论是与子女同住还是分居，家庭依然是城市老年人日常照护服务需要满足最主要的服务提供者；尽管市场也在提供照料服务，但对市场的刻板印象以及经济收入的局限，市场在城市老年人日常照护方面发挥的作用依然很小；作为近年来兴起的社会组织购买为老服务，在实地访谈中也没有显现出明显的作用。这些说明，虽然福利制度构成多元化了，但日常照护服务需要的满足却依旧依赖家庭，且日常照护也依然是以亲情伦理为中心的。

2. 精神慰藉需要的满足

精神慰藉需要的满足是要透视城市老年人得到的缓解精神孤寂、情感交流、文化娱乐、社会肯定等方面的服务。精神慰藉需要主要通过两种制度满足：一是从家庭提供的养老服务中满足，因为家庭日常照护本身携带精神慰藉，基于亲情的家庭成员间交往、照护能够为城市老年人在精神和心理上提供有效的安慰；二是通过社会提供的养老服务满足，主要是各类社会组织开展为老服务的过程中，向城市老年人提供情感交流、文化娱乐等。家庭与社会组织相比，家庭在满足精神慰藉需要方面的角色一直没有中断过，而社会组织满足城市老年人精神慰藉需要却是最近几年伴随政府购买为老服务的过程中开始兴起的。尽管在这之前也有各类非正式组织提供精神慰藉服务，但大部分是那些低龄且有较强自理能力的老年人主动寻求的，这意味着那些高龄、身体不便、病患老年人的精神慰藉需要更多的依赖家庭。

在马斯洛那里，人的基本需要从低到高依次分为生理需要、安全需要、归属和爱的需要、自尊需要、自我实现需要。[1]通常情况下，低层次的需要满足之后会转向高层次需要。尽管 Alderfer 修正了马斯洛的需要层次理论，但本质上并没有否定需要满足的层次性。[2]但是通过城市老年人养老服务需要满足中的家庭角色，却发现很难在满足日常照护和精神慰藉需要之间区分出来先后次序，这些需要的满足物往往是由家庭同时提供的。人的需要总是在满足物那里得到确立，这意味着老年人的日常照护和精神慰藉需要是同时具

---

〔1〕　参见［美］A. H. 马斯洛：《动机与人格》，许金声、程朝翔译，华夏出版社1987年版。

〔2〕　See Alderfer, C. P., "An Empirical Test of a New Theory of Human Needs", *Organizational Behavior and Human Performance*, Vol. 4, No. 2, 1969.

备的，而不是先后产生的。这说明如果仅从动机的角度将人视作是受需要满足欲望驱使的动物，是有很大局限性的。不管在任何时候，人都是一个完整的人，而不是一个逐渐发展成的全人。作为全人的城市老年人，福利制度应该通力合作，同时满足他们的养老服务需要，而不能只依靠家庭。

第九章

结论、政策建议与讨论

本章将对前面几章的研究内容进行总结，并对与研究主题相关联的问题作进一步的讨论，在此基础上，在福利制度层面提出改善城市养老服务供给效果的政策建议。

第一节　研究结论

本书的两个基本问题是：福利制度是如何变迁的？变迁中的福利制度如何提供养老服务？结合分析框架所对应的研究内容，对这两个问题的概括性回答如下所述。

一、从一元到多元的福利制度变迁过程

中华人民共和国成立以来，供给养老服务的福利制度在政府的主导下经历了国家化、家庭化和多元化三个阶段的变迁

（一）养老服务供给的国家化

1949 年新民主主义革命胜利，中国共产党按照马克思列宁主义理论建立了无产阶级专政的社会主义国家。在这之前，斯大林领导的苏联在经历了重工业化、农业集体化之后，经济取得了巨大成就，并形成了所谓的"苏联模式"。鉴于意识形态的同源性和发展形势的相似性，加之当时缺乏社会主义建设经验，为了尽快发展国民经济，党和国家领导人全面向苏联学习，苏联模式几乎被原封不动地复制。尽管在苏共二十大之后，党和国家领导人对苏联模式的认识有些许迟疑，但最终在苏联模式的影响下建立起了高度集权的指令性计划经济体制。在具体实施过程中，为了满足工业资本原始积累的需要，政府利用高度集中的行政权力，将劳动产出中的绝大部分投入到生产领域。

作为配套性措施，一方面通过宣传节俭美德抑制工人的消费欲望，另一方面为了提高工人的生产积极性，国家为工人提供了免费的社会保险以及基本的食品、住房、医疗、教育、休假等福利服务。

在城市老年人照料问题上，国家建立了劳动保险制度，企业职工及其供养的直系家属在生老病死方面均能获得规定的福利待遇。与此同时，企业还配套建设了单位福利服务体系，向职工及其直系家属提供低费或免费的福利服务，内容主要包括基本的衣、食、住、行等方面的便民利民服务。对于那些处在单位体制以外的人、遭遇困难的职工以及退休金微薄的老年人，政府通过民政系统向其提供福利。所以在整个计划经济时期，国家几乎大包大揽了城市的大部分福利供给。出于国家建设的需要，在重积累、轻消费的生产分配体制下，城市家庭的经济能力相当有限。对于老年人，较弱的家庭经济状况，既抑制了他们的养老服务需要，也限制了家庭向他们提供养老服务的水平。

总的来看，在计划经济时期，政府的工作重点致力于社会经济建设，为了实现这一目标，建立了城镇职工劳动保险制度和单位配套福利服务体系，企业职工及其供养的老年人的福利开支大部分由政府承担。在这一过程中，政府对社会福利拥有控制权，福利制度的变迁往往体现出很强的顶层设计特征。尽管这样做增强了政府对国家经济和社会目标的操控能力，但是，面对企业效率困境以及人的需要满足的压力时，凸显国家福利责任的福利制度最终影响了政府为社会提供长期福利的意愿和能力。因此，市场化改革伊始，企业在追求经济效率的同时，势必要轻装上阵，这是"企业办社会"模式在市场力量面前的必然变化趋势。

（二）倚重家庭的养老服务供给

尽管计划经济体制在中华人民共和国成立以后的一二十年里给社会带来了稳定和发展，但其间存在的体制性问题也不少，尤其是到了 20 世纪 70 年代，整个国家陷入了经济、政治、道德、社会等多维结构性危机。毛泽东逝世以后，以邓小平为新一代领导核心的中国共产党很快拉开了市场化改革的序幕。1978 年党的十一届三中全会召开以后，政府启动了针对国营企业的一系列市场化改革，并由此带来了我国福利制度的重大变迁。在整个市场化改革过程中，国有企业逐渐脱离国家的直接管理，成为具有相对独立自主经营管理权的主体，国家不再对国有企业进行亏损补贴，也不再承担国有企业职工的养老、医疗保险费用，而改由企业和职工共同承担。与此同时，建立在单位社区基础上的各种生活服务机构，如医院、学校、浴室、文体活动场所等也在新的城镇住房制度冲击下逐渐消失殆尽。如此一来，企业先前承担的社会福利责任悄然转嫁给社会了。然而，在刚刚经历了一个较长的、高度集权的计划经济体制以后，政府的力量异常强大，社会的力量相当薄弱，在这种情况下，国有企业向社会卸载的福利责任实际上只能由家庭承担。

家庭之所以能够承担城市老年人养老责任，主要有两个原因：一是在市场化改革的最初十多年里，伴随个体、私营经济的迅速发展，城市家庭的经济能力有所提升，客观上具备了供养老年人的能力；二是我国自古以来有家庭养老的传统，孝道一直是人们日常生活的道德规范。为配合国有企业改革，政府实施了一系列自上而下的道德宣传，城市老年人养老实际上出现了"再家庭化"。透过访谈发现，家庭的确不同程度地满足了老年人的养老需要。但在"再家庭化"的过程中，一方面，家庭功能得以恢复，人们开始回归家庭；另一方面，家庭在不知不觉中承担了全方位的老年人照料责任，负担重重。也正因如此，政府在城市养老服务供给中的作用被家庭照料所遮蔽，更为深远的影响还在于，老年人养老的家庭化使社会对福利提供的多元化缺乏想象，对市场组织以及非营利性组织的福利功能未能给予应有的重视，而这些认识对福利制度结构变迁及其福利提供是至关重要的。

（三）趋向多元化的养老服务供给

21世纪以来，城市老年人家庭养老困境陡增，究其原因，主要集中在以下三个方面：一是如期而至的老龄化及其高龄化不断增加养老服务需要；二是城市家庭结构的持续小型化；三是城市女性就业率的提升。面对如此情形，西方的福利多元主义制度范式被引入理论和实践领域。这种范式强调福利责任共担，即社会福利应该由国家、家庭、市场、志愿部门等共同提供。

单纯就社会福利提供而言，福利多元主义与社会福利的社会化并没有多少实质性差异。然而，我国的社会福利社会化与西方不同。西方社会福利社会化的背景是福利国家危机，目的是解决政府福利负担过重的问题；而在我国，社会福利社会化则是"国家-家庭"福利制度结构模式陷入窘境的背景下提出来的。从福利制度满足人的需要的结果来看，任何单一的福利制度都不可能满足民众日益增长的社会需要，而必须将市场、志愿部门等纳入进来，形成多元化的福利供给制度体系。在我国城市养老服务供给问题上，政府先后在福利制度变迁中引入了市场组织、社会组织，形成了福利多元制度结构，意在让市场组织、社会组织参与提供养老服务，以切实减轻家庭养老的压力。

然而，实践很快证明，基于不同制度属性的分殊及其功能差异而构建的福利多元制度结构，在提供城市养老服务时陷入了有名无实的困境。虽然政府扩展了"国家–家庭"制度结构而将市场组织和社会组织纳入进来了，但对制度的运行环境缺乏关注，结果是将制度构建与制度效果人为地分开了。例如，经过政府精心构建出来的市场组织，在老年人养老服务需要满足方面仅仅充当了家庭别无他选的"剩余者"角色。此外，政府在每一次福利制度变迁时非常看重其预想效果，而没有将制度效果的发挥与实际制度运行环境联系起来，如此一来，制度缺陷或制度环境的不成熟等局限就被回避了，这就不难理解为什么市场组织或社会组织对城市低收入老年人养老服务需要满足贡献不明显。

二、社会福利制度结构的变迁逻辑

通过梳理发现，以政府为制度核心的"钻石形"福利多元制度结构很大程度上是由政府主导所形成的。虽然每一次制度变迁并不完全是由法令开路，但党和国家重要领导人以及负责老龄事业领导的讲话、报告同样不容忽视。在这个意义上，可将福利制度变迁方式视作变相的强制性制度变迁，即福利制度变迁很大程度上是由政府自上而下发起的。

政府是如何导演福利制度变迁的呢？在充分考虑新制度主义三个流派的核心分析概念以及制度的三大基础要素之后，本书提出了整合新制度主义的"理性–权力–合法性"理论解释框架。在这个框架中，理性对应制度的规范性因素，关注制度应该怎么变迁；权力对应制度的规制性因素，关注制度如何变迁；合法性对应制度的文化–认知要素，关注制度变迁后的民众认可程度。首先，在福利制度应该怎么构建问题上，有一个基本的主线，那就是福利制度要服务于国家经济建设。为了实现这一目的，在每一次福利制度变迁过程中，政府的意识形态发挥了重要的先导作用，决定了合意福利制度的构建方向。林毅夫指出，"意识形态是减少提供其他制度安排的服务费用的最重要的制度安排。"[1]所以，只有让民众在思想上认识和接受了新制度的理念，

---

〔1〕 林毅夫：《关于制度变迁的经济学理论：诱致性变迁与强制性变迁》，载〔美〕R. 科斯等：《财产权利与制度变迁——产权学派与新制度学派译文集》，刘守英等译，上海人民出版社1994年版，第379页。

才能减少新制度实施的阻碍。其次，在福利多元制度如何构建的问题上，政府的自主性与偏好具有决定性作用。和其他制度相比，政府是合法使用强制性手段的垄断者，它能决定什么样的制度能够存在。在经济社会发展的每一阶段，针对经济发展的总体目标和社会稳定问题，政府便以权力为杠杆，依据其自主性与偏好，决定制度出场的顺序并规制它们的发展方向。例如，在引入市场组织提供养老服务时，政府对参与提供老年服务的企业给予一系列的政策扶持，同时对其进行规范管理。后来引入社会组织时，也采取了类似的策略。最后，在"钻石形"福利制度的认可问题上，政府始终有意识地构建制度的合法性机制。合法性机制是指那些诱使或迫使组织采纳具有合法性组织结构和行为的观念力量。[1]据此，可将每一次福利制度变迁初期的一系列自上而下的意识形态宣传视为制度的合法性机制，它的作用在于将政府的意志与个人对其所领会的关于老年人养老的道德和伦理判断纠缠在一起，试图发展出一套新的、能更好地支持制度变迁的心理环境。可见，在以政府、家庭、市场组织、社会组织构成的"钻石形"福利制度结构中，政府作为一个合法使用强制力的垄断者，它可以不断扩展它的影响范围。由于政治制度的历史传统，政府在决定福利制度结构时，往往通过国家领导层的意志发起，而那些与经济增长相联系的、更为有效的制度渴求并没有走在制度变迁的最前列。

三、养老服务供给的家庭化

对社会福利制度供给养老服务的历史考察发现，养老服务供给具有明显的家庭化特征。

历时性制度变迁中的养老服务需要是一个动态发展的过程。在整个计划经济时期，国家的发展策略是重积累、轻消费，与之配套的粮食定量供应制度和低工资制度，主要是确保城镇居民获得基本的生活保障。对于当时的城市老年人而言，政府主要通过劳动保险，辅之以民政福利满足他们的经济供养需要，剩余不足部分则由家庭补齐。除此之外，家庭还提供力所能及的老年人日常照护和精神慰藉服务。改革开放以后，随着国民经济和家庭收入水平的提高，老年人的养老服务开始趋向由多元福利制度共同供给。

---

〔1〕　参见周雪光：《组织社会学十讲》，社会科学文献出版社 2003 年版，第 75 页。

福利制度影响城市老年人养老服务需要的满足程度，与此同时，城市老年人养老服务需要的变化，也会反向影响福利制度实践模式的变化，并使其表现出三个阶段性特征。第一，中华人民共和国成立以后，由于国家建设任务和强调社会主义制度的优越性需要，这个时期的城市福利制度实践强调国家提供，来自国有企业、集体企业的单位福利，以及民政部门提供的民政福利成为这一时期社会福利的主要内容。但是，这个时期的社会福利主要是满足老年人的经济供养需要，而且这一时期的福利供给往往要依靠职业身份或子女的职业身份。第二，改革开放初期，为了让国有企业轻装上阵参与市场竞争，企业先前大包大揽的社会福利逐渐推向社会。而在社会一极，伴随个体、私营经济的迅速发展，家庭一度被压缩的福利功能开始增强。由于这一时期，国家十分强调家庭福利的重要地位和作用，城市老年人养老服务供给体现出明显的"再家庭化"特征，家庭不仅承担了老年人的经济供养责任，而且继续满足老年人日常照护、精神慰藉需要。第三，21世纪伊始，随着老龄化程度的不断加剧，老年人的养老服务需要开始凸显，与此同时，城市家庭结构的小型化以及城市女性就业率的提升使得家庭在满足城市老年人养老服务需要方面捉襟见肘。也是在这个时候，由市场经济发展所助推的公民权利意识对保障民众福利权利的呼声日渐强烈，这要求政府必须对"国家-家庭"福利制度结构进行大规模、深层次的变革，而基本的改革路径就是福利多元主义制度范式，于是政府先后引入市场组织和社会组织参与养老服务供给。然而从访谈结果来看，老年人养老服务仍然主要依靠家庭成员提供。具体而言：在日常照护方面，家庭几乎承担了全部的照护责任，国家、市场、社会组织提供的日常照护服务仍然不足；在精神慰藉方面，社会组织尚未成为家庭的有力补充者，家庭依旧是提供精神慰藉服务的最重要力量。由此可见，在城市老年人养老服务供给问题上，家庭的负担很重，多元福利制度尚未形成真正的合力，养老服务供给任重而道远。

第二节　政策建议

基于对社会福利制度如何变迁以及变迁后的养老服务供给状况分析，本书重点在以下四个方面提出具体建议。

一、福利多元制度的构建原则

从福利多元主义制度范式的发展来看，国家不是社会福利责任的唯一担负主体，福利制度的多元化转型是必然的。从制度与人的需要满足关系出发，在构建福利多元制度结构时必须考虑人的需要如何被满足。

第一，福利多元制度构建的出发点是满足人的需要，这是由社会福利制度的本质属性所决定。回眸历史，无论是计划经济时期的赶超经济发展战略，还是市场化改革初期的"新发展主义"，社会福利的地位始终从属于经济发展，并作为稳定社会的副产品出现。尽管在此期间，福利制度及其结构发生了显著变化，但其首要任务始终是为经济改革、社会转型"保驾护航"，其次才是回应人的需要。本书认为，福利制度构建应该回到它的原点，将福利看成是促进人的全面、自由发展的一种社会投资。倘若如此，这意味着要改变社会福利的经济依附性，意味着养老服务供给要未雨绸缪，即根据老年人养老服务需要的变化和特性，提前进行制度层面的设计。

第二，多元福利制度结构的构建进程，应该根据老年人养老服务需要的多样性而确定。在一定意义上，单一制度的功能是确定的，但是福利制度安排如果能做到合理性和科学性，福利多元制度结构就会产生比单一制度安排大得多的优势，进而更有效地回应人的需要，所以如何科学地规划好制度安排的次序就显得尤为重要。从人本主义的角度看，福利制度构建归根结底要满足人的需要的多样性。立足于这一点，新福利经济学的"序数效用论"为福利制度安排次序提供了有益的启发。序数效用论认为，物品或服务的效用作为一种心理现象虽然无法计量和计算，但是却可以通过对物品或服务的顺序或等级比较来确定其效用的大小。[1]依照此理，在福利多元制度的构建次序方面，应该根据人对需要满足的偏好和评价，来确定福利制度的构建进程。

第三，多元福利制度间的关系应该是互补的。在先前的福利多元主义理论讨论中，Evers、Johnson 等已经论及了每一种福利提供主体奉行的价值和福利提供能力。这些研究启示，城市老年人养老服务需要的满足应该根据多元福利制度的特点进行适恰性配对，也就是根据福利制度分工确定对应的养老

---

[1] See Kaldor, N., "Welfare Propositions of Economics and Interpersonal Comparisons of Utility", *The Economic Journal*, Vol. 49, No. 195, 1939.

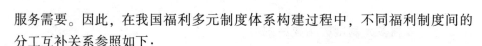
服务需要。因此，在我国福利多元制度体系构建过程中，不同福利制度间的分工互补关系参照如下：

（1）政府主要提供保障性福利，要求政府完善养老保险、医疗保险以及经济困难老年人的生活补贴，着力满足老年人的经济供养需要。

（2）市场组织主要提供非免费的服务。针对城市老年人的养老服务需要，市场组织应该主要提供日常照护，尤其是长期病患者的康复与健康呵护服务。在这方面，政府要在引导市场组织参与城市老年人养老服务供给的同时，引入竞争机制，降低服务成本，提高服务质量。与此同时，要认可市场以一种营利性的方式来供给老年人养老服务。

（3）家庭提供全方位的福利，但并不表明由家庭包揽。经济供养方面，在政府提供保障性福利的同时，家庭要作为必要的补充者，要适时满足老年人的其他日常性开支；在日常照护和精神慰藉需要满足方面，家庭成员在条件允许的情况下，应尽可能发挥亲情作用。

（4）社会组织主要提供各种为老服务，满足老年人的日常养老服务需要和精神慰藉需要。在机构养老之外，社会组织要扮演好居家养老的伙伴者角色，具体要求社会组织要尽可能发挥自身的灵活性和广覆盖性，积极提供各种为老服务，重点包括：助餐、助洁、助浴、助行、助医等日常照护和智慧养老服务；针对失能、失智、特殊困难老人的关爱服务；老人健康促进、法律援助、文娱活动服务等。

二、构建家庭友好型的养老服务政策体系

市场化改革以后，由于城市"单位制"的解体，先前企业和单位社区承担的诸多福利逐渐推向社会。实际上，刚刚从计划经济体制中走出了的社会"一穷二白"，接盘这些福利责任的只能是家庭。于是，在"再家庭化"的过程中，家庭的福利负担越背越重。一方面，家庭提供了养育、赡养、医疗、健康照护、教育等福利服务，变成了名副其实的核心福利提供者，政府则充当了"补残者"的角色，即只有在家庭出现危机并无力满足社会成员需要时才予以提供救助；另一方面，当家庭提供福利服务时，却很少得到政府以及社会其他主体的能量补给，长此以往，家庭终究不堪重负。本书对于城市老年人养老服务需要满足状况的实证考察也证实了这一点。

从社会福利社会化的本质理解，福利多元制度共担福利责任是社会福利

发展的趋势，这需要政府、家庭、市场以及志愿部门等协同治理福利。但是，透过城市老年人养老服务需要的满足过程，很容易发现我国的福利多元制度实际上明显的倚重家庭。鉴于福利多元制度结构不可能在短期内发生改变，面对银色巨浪形势下日益严峻的老年人照料问题，在着眼福利多元制度结构优化的同时，眼下应该着力提高家庭的养老福利提供能力。为此，本书构建了一个蹦床式的支持家庭的政策体系（图9.1），它由普惠和兜底两部分构成，目的在于为那些因照料老年人而陷入困境或面临潜在风险的家庭实现回弹，进而增强家庭福利的韧性。

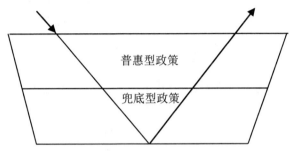

图 9.1　蹦床式支持家庭的政策设计

（一）普惠型的家庭支持政策构建

普惠型是相对选择性而言的，普惠型福利政策是为每一位具有公民身份的社会成员提供福利的政策。[1]在确定福利受益对象外，向社会成员提供什么样的福利才算是普惠呢？有学者指出，普惠型福利应该根据社会的公共需求和经济社会发展水平而定，满足的是人的基本生活需要而非高级需要。[2]结合以上观点，本书认为，支持家庭的普惠型政策主要是确保所有家庭不再为老年人的基本生活需要无能为力。政策内容主要包括：健全老年人养老保险、医疗保险等社会福利供给；对家庭照料者提供经济支持和服务支持。

具体而言，城市老年人收入保障性政策设置和社会服务供给方面，政策内容应集中指向两个方面：一是尽量提高"城居保"的支付水平。因为目前

---

〔1〕　参见彭华民：《中国组合式普惠型社会福利制度的构建》，载《学术月刊》2011年第10期。

〔2〕　参见王思斌：《我国适度普惠型社会福利制度的建构》，载《北京大学学报（哲学社会科学版）》2009年第3期；李迎生：《中国普惠型社会福利制度的模式选择》，载《中国人民大学学报》2014年第5期。

城镇职工养老保险支付水平远远高于"城居保"，在制造城市老年人内部相对剥夺感的同时，也使那些"城居保"家庭需要提供更多的经济支出，这对老年人及其家庭产生了不小的生活压力。二是要为城市居家老年人提供灵活多样的社会服务，这需要政府、市场组织和社会组织联合行动。在服务实践中，政府不便为老年人提供直接养老服务，最合适的做法是为老年人购买养老服务，或者直接向老年人发放服务券，让其自主在市场上购买服务。无论是哪一种，都需要引导市场组织和社会组织提供相应的优质服务。

对家庭照料者的经济支持和服务支持方面，政策指向应该灵活多样。这里列举几种具体的做法，以供参考。一种是收入税收优惠。在英国，为使儿童获得适当的家庭照料，双职工父母每周工作时间超过 16 小时即可享受收入税收优惠。依此，我国城市双职工子女照料老年人时，也可以尝试类似的做法。另一种是工作时间照顾。在德国，有 3 岁以内的儿童的家庭，父母一方或双方每周工作时间可以不超过 30 小时。对此，城市老年人家庭照料者如果能在工作时间方面有相应的减免性支持，那么就可以更好地实现工作与家庭照料之间的平衡。当然，除了在税收和工作时间方面提供支持外，还应该对老年人家庭照料者提供各种支持性服务，如免费的照料培训服务、心理辅导等。同时，在精神层面，政府可以在街道、社区对照料老年人的家庭进行评比表彰，给这些家庭照料者道义上的支持。

（二）兜底型的家庭支持政策构建

政府要在民生问题上要做好三件事，即保基本、兜底线、促公平。其中：保基本，主要是在义务教育、基本医疗、基本养老、住房等方面构建一个完整的社会保障安全网；兜底线，主要是对因病、因灾等特殊原因而陷入生活窘境者进行社会救助；促公平，主要是在就业、创业、教育等方面采取措施，维护公平竞争的环境。本书的普惠型家庭支持政策与保基本相呼应，兜底型家庭支持政策与兜底线相呼应。因此，兜底型家庭支持政策主要是向那些有特殊需要的家庭、高危家庭、高风险家庭等提供额外的经济支持和社会服务，增强其应对困境的能力。

兜底型家庭支持政策的具体内容非常细碎。针对城市老年人，兜底型家庭支持政策构建应重点在以下两方面展开。

一方面是经济支持。主要涵盖内容包括：①大病兜底，尽管在基本医疗保险之外，建立了日益完善的大病保险和大病救助政策，有力地遏制了大病不治的问题，但是在政策执行过程中仍然存在不少问题，其中比较突出的有三个：一是并不是所有大病患老年人都能享受大病保险报销，例如有些治病必需的药品并不在规定用药范围之内，但它价格又很贵，这些费用只能家庭自理；二是医院一般都是先交钱看病，后结账报销，这种做法对于大病患老年人及其家庭也是一个很高的门槛，把一部分贫困家庭无形之中排除在外了；三是尽管在基本医疗保险和大病保险之外建立了大病救助，但是这些政策和待遇分属不同部门管辖，有民政部门的、卫生部门的，并且申请救助程序多，报销很不方便。为此，本书建议针对大病患老年人，在大病保险报销上探索一种先支付后结算的方式，并将大病救助与大病保险一并整合，进一步减轻大病患老年人家庭的经济压力。②困难家庭救助。政府与社会组织应该积极协调行动，救助那些有居家老人的困难家庭，帮助其度过经济危机。例如，根据当地的实际情况，政府可以通过设立救助专项资金，也可以引导社会组织成立困难家庭救助基金会等，共同向老年人家庭提供经济支持。③高龄、独居、失能老人补贴。为不同类型的家庭提供直接经济支持也是兜底型福利政策构建的题中要义，尤其是对于那些照料高龄、独居或失能老年人的家庭，政府应该给予额外的经济援助。

另一方面是社会服务。主要涵盖内容包括：①特定服务。政府协同社会组织，量身为那些居家的高龄、独居、失能老人提供特定的服务，如卫生保健、看护、医疗康复、暂时托管服务等。②社区服务。政府要把保障居家老人生活需要的家庭服务作为社区建设的重要内容，在社区层面为老年人提供间接支持。③援助服务。政府在购买社会组织为老服务时，可以优先考虑向那些居家老人照料问题频出、成员关系不和谐的家庭提供服务项目，以为家庭提供辅导和支持性服务，切实缓解家庭照料者心理和生理负担，预防或减少家庭照料风险。④就业服务。对于照顾老年人且家庭成员有劳动能力而暂时未就业的家庭，政府要撬动市场与社会组织资源，共同解决这些家庭成员的就业问题。

三、加强市场提供养老服务

（一）正视市场提供养老服务的营利性

市场主体是以营利为目的的，若不能营利，就难以调动市场主体投资养老服务供给的积极性。因此，利用市场组织提供养老服务，就必须认可其营利动机和行为，而不能假以道德或慈善规制使其无利可图。事实上，国务院办公厅发布的《关于全面放开养老服务市场提升养老服务质量的若干意见》（国办发〔2016〕91号）中已经明确指出，对于民办营利性养老机构，服务收费项目和标准由经营者自主确定，这充分肯定了市场提供养老服务的有偿性和营利性。因此，只有允许养老服务企业营利，才能通过市场调节，吸引更多市场主体进入养老服务市场，并激励养老服务企业不断创新养老服务供给的内容、方式和手段。

目前，我国养老服务产业还处于萌芽阶段，加之养老服务行业资金投入大，收益周期长，虽然养老服务潜在需求很大，但是养老服务市场并不繁荣。这种情形下，国家为了发展养老服务事业，直接投资建设了一批养老机构后，委托市场主体以政府购买服务或直接资助的方式进行运营，在水电、场地等方面予以支持的同时，提供税收优惠以保障其正常运营。这类与政府合作的养老服务机构常常被界定为非营利性服务机构，但运行中存在的现实问题是：若提供的养老服务保持纯粹的福利性，则全部运营费用必须来自政府补贴；若提供的养老服务保持一定的营利性，则又与政府对养老服务机构的非营利性定位不一致。这种矛盾使得运营养老服务的企业在市场竞争中不知所从，其结果是养老服务在福利性与营利性之间摇摆，既影响了服务质量的提升，又影响了企业经营的积极性。本书认为，企业本质上不是非营利性组织，政府与企业共同运营的养老服务机构，即使有政府不同形式的财政支持，也应当允许企业获取微利。

（二）为提供养老服务的市场主体构建公平的竞争环境

我国提供养老服务的市场主体大体可以分为四类，即政府运营的养老机构、民办非营利性养老机构、民办营利性养老机构和以公建民营等方式运营的养老机构。其中，政府运营的养老机构主要是对养老需求实现兜底保障，即对经济困难或特殊老年人提供养老服务，服务费用全部来自政府投入和社会捐赠。由于市场提供养老服务的遵从价值是选择和自主，所以对于政府为困难老年人提供的兜底保障性的养老服务本质上不存在竞争性。民办非营利性养老机构和以公建民营等方式运营的养老机构所提供的养老服务，因为其服务的非营利性和福利性，往往在运营过程中有政府不同形式的资金支持而能相应地降低服务成本。民办营利性养老机构虽然服务收费项目和标准能够自主确定，但是因为没有来自政府的建设补贴和运营补贴，提供的养老服务价格较高，在市场竞争中常常处在不利境地。

从市场消费的角度看，不管是哪类市场主体提供的有偿性养老服务都属于同类消费品。然而由于服务价格的差别，提供养老服务的不同主体实质上被区别对待。也就是说，因为财政投入支持的差别，破坏了市场的竞争机制，不但不利于激发养老服务市场活力，而且影响了养老服务市场的有效供给。国务院办公厅发布的《关于建立健全养老服务综合监管制度促进养老服务高质量发展的意见》（国办发〔2020〕48号）（下文称《意见》〔2020〕48号）中明确提出要加快形成高效规范、公平竞争的养老服务统一市场。为了提高财政资源配置效率，充分发挥养老服务的市场竞争机制作用。政府应该为提供养老服务的市场主体提供公平的竞争环境，逐步将养老服务财政支出更多地向调节市场竞争倾斜，以提高财政补贴效率、市场公平竞争程度以及市场供给量。例如，从单一地补贴民办非营利性养老机构和以公建民营等方式运营的养老机构逐步过渡到补贴服务需求主体。因为补贴服务需求主体时，既间接地提高了老年人的服务购买力，又维护了养老服务消费市场的公平竞争。如此一来，老年群体得到了优质的养老服务，养老服务供给主体的公平竞争机会得以保证，政府的财政资源配置效率得以提高。

（三）加强对市场提供养老服务的规范化、系统化监管

养老服务既要增加供给量，也要注重质的提升。近年来，在政府的大力推动下，我国养老服务的市场化供给发展相对较快。但与此同时，由于供给主体的多元化和差异化，养老服务市场中的服务质量良莠不齐，又反过来影响了民众对市场提供养老服务的评价，进而抑制了养老服务市场的进一步发展。因此，加强对市场提供养老服务的规范化、系统化监管对于提升养老服务供给的质和量至关重要。

监管，字面意思是从旁密切察看并督促管理。涉及监管方和被监管方，是一个双向关系向度的概念。因此，作为养老服务的监管方，首先要明确监管主体。《意见》〔2020〕48号文件中明确指出"谁批准谁监管、谁主管谁监管"的原则。其次，监管方监督什么？前文所提文件亦明确了监管重点内容，即质量安全、从业人员、资金、运营秩序以及突发事件应对等五个方面。对于老年人而言，养老服务监管的最终目的是提高养老服务质量，但是安全是质量的前提，因此日常监管中要特别加强对消防、食品、设施、场地、服务等方面的监督检查。第三，监管方如何监管？监管不是直接监督和管理，而

是从旁仔细察看，因此监管要有全面、系统、完善的监管法律法规作为依据，在这个前提下进行标准化、常态化的监管，并不断创新监管方式。第四，监管结果如何应用？基于监管依据对提供养老服务的主体进行监管后自然会产生一个评价结果，对此监管方需要建立服务质量综合评价体系，并需明确监管结果如何应用，由此提升监管效力。作为被监管方，在服务和运营秩序方面要着力提升从业人员的职业道德和服务技能水平，坚决消除欺老虐老行为；在资金方面，要将财政补贴、政府购买服务资金、服务收费等一律纳入监管范围；在突发事件应急管理方面，要按相关法律法规和监管条例制定完善的突发事件应急预案，并配备必要的应急救援场所、设备等。只有服务监管方和被监管方的紧密配合，对养老服务市场的监管才能真正进入到法治化和制度化轨道，市场提供的养老服务才能维护老年人的合法权益。

（四）提高老年人的养老服务消费能力

养老服务市场不能只有服务供给方，而没有服务消费方。我国的老年人口数量很大，并且随着老龄化程度的不断加剧，养老服务需要也在不断扩张。但是，如果大量老年人口的支付能力有限，就不能将养老服务需要转化为养老服务有效需求，进而影响养老服务的市场供给。2014年国务院发布《关于建立统一的城乡居民基本养老保险制度的意见》（国发〔2014〕8号），提出新农保和城居保制度合并实施，在全国范围内建立统一的城乡居民基本养老保险制度。合并后的养老保险使城乡居民享受到了制度上无差别的养老保障，并且增设了缴费档次、明确了补贴标准，突出了"多缴多得"的特性。可是，待遇偏低的城乡居民养老保险金不仅难以形成真正的消费支付能力，而且与城镇职工养老保险之间的差距让一些老年人产生相对不公平感的同时，对增加积蓄以备晚年不时之需更加重视，这无形之中降低了当期的养老服务消费。

更为长远的影响是，城乡居民养老保险制度的覆盖人群主要是没有固定工作单位或收入不稳定的人群。对于这类群体而言，一方面他们的参保意愿和参保能力不足，另一方面频繁更换的工作地点和工作单位客观上增加了他们参保的难度。待其进入老年后，又将面临当前享受城乡居民养老保险制度所覆盖老年人的窘境。对此，仅从发展养老服务市场的角度看，也需要进一步完善城乡居民养老保险制度。本书认为：一是要适当提高居民养老保险制度的给付水平，其基本养老金应该能够预防和消除老年贫困；二是完善缴费激励机制，促使居民多缴持续缴，在"多缴多得"的原则下实质性的提高养老金给付水平；三是支持有劳动意愿和劳动能力的老人再就业，并积极保护他们的劳动权利。

四、提升社会组织提供养老服务的能力

（一）建立政府补助和购买养老服务的长效机制

社会组织是非营利性机构，因此社会组织的服务经费来源中政府的财政支持占很大比重。尽管目前我国的社会组织已经通过运营养老机构、实施政府购买养老服务项目等途径积极参与养老服务供给，但是普遍缺乏服务资金是制约其提供养老服务的最大障碍。究其原因，主要是对运营养老机构的社会组织补助少、政府购买养老服务项目力度不大且不稳定。对此，必须建立政府补助和购买养老服务的长效机制。首先，健全政府补助或政府购买服务的相关法律制度，将政府资金投入列入财政预算。目前，针对社会组织提供的养老服务，无论是财政补助资金还是政府购买服务项目资金都没有设定专项预算，在实践过程中，不但不能以制度化的方式保证资金支持的稳定性，而且还容易被政府的其他支出所挤压。若以立法的形式规范政府投入，完善财政预算管理制度，将政府补助或购买养老服务的资金列入各级财政预算，那么政府资金投入的随意性和不能持续的问题便能有效解决。与此同时，地方政府要根据经济发展状况和养老服务实际需求，不断提高养老服务的财政投入力度。其次，加强政府补助和政府购买服务的公平性。财政预算解决了"钱从哪里来"的问题以后，紧接着需要完善的就是"钱怎么花"的问题。一个基本的方向是要突出公开性和竞争性，尤其是政府购买养老服务，在购买前要向社会宣布购买目的和目标、购买主体、购买方式、购买流程、购买资金管理办法等，同时要让参与购买的社会组织明确服务内容、服务标准、经费使用原则、服务监督、服务绩效评估等。总之，要建立公开竞标机制，让社会组织在有序竞争中不断提升服务效益。最后，鼓励社会组织多元化的筹集资金。政府要支持社会组织动员社会爱心人士或企业捐赠、提供各类有偿低费服务筹集资金以及收取会费等，以解决社会组织提供各类志愿为老服务资金不足的问题。

（二）助力提升社会组织队伍的养老服务能力

对于社会组织来讲，争取到了政府服务补助或政府购买服务项目资金以

后，能不能提供高质量的养老服务，关键取决于自身队伍的养老服务能力。目前，由于社会组织普遍缺乏资金，其工作人员薪酬待遇水平相对较低，所以很难吸引专业人才加入，加之社会组织规模相对较小，内部治理结构和管理激励机制不完善，工作人员自我能力提升积极性不高，导致社会组织队伍兼职、全职掺杂，人员流失或流动频繁，专业素养和技能欠缺，服务水平不高。这种情形下，除了社会组织自身加强能力建设以外，还需要政府从旁助力指导人才队伍如何建设。具体来讲：一是要建立社会组织养老服务人员的入职门槛标准。对于在社会组织从事养老服务的工作人员，尤其是在专门的非营利性养老机构的工作人员，需要具备基本的为老年人提供日常生活照料和护理的能力，以及老年学、心理学、健康医学等方面常识，这需要政府相关部门建立从业人员入职门槛标准。二是要完善社会组织养老服务人员的职业培训。根据养老服务相关的医疗、护理、康复以及心理等知识和技能，结合服务标准和服务规范要求，持续对养老服务人员开展业务培训。三是要制定社会组织养老服务人员资格评审制度。对于个人而言，入职以及其后的职业培训需要相应的激励。政府可以参照事业单位职称评审制度，将养老服务人员分为初、中、高三个晋升等级，并辅之以相应工资待遇，让服务人员看到职业发展空间和前景，一方面保证在职服务人员的积极性和职业的稳定性，另一方面吸引专业人才进入社会组织从事养老服务工作。

（三）积极培育志愿队伍辅助社会组织提供养老服务

社会组织提供养老服务不能仅限于养老机构内，社会组织提供的养老服务也不能完全由工作人员直接提供。事实上，在一些社区、机构开展的养老服务活动中，志愿者发挥了重要作用。他们的参与不仅节省了社会组织在人力、资金、时间等方面的支出，而且在社会层面传播了良善的助人文化，营造了社会敬老爱老助老的氛围。为此，政府相关部门还需要积极培育志愿队伍以辅助社会组织提供养老服务。第一，完善志愿者管理平台。虽然志愿服务来自社会，但是在志愿者管理中离不开政府权威。例如，政府建立的志愿者管理平台网站尽管非常有利于志愿者规范管理，但是在大数据智能化时代，网站就不能仅是一个单向的信息发布平台，而是要通过简单、便捷的链接，让志愿者足不出户地在手机端、电脑端与志愿服务活动实现快速对接。同时，网站管理平台要给志愿者提供相应的服务课程培训、志愿者聊天室等，方便志愿者便捷学习和交流，提高志愿服务能力和服务的积极性。第二，为志愿服务提供经费保障。资金问题是影响志愿服务能否健康、持久开展的重要因素。例如在志愿者参与社会组织养老服务项目实施过程中，不能因为是志愿者帮助社会组织，就理所应当地认为志愿服务所需费用由社会组织承担。倘若如此，志愿服务以及志愿者队伍建设就不会持久。志愿服务体现公益性质，志愿服务精神是社会的集体财富，因此需要政府为志愿服务提供经费支持。第三，建立长期有效的激励机制。为了保证志愿服务的可持续性，必须让志愿者在志愿服务过程中有所收获，激励志愿者参与志愿服务的热情和积极性。因此，政府及相关部门在制度设计层面要建立长期有效的激励机制，让志愿者在志愿为老服务中获得价值感和成就感。第四，弘扬志愿服务精神。志愿者培育必须要让民众了解和感受志愿服务精神，才会有源源不断的民众加入志愿者队伍。政府要充分利用自身权威和号召力，采取形式多样的宣传方式和宣传手段，对志愿服务大力宣传，提高民众对志愿服务的认知水平，让民众充分了解志愿服务的社会意义。这不仅有利于构建培育志愿者的积极环境，而且对于现有志愿者也是一种社会层面的激励。

第三节　进一步的讨论

一、如何构建有效互补的福利制度体系

通过阐述福利制度结构变迁及其养老服务供给效果，本书发现，"钻石形"的福利制度体系本质上仍然属于福利多元主义制度范式。追根溯源，福利多元主义制度范式是 20 世纪 70 年代末，西方学者为了走出福利国家危机而进行的理论反思和实践模式。尽管在西方国家的情境中，福利多元主义的实质是主张福利的私营化和市场化，从而使政府摆脱沉重的福利负担。然而在实践过程中，由于它主张福利责任共担，强调国家、家庭、市场以及社会志愿部门的福利提供而广为社会接受。

作为一种舶来品，自 21 世纪初被引入国内后迅速被学界和政府政策实践领域所接受。面对不断加剧的福利供给不足问题，政府利用合法使用强制力的权力，一方面通过意识形态宣传，让民众在思想上认识和接受福利多元供给理念；另一方面为保证福利制度变迁的时效性和有序性，常常采取政策扶持、规范管理等行政手段予以干预，逐渐将市场组织、社会组织纳入福利供

给制度体系，逐步构建了福利多元主义制度结构。然而，透过历史与现实中的城市老年人养老服务需要满足状况发现，福利制度变迁尚未完全达成制度构建的预期效果。林毅夫将无效率的制度安排视作制度失败，并具体分析了导致制度失败的原因：统治者的偏好和有界理性、意识形态刚性、官僚机构问题、集团利益冲突以及社会科学知识的局限性。[1]既然制度变迁存在如此大的局限性，那么有效的福利制度构建应该如何实施呢？

制度变迁可分为强制性制度变迁和诱致性制度变迁。拉坦指出，诱致性制度变迁非常强调技术创新对制度变迁的拉动作用，把制度变迁看作是"对人的经济价值的提高和生产率增长的滞后反应"，因为技术进步是科学发展与技术创新的自在逻辑产物，所以制度变迁尽可能要减少人为因素的影响，而更多的"可能是由对与经济增长相联系的更为有效的制度绩效的需求所引致的"。[2]诱致性制度变迁理论对技术进步与制度变迁之间紧密依赖性的强调，启发在于制度变迁过程中要充分考虑制度的需求与供给。回溯福利制度变迁的过程发现，政府在引入市场组织和社会组织提供养老服务时，并没有充分考虑城市老年人对这些制度的需要程度，因为在自上而下的"事件串"当中没有发现任何底层视角。按照斯科特的理解，制度设计者的宏伟目标中往往已经隐含了一些标准化，致使那些预想的因制度变迁而接受利益的人群被简化为一般化的抽象公民。[3]当然，这不是说诱致性制度变迁就是完善的，本质上它只是对制度变迁采取了一种渐进主义的方式。事实上，福利制度变迁一直在继续，我们没有，甚至无法对这样一种变迁提供可以进行严格经验检验的诱致性制度变迁假说。但是，透过诱致性制度变迁理论对制度供给与需求的分析，却可以发现强制性制度变迁的一个偏好，即通过利用意识形态与权力规制来努力实现制度创设。

不管对福利制度变迁的历史做出怎样的解释，有一点是确定的，那便是制度要适恰性地满足人的需要。而要做到这一点，福利制度变迁的宏大计划

---

〔1〕 参见林毅夫：《关于制度变迁的经济学理论：诱致性变迁与强制性变迁》，载［美］R. 科斯等：《财产权利与制度变迁——产权学派与新制度学派译文集》，刘守英等译，上海人民出版社1994年版，第397—400页。

〔2〕 V. W. 拉坦：《诱致性制度变迁理论》，载［美］R. 科斯等：《财产权利与制度变迁——产权学派与新制度学派译文集》，刘守英等译，上海人民出版社1994年版，第330页、第333页。

〔3〕 参见［美］詹姆斯·C. 斯科特：《国家的视角——那些试图改善人类状况的项目是如何失败的》（修订版），王晓毅译，社会科学文献出版社2012年版，第433—444页。

既不能过于依赖意识形态和权力，因为那样留给其他制度的自主性空间很小，也不能过于依赖获利机会的刺激，因为单靠刺激引致的制度变迁往往不能长久有效。因此，福利制度构建既不能依赖强制性制度变迁，也不能是纯粹的诱致性制度变迁，是要强制多一点还是诱致多一点，归根结底受到人们有界理性的限制。尽管如此，一个比较稳妥的做法是尽量在范围广泛的利益相关者之间经过充分的协商，而不是单靠政策制定者和政策专家的谋划。

二、养老服务供给家庭化与公民社会权展望

对福利多元制度的变迁方式讨论之后，结合城市老年人养老服务需要满足的家庭化实践，继续讨论其背后的社会权利意涵。

通过对城市老年人养老服务需要满足的实证考察发现，城市老年人养老服务需要满足具有明显的家庭化特征。这个结论符合东亚福利体制的特点——社会福利作为经济发展的工具、社会保障支出低、强调家庭的福利责任。有鉴于此，本书依据公民社会权利理论的观点，讨论养老家庭化背后的城市老年人社会权利，思考焦点集中在两个方向上：第一，在以照料家庭化为特征的福利多元制度结构中，城市老年人社会权利的形式与内容是什么，第二，在构建适度普惠型福利制度背景下，福利多元制度的构建如何形塑城市老年人社会权利的本质。

在社会学领域，首次明确对社会权利进行界定的是英国社会学家 Marshall。在 1949 年《公民权利与社会阶级》的演讲中，Marshall 基于英国公民权利的演化历史，他提出了公民权利的三个组成部分，即民事权利、政治权利和社会权利，其中，发展于 18 世纪的民事权利是指支持个人自由所必需的权利，包括诸如人身、言论、思想和信仰自由，拥有财产和订立有效契约的权利以及司法权力；发展于 19 世纪的政治权利是指选举和参与行使政治权力的权利；发展于 20 世纪的社会权利是指从享受某种程度的经济福利和安全到充分享有社会遗产并据据社会通行标准享受文明生活的一系列权利。[1]Marshall 的公民权理论，着力分析了公民权利对社会阶级的影响，并强调社会权利的发展可以缓解阶级不平等。在社会福利与政策领域，自埃斯平–安德森的福利体制

[1]　See Marshall, T. H., "Citizenship and Social Class", in Manza, J., Sauder M. (eds.), *Inequality and Society*: *Social Science Perspectives on Social Stratification*, W. W. Norton and Co. 2009, pp. 149-153.

的"类型学"划分之后，与福利的"去商品化"程度密切相关的社会权利开始成为福利体制跨国比较研究的核心概念。公民社会权利要求国家在公民面临社会风险、贫困时提供必要的经济救助和社会服务。而站在国家一端，即使是必要的社会救助和社会服务，那也不是民众自由领取和享有的，其中有一个分配和发放的过程。国家决定哪些是紧迫的，哪些是次要的，等等之类的问题，这就使得福利在提供过程中不可避免地具有选择性。正如 Dean 所言，社会权利具有"分配"特性，而分配给谁，又与公民身份相关。[1]于是，社会权利在执行过程中便变成了需要依附一定条件才能享有的权利。

基于以上陈述，可以从福利多元制度中勾勒出的公民社会权利形态。首先，就公民权利的层次而言，城市老年人的职业背景具有明显的公民身份类别。政府从一开始为国家机关工作人员和国有企业职工、部分集体企业职工建立劳动保险，那些不属于"体制内"的老年人便失去了获得离退休金的依据。即使是在市场化改革以后，这种区隔化的公民权利及相关养老待遇差别依然鲜明。其次，从公民社会权利的角度看，城市老年人的养老金待遇日益分层化。一方面随着国民经济的发展，政府越来越注重民生发展，公民权利的领域不断扩展，越来越多的老年人被纳入养老保险的覆盖范围；另一方面福利制度的构建却没有顾及城市老年人面临的实际困境。虽然 2011 年建立了城镇居民社会养老保险（简称城居保），但其支付水平远远低于城镇职工养老保，就实际情况而言，如果离开了家庭支持，其支付水平根本不能保障被保人的基本生活，而这种情形又会进一步限制其养老服务需要的满足。换句话讲，尽管福利制度已经有了长足的进步，将更多的城市老年人纳入养老保险覆盖范围，使其具有了公民资格，但比较而言，公民资格并没有带来与其相应的公民社会权利。

在这样的情境中，城市老年人社会权利的本质是如何被形塑的呢？本书认为养老的家庭化，一方面与经济发展优先于社会福利有关，另一方面也与儒家文化的家庭福利责任伦理有关。但无论如何，从全球公民社会权利的发展趋势来看，扩展是主要的。所以，养老服务供给的家庭化所反映的老年人社会权利的缓慢推进必将面临严峻的挑战。尽管福利制度变迁过程中出现了

---

[1] See Dean, H., "Welfare rights and the 'workfare state'", *Benefits：the Journal of Poverty and Social Justice*, No. 30., 2001.

消弭公民身份区隔的情况，但公民社会权利的分层化问题还在持续。老龄化趋势不断加重，在全球经济竞争中，经济发展至上似乎仍得坚持，城市养老服务供给倚重家庭的情形极有可能在很长一段时间内还将延续。但就理论讨论而言，公民社会权利的议题可以让我们更加理解当前城市老年人社会权利如何赋予以及如何影响他们的养老服务需要满足，借此也能在规范性哲学层次上反思福利多元制度应该如何满足人的需要。也是在这个意义上，本书希望能抛砖引玉，对完善养老服务供给体系引起更多深入的研究。

参考文献

一、专著中的文献

（一）中文著作

1. （清）段玉裁注：《说文解字注》，上海古籍出版社 1981 年版。

2. 薄一波：《若干重大决策与事件的回顾》（上卷），中共中央党校出版社 1991 年版。

3. 陈秉安：《大逃港》，广东人民出版社 2010 年版。

4. 党俊武主编：《中国城乡老年人生活状况调查报告（2018）》，社会科学文献出版社 2018 年版。

5. 邓正来、［英］J. C. 亚历山大编：《国家与市民社会：一种社会理论的研究路径》，中央编译出版社 1999 年版。

6. 费孝通：《乡土中国》，生活·读书·新知三联书店 1985 年版。

7. 国家统计局国民经济综合统计司编：《新中国五十五年统计资料汇编（1949-2004）》，中国统计出版社 2005 年版。

8. 国家统计局人口和就业统计司、劳动和社会保障部规划财务司编：《中国劳动统计年鉴（2005）》，中国统计出版社 2005 年版。

9. 国家统计局人口和就业统计司编：《中国人口和就业统计年鉴（2013）》，中国统计出版社 2013 年版。

10. 国家统计局人口统计司、公安部三局编：《中华人民共和国人口统计资料汇编（1949-1985）》，中国财政经济出版社 1988 年版。

11. 何怀宏：《良心论——传统良知的社会转化》，上海三联书店 1994 年版。

12. 侯钧生：《西方社会思想史》，南开大学出版社 2007 年版。

13. 胡平生译注：《孝经译注》，中华书局 2009 年版。

14. 黄安年主编：《当代世界史资料选辑》（第 2 分册）首都师范大学出版社 1996 年版。

15. 黄中平等：《改革开放 30 年纪实》，人民出版社 2009 年版。

16. 康晓光等：《改革时代的国家与社会关系——行政吸纳社会》，载王名主编：《中国民间组织 30 年——走向公民社会》，社会科学文献出版社 2008 年版。

17. 兰迪·T. 西蒙斯：《政府为什么会失败》，张媛译，新华出版社 2017 年版。

18. 李明政：《意识形态与社会政策》，洪叶文化事业有限公司 1998 年版。

19. 李晓西主编：《中国经济改革 30 年：市场化进程卷》，重庆大学出版社 2008 年版。

20. 李银河：《生育与村落文化·一爷之孙》，文化艺术出版社 2003 版。

21. 厉以宁：《股份制与现代市场经济》，江苏人民出版社 1994 年版。

22. 梁漱溟：《中国文化要义》，上海人民出版社 2005 年版。

23. 刘静林编著：《老年社会工作》，中国轻工业出版社 2005 年版。

24. 刘圣中：《历史制度主义：制度变迁的比较历史研究》，上海人民出版社 2010 年版。

25. 中共中央文献研究室编：《建国以来毛泽东文稿》（第 1 册），中央文献出版社 1987 年版。

26. 中共中央文献研究室编：《毛泽东文集》（第 7 卷），人民出版社 1999 年版。

27. 民政部计划财务司编：《民政统计历史资料汇编（1949–1992）》，中国社会出版社 1993 年版。

28. 穆光宗：《银发中国：从全面二孩到成功老龄化》，中国民主法制出版社 2016 年版。

29. 彭华民等主编：《东亚福利：福利责任与福利提供》，中国社会科学出版社 2014 年版。

30. 齐明珠：《中国人口老龄化：回眸与展望》，中国人口出版社 2017 年版。

31. 钱宁：《现代社会福利思想》，高等教育出版社 2013 年版。

32. 孙立平：《转型与断裂 改革以来中国社会结构的变迁》，清华大学出版社 2004 年版。

33. 张静：《法团主义》，中国社会科学出版社 1998 年版。

34. 张文魁、袁东明：《中国经济改革 30 年：国有企业卷》，重庆大学出版社 2008 年版。

35. 郑永廷等：《社会主义意识形态研究》，中山大学出版社 1999 年版。

36. 王金元、赵向红：《老龄化背景下社区独居老人生存状态与社会支持研究》，华东理工大学出版社 2016 年版。

37. 王克忠主编：《非公有制经济论》，上海人民出版社 2003 年版。

38. 王宁：《从苦行者社会到消费者社会：中国城市消费制度、劳动激励与主体结构转型》，社会科学文献出版社 2009 年版。

39. 杨国枢主编：《中国人的心理》，桂冠图书公司 1988 年版。

40. 杨善华编著：《家庭社会学》，高等教育出版社 2006 年版。

41. 姚远编著：《对我国养老服务历史经验的研究与借鉴》，华龄出版社 2018 年版。

42. 于海：《西方社会思想史》，复旦大学出版社 2010 年版。

43. 中共中央文献编辑委员会：《陈云文选》（第三卷），人民出版社 1995 年版。

44. 中共中央文献编辑委员会：《邓小平文选》（第三卷），人民出版社 1993 年版。

45. 中共中央文献研究室编：《建国以来重要文献选编》（第 10 册），中央文献出版社 1994 年版。

46. 中共中央文献研究室编:《邓小平年谱（1975—1997）》（下卷），中央文献出版社 2004 年版。

47. 中共中央文献研究室编:《建国以来重要文献选编》（第 4 册），中央文献出版社 1993 年版。

48. 中共中央文献研究室编:《建国以来重要文献选编》（第 5 册），中央文献出版社 1993 年版。

49. 中共中央文献编辑委员会编:《周恩来选集》（下卷），人民出版社 1984 年版。

50. 中共中央整党工作指导委员会编:《十一届三中全会以来重要文献简编》，人民出版社 1983 年版。

51. 《中国社会组织年鉴》编委会编:《中国社会组织年鉴 2015》，中国社会出版社 2015 年版。

52. 中华人民共和国国家统计局编:《中国统计年鉴—1983》，中国统计出版社 1983 年版。

53. 中华人民共和国国家统计局编:《中国统计年鉴—2004》，中国统计出版社 2004 年版。

54. 中华人民共和国民政部编:《2013 中国民政统计年鉴（中国社会服务统计资料）》，中国统计出版社 2013 年版。

55. 周辅成:《西方伦理学名著选辑》，商务印书馆 1964 年版。

56. 周立群、谢思全主编:《中国经济改革 30 年：民营经济卷》，重庆大学出版社 2008 年版。

57. 周雪光:《组织社会学十讲》，社会科学文献出版社 2003 年版。

58. 邹谠:《二十世纪中国政治：从宏观历史与微观行为的角度看》，牛津大学出版社 1994 年版。

59. 邬沧萍、杜鹏主编:《老龄社会与和谐社会》，中国人口出版社 2012 年版。

60. 邬沧萍、姜向群主编:《老年学概论》，中国人民大学出版社 2006 年版。

61. 熊跃根:《需要、互惠和责任分担——中国城市老人照顾的政策与实践》，格致出版社 2008 年版。

62. 徐中振、李友梅等:《生活家园与社会共同体："康乐工程"与上海社区实践模式个案研究》，上海人学出版社 2003 年版。

（二）中文译著

1. ［丹麦］哥斯塔·埃斯平-安德森:《福利资本主义的三个世界》，苗正民、滕玉英译，商务印书馆 2010 年版。

2. ［德］黑格尔:《法哲学原理》，范扬、张企泰译，商务印书馆 1961 年版。

3. ［德］曼海姆:《意识形态与乌托邦》，黎鸣、李书崇译，上海三联书店 2011 年版。

4. ［德］克劳斯·奥菲:《福利国家的矛盾》，郭忠华等译，吉林人民出版社 2006 年版。

5. ［德］马克思:《哥达纲领批判》，人民出版社 1965 年版。

6. ［德］马克斯·韦伯:《经济与社会》(上卷),林荣远译,商务印书馆 1997 年版。

7. ［德］尤尔根·哈贝马斯:《合法化危机》,刘北成、曹卫东译,上海人民出版社 2000 年版。

8. ［俄］克鲁泡特金:《互助论》,李平沤译,商务印书馆 2008 年版。

9. ［法］包亚明编译:《文化资本与社会炼金术——布尔迪厄访谈录》,上海人民出版社 1997 年版。

10. ［法］卢梭:《社会契约论》,何兆武译,商务印书馆 2003 年版。

11. ［法］皮埃尔·布迪厄:《实践感》,蒋梓骅译,译林出版社 2003 年版。

12. ［古罗马］西塞罗:《论共和 论法律》,王焕生译,中国政法大学出版社 1997 年版。

13. ［古希腊］亚里士多德:《政治学》,吴寿彭译,商务印书馆 1965 年版。

14. ［加］R·米什拉:《资本主义社会的福利国家》,郑秉文译,法律出版社 2003 年版。

15. ［法］哈贝马斯:《作为"意识形态"的技术和科学》,李黎等译,学林出版社 1999 年版。

16. 关在汉编译:《罗斯福选集》,商务印书馆 1982 年版。

17. ［美］A. H. 马斯洛:《动机与人格》,许金声、程朝翔译,华夏出版社 1987 年版。

18. ［美］B. 盖伊·彼得斯:《政治科学中的制度理论:"新制度主义"》,王向民、段红伟译,上海人民出版社 2011 年版。

19. ［美］托马斯·库恩:《科学革命的结构》,金吾伦、胡新和译,北京大学出版社 2003 年版。

20. ［美］E. O. 威尔逊:《论人的天性》,林和生等译,贵州人民出版社 1987 年版。

21. ［美］N. R. 霍曼、H. A. 基亚克:《社会老年学——多学科展望》,冯韵文、屠敏珠译,社会科学文献出版社 1992 年版。

22. ［美］Neil Gilbert、Paul Terrell:《社会福利政策引论》,沈黎译,华东理工大学出版社 2013 年版。

23. ［美］W·理查德·斯科特:《制度与组织——思想观念与物质利益》,姚伟、王黎芳译,中国人民大学出版社 2010 年版。

24. ［美］E. 弗洛姆:《健全的社会》,孙恺祥译,贵州人民出版社 1994 年版。

25. ［美］保罗·萨缪尔森、威廉·诺德豪斯:《经济学》,萧琛译,人民邮电出版社 2008 年版。

26. ［美］戴维·伊斯顿:《政治生活的系统分析》,王浦劬等译,华夏出版社 1999 年版。

27. ［美］丹尼尔·贝尔:《意识形态的终结:50 年代政治观念衰微之考察》,张国清译,中国社会科学出版社 2013 年版。

28. ［美］丹尼尔·耶金、约瑟夫·斯坦尼斯罗:《制高点 重建现代世界的政府与市场之争》,段宏等译,外文出版社 2000 年版。

29. ［美］道格拉斯·C·诺斯：《制度、制度变迁与经济绩效》，刘守英译，上海三联书店 1994 年版。

30. ［美］凡勃伦：《有闲阶级论——关于制度的经济研究》，蔡受百译，商务印书馆 1964 年版。

31. ［美］弗兰西斯·福山：《大分裂：人类本性与社会秩序的重建》，刘榜离等译，中国社会科学出版社 2002 年版。

32. ［美］弗朗西斯·福山：《信任：社会美德与创造经济繁荣》，彭志华译，海南出版社 2001 年版。

33. ［美］高柏：《经济意识形态与日本产业政策：1931–1965 年的发展主义》，安佳译，上海人民出版社 2008 年版。

34. ［美］阿巴斯·塔沙克里、查尔斯·特德莱：《混合方法论：定性方法和定量方法的结合》，唐海华译，重庆大学出版社 2010 年版。

35. ［美］芭芭拉·格迪斯：《范式与沙堡：比较政治学中的理论建构与研究设计》，陈子恪等译，重庆大学出版社 2012 年版。

36. ［美］赫伯特·马尔库塞：《单向度的人：发达工业社会意识形态研究》，刘继译，上海译文出版社 2008 年版。

37. ［美］加布里埃尔·A. 阿尔蒙德、西德尼·维巴：《公民文化——五个国家的政治态度和民主制》，徐湘林等译，东方出版社 2008 年版。

38. ［美］加里·S·贝克尔：《家庭经济分析》，彭松建译，华夏出版社 1987 年版。

39. ［美］杰克·奈特：《制度与社会冲突》，周伟林译，上海人民出版社 2009 年版。

40. ［美］克利福德·格尔兹：《文化的解释》，纳日碧力戈等译，上海人民出版社 1999 年版。

41. ［美］肯尼斯·J. 阿罗：《社会选择与个人价值》，丁建峰译，上海人民出版社 2010 年版。

42. ［美］莱斯特·M. 萨拉蒙等：《全球公民社会——非营利部门视界》，贾西津等译，社会科学文献出版社 2002 年版。

43. ［美］莱斯特·萨拉蒙、赫尔穆特·安海尔：《公民社会部门》，载何增科主编：《公民社会与第三部门》，社会科学文献出版社 2000 年版。

44. ［美］理查德·塔纳斯：《西方思想史》，吴象婴等译，上海社会科学院出版社 2011 年版。

45. ［美］罗伯特·D. 帕特南：《使民主运转起来：现代意大利的公民传统》，王列等译，江西人民出版社 2001 年版。

46. ［美］罗伯特·吉尔平：《国际关系政治经济学》，杨宇光等译，上海人民出版社 2006 年版。

47. ［美］罗伯特·吉尔平：《全球政治经济学——解读国际经济秩序》，杨宇光、杨炯译，上海人民出版社 2013 年版。

48. ［美］罗伯特·诺齐克:《无政府、国家与乌托邦》,何怀宏译,中国社会科学出版社
    1991 年版。

49. ［美］迈克尔·H·亨特:《意识形态与美国外交政策》,褚律元译,世界知识出版社
    1999 年版。

50. ［美］塞缪尔·P·亨廷顿:《变化社会中的政治秩序》,王冠华等译,生活·读书·新
    知三联书店 1989 年版。

51. ［美］威廉姆·H·怀特科、罗纳德·C·费德里科:《当今世界的社会福利》,解俊杰
    译,法律出版社 2003 年版。

52. ［美］约翰·肯尼斯·加尔布雷思:《经济学与公共目标》,于海生译,华夏出版社
    2010 年版。

53. ［美］詹姆斯·S. 科尔曼:《社会理论的基础》,邓方译,社会科学文献出版社 1999 年版。

54. ［美］彼得·布劳、马歇尔·梅耶:《现代社会中的科层制》,马戎等译,学林出版社
    2001 年版。

55. ［美］詹姆斯·C. 斯科特:《国家的视角——那些试图改善人类状况的项目是如何失
    败的》(修订版),王晓毅译,社会科学文献出版社 2012 年版。

56. ［美］詹姆斯·G·马奇、［挪］约翰·P·奥尔森:《重新发现制度:政治的组织基
    础》,张伟译,生活·读书·新知三联书店 2011 年版。

57. ［美］詹姆斯·M. 布坎南、戈登·塔洛克:《同意的计算:立宪民主的逻辑基础》,陈
    光金译,中国社会科学出版社 2000 年版。

58. ［美］戴安娜·M·迪尼托:《社会福利:政治与公共政策》,何敬、葛其伟译,中国
    人民大学出版社 2007 年版。

59. ［日］青木昌彦:《比较制度分析》,周黎安译,上海远东出版社 2001 年版。

60. ［日］一番ヶ瀬康子:《社会福利基础理论》,沈洁、赵军译,华中师范大学出版社
    1998 年版。

61. ［匈］卢卡奇:《历史与阶级意识》,杜章智等译,商务印书馆 1996 年版。

62. ［匈］雅诺什·科尔奈:《社会主义体制——共产主义政治经济学》,张安译,中央编
    译出版社 2007 年版。

63. ［意］尼科洛·马基雅维里:《君主论》,潘汉典译,商务印书馆 1985 年版。

64. ［意］托马斯·阿奎那:《阿奎那政治著作选》,马清槐译,商务印书馆 1963 年版。

65. ［印］阿马蒂亚·森:《后果评价与实践理性》,东方出版社 2006 年版。

66. ［英］Ian Gough,《福利国家的政治经济学》,古允文译,巨流图书公司 1995 年版。

67. ［英］T. H. 马歇尔等:《公民身份与社会阶级》,郭忠华等译,江苏人民出版社 2008
    年版。

68. ［英］休谟：《人性论》，关文运译，商务印书馆 1980 年版。

69. ［英］安东尼·吉登斯：《第三条道路：社会民主主义的复兴》，郑戈译，北京大学出版社 2000 年版。

70. ［英］贝弗里奇：《贝弗里奇报告——社会保险和相关服务》，社会保险研究所译，中国劳动社会保障出版社 2008 年版。

71. ［英］玛丽·道格拉斯：《制度如何思考》，张晨曲译，经济管理出版社 2013 年版。

72. ［英］达尔文：《物种起源》，周建人等译，商务印书馆 1981 年版。

73. ［英］戴维·米勒、韦农·波格丹诺编：《布莱克维尔政治学百科全书》，中国问题研究所等译，中国政法大学出版社 1992 年版。

74. ［英］霍布斯：《利维坦》，黎思复、黎廷弼译，商务印书馆 1985 年版。

75. ［英］卡尔·波兰尼：《大转型：我们时代的政治与经济起源》，冯钢、刘阳译，浙江人民出版社 2007 年版。

76. ［英］莱恩·多亚尔、伊恩·高夫：《人的需要理论》，汪淳波、张宝莹译，商务印书馆 2008 年版。

77. ［英］理查德·道金斯：《自私的基因》，卢允中等译，中信出版社 2012 年版。

78. ［英］罗纳德·哈里·科斯、王宁：《变革中国——市场经济的中国之路》，徐尧、李哲民译，中信出版社 2013 年版。

79. ［英］洛克：《政府论》（下），叶启芳、瞿菊农译，商务印书馆 1982 年版。

80. ［英］诺曼·巴里：《福利》，储建国译，吉林人民出版社 2005 年版。

81. ［英］皮特·J·鲍勒：《进化思想史》，田洺译，江西教育出版社 1999 年版。

82. ［英］齐格蒙特·鲍曼：《被围困的社会》，郇建立译，江苏人民出版社 2005 年版。

83. ［英］苏珊·斯特兰奇：《国家与市场》，杨宇光等译，上海人民出版社 2006 年版。

84. ［英］休·塞西尔：《保守主义》，杜汝楫译，商务印书馆 1986 年版。

85. ［英］亚当·斯密：《道德情操论》，蒋自强等译，商务印书馆 1997 年版。

86. ［英］亚当·斯密：《国富论》，唐日松等译，华夏出版社 2005 年版。

87. ［英］约翰·B.汤普森：《意识形态与现代文化》，高铦等译，译林出版社 2012 年版。

88. ［英］露丝·里斯特：《公民身份：女性主义的视角》，夏宏译，吉林出版集团有限责任公司 2010 年版。

89. 林毅夫：《关于制度变迁的经济学理论：诱致性变迁与强制性变迁》，载［美］R.科斯等：《财产权利与制度变迁——产权学派与新制度学派译文集》，刘守英等译，上海人民出版社 1994 年版。

90. 阎云翔：《私人生活的变革：一个中国村庄里的爱情、家庭与亲密关系（1949－1999）》，龚小夏译，上海书店出版社 2006 年版。

91. 北京大学哲学系外国哲学史教研室编译：《古希腊罗马哲学》，商务印书馆 1961 年版。

92. 北京大学哲学系外国哲学史教研室编译:《西方哲学原著选读》,商务印书馆 1981 年版。

93. 中共中央马克思恩格斯列宁斯大林著作编译局编译:《斯大林选集》(上),人民出版社 1979 年版。

94. 中共中央马克思恩格斯列宁斯大林著作编译局编译:《列宁选集》(第 4 卷),人民出版社 1996 年版。

95. 中共中央马克思恩格斯列宁斯大林著作编译局编译:《1844 年经济学哲学手稿》,人民出版社 2000 年版。

96. 中共中央马克思恩格斯列宁斯大林著作编译局编译:《列宁全集》(第 21 卷),人民出版社 1990 年版。

97. 中共中央马克思恩格斯列宁斯大林著作编译局编译:《马克思恩格斯全集》(第 1 卷),人民出版社 1956 年版。

98. 中共中央马克思恩格斯列宁斯大林著作编译局编译:《马克思恩格斯全集》(第 1 卷),人民出版社 1972 年版。

99. 中共中央马克思恩格斯列宁斯大林著作编译局编译:《马克思恩格斯全集》(第 3 卷),人民出版社 1960 年版。

100. 中共中央马克思恩格斯列宁斯大林著作编译局编译:《马克思恩格斯全集》(第 3 卷),人民出版社 1995 年版。

101. 中共中央马克思恩格斯列宁斯大林著作编译局编译:《马克思恩格斯文集》(第 3 卷),人民出版社 2009 年版。

102. 中共中央马克思恩格斯列宁斯大林著作编译局编译:《马克思恩格斯文集》(第 4 卷),人民出版社 2009 年版。

103. 中共中央马克思恩格斯列宁斯大林著作编译局编译:《马克思恩格斯选集》(第 2 卷),人民出版社 1972 年版。

(三) 外文著作

1. Abe, A. K. , "Changing Shape of the Care Diamond: the Case of Child and Elderly Care in Japan", *Child Care & Early Education Policies*, 2010.

2. Ascoli, U. &C. Ranci, *Dilemmas of the Welfare Mix*: *The New Structure of Welfare in an Era of Privatization*, Kluwer Academic/Plenum Publishers, 2002.

3. Fine, M. D. , *A Caring Society? Care and the Dilement of Human Services in the 21st Century*, Palgrave Macmillan, 2007, pp. 138.

4. Evans, P. B. , *Embedded Autonomy*: *States and Industrial Transformation*, Princeton University Press 1998.

5. Gough, I. , *The Political Economy of the Welfare State*, Macmillan, 1979.

6. Holliday, I., Wilding, P., *Welfare Capitalism in East Asia*: *Social Policy in the Tiger Economies*. Palgrave Macmillan, 2003.

7. Huck-Ju Kwon, *Transforming the Developmental Welfare State in East Asia*, AIAA, 2005.

8. Johnson, N., Mixed Economies of Welfare: A Comparative Perspective, Prentice Hall Europe, 1999.

9. Keating, N. et al., *Social Capital as a Public Policy Tool*, Policy Research Initiative, 2005.

10. Kettner, P. M., et al., *Designing and Managing Programs*: *An Effectiveness – Based Approach*, Sage Publications, 2008.

11. Lindblom, Charles E., *Politics and Markets*: *The World's Political-Economic Systems*, Basic Books, 1977.

12. Litwak, E., *Helping the Elderly*: *The Complementary Roles of Informal Networks and Formal Systems*, Guilford Press, 1985.

13. Macarov, D., *Social welfare*: *structure and practice*, SAGE Publications, 1995.

14. Manning, N., "Welfare, Ideology and Social Theory", in Baldock, J. et al (eds.), *Social Policy*, Oxford University Press, 1998.

15. Midgley, J., *Social Welfare in Global Context*, Sage, 1997.

16. Niskanen, W. A., *Bureaucracy and Representative Government*, Aldine-Atherton, 1971.

17. Parker, J., *Social Policy and Citizenship*, Macmillan, 1975.

18. Razavi, S., S. Staab, "The Social and Political Economy of Care: Contesting Gender and Class Inequalities", *EGM/ESOR/BP* 3, 2008.

19. Segal, E., *Social Welfare Policy and Social Programs*: *A Values Perspective*, Cengage Learning, 2010.

20. Stern, M. J., J. Axinn, *Social Welfare*: *A History of the American Response to Need*, Prentice Hall, 2011.

21. The Commission on Global Governance, *Our Global Neighborhood*: *The Report of the Commission on Global Governance*, Oxford University Press, 1995.

22. Titmuss, R. M., *Essays on the Welfare State*, Allen and Unwin, 1958.

23. Wilensky, H. L. & C. N. Lebeaux, *Industrial Society and Social Welfare*, Russel Sage Foundation, 1958.

24. Zucker L. G., "Organizations as Institutions", in Samuel B. Bacharach (ed.), *Research in the Sociology of Organizations*, JAI Press, 1983.

二、期刊中的文献

（一）中文期刊

1. 白贵一:《当代中国国家与社会关系的嬗变》,载《贵州社会科学》2011 年第 7 期。

2. 曹元坤：《从制度结构看创设式制度变迁与移植式制度变迁》，载《江海学刊》1997年第1期。

3. 曹正汉：《国家与社会关系的弹性：1978年以来的变化》，载《学术界》2018年第10期。

4. 曾毅、王正联：《中国家庭与老年人居住安排的变化》，载《中国人口科学》2004年第5期。

5. 陈静：《对老年社会福利供给中市场作用的探讨》，载《青海社会科学》2014年第6期。

6. 陈映芳：《社会生活正常化：历史转折中的"家庭化"》，载《社会学研究》2015年第5期。

7. 程启智、罗飞：《中国公办养老机构改革改制路径选择》，载《河北经贸大学学报》2016年第2期。

8. 董红亚：《我国社会养老服务体系的解析和重构》，载《社会科学》2012年第3期。

9. 董晓媛：《照顾提供、性别平等与公共政策——女性主义经济学的视角》，载《人口与发展》2009年第6期。

10. 杜鹏、李龙：《新时代中国人口老龄化长期趋势预测》，载《中国人民大学学报》2021年第1期。

11. 杜鹏：《北京市老年人居住方式的变化》，载《中国人口科学》1998年第2期。

12. 杜鹏主编：《人口老龄化与老龄问题——高级公务员读本》，中国人口出版社2006年版。

13. 杜亚军：《代际交换与养老制度》，载《人口研究》1989年第5期。

14. 段继红：《中国特色社会主义的人口规律和人口政策取向——基于全面二孩政策效果的分析》，载《当代经济研究》2021年第3期。

15. 费孝通：《家庭结构变动中的老年赡养问题——再论中国家庭结构的变动》，载《北京大学学报（哲学社会科学版）》1983年第3期。

16. 高月等：《性别不同导致人类寿命差异的机制研究进展》，载《生命科学》2018年第3期。

17. 顾大男：《老年人年龄界定和重新界定的思考》，载《中国人口科学》2000年第3期。

18. 顾昕：《公民社会发展的法团主义之道——能促型国家与国家和社会的相互增权》，载《浙江学刊》2004年第6期。

19. 郭康健：《儿子对老年父母的照顾：香港夹心代的境况与态度的启示》，载《暨南学报（哲学社会科学版）》2005年第4期。

20. 郭毅等：《新制度主义：理论评述及其对组织研究的贡献》，载《社会》2007年第1期。

21. 国务院发展研究中心企业研究所：《国有企业改制重组调查研究报告》，载《改革内参》2005 年第 17 期。

22. 何得桂、徐榕：《团结性吸纳：中国国家与社会关系的一种新解释》，载《中国农村观察》2021 年第 3 期。

23. 何俊志：《新制度主义政治学的流派划分与分析走向》，载《国外社会科学》2004 年第 2 期。

24. 胡鞍钢：《谈毛泽东赶超美国的强国之梦》，载《当代中国史研究》2011 年第 3 期。

25. 黄何明雄等：《老年父母家庭照顾中的性别研究概观——以香港的个案研究为例》，载《社会学研究》2003 年第 1 期。

26. 黄军甫：《国家自主性困境及对策——国家与社会关系的视角》，载《社会科学》2014 年第 12 期。

27. 黄俊辉、李放：《农村养老服务研究的现状与进展——基于 2001 - 2011 年的国内文献》，载《西北人口》2012 年第 6 期。

28. 黄启原等：《基于 CLHLS 的老年人社区养老服务需求及影响因素研究》，载《护理学杂志》2021 年第 3 期。

29. 江华等：《利益契合：转型期中国国家与社会关系的一个分析框架——以行业组织政策参与为案例》，载《社会学研究》2011 年第 3 期。

30. 江泽民：《全面建设小康社会，开创中国特色社会主义事业新局面——在中国共产党第十六次全国代表大会上的报告》，载《求是》2002 年第 22 期。

31. 姜义华：《中国传统家国共同体及其现代嬗变（上）》，载《河北学刊》2011 年第 2 期。

32. 蒋岳祥、斯雯：《老年人对社会照顾方式偏好的影响因素分析——以浙江省为例》，载《人口与经济》2006 年第 3 期。

33. 景天魁、毕天云：《从小福利迈向大福利：中国特色福利制度的新阶段》，载《理论前沿》2009 年第 11 期。

34. 景天魁：《论中国社会政策成长的阶段》，载《江淮论坛》2010 年第 4 期。

35. 景跃进：《"市民社会与中国现代化"学术讨论会述要》，载《中国社会科学季刊（香港）》1993 年第 5 期。

36. 康晓光、韩恒：《分类控制：当前中国大陆国家与社会关系研究》，载《开放时代》2008 年第 2 期。

37. ［荷］克雷斯·德·纽伯格等：《福利五边形和风险的社会化管理》，载《社会保险研究》2003 年第 12 期。

38. 孔祥来：《儒家养老制度的经济安排——基于思想史的视域》，载《贵州社会科学》2018 年第 8 期。

39. 李斌：《分化与特色：中国老年人的居住安排——对 692 位老人的调查》，载《中国人口科学》2010 年第 2 期。

40. 李春华、李建新：《居住安排变化对老年人死亡风险的影响》，载《人口学刊》2015
    年第 3 期。

41. 李汉林：《意识形态：人的社会化以及组织与制度变迁的过程——一种对文献的综述
    与思考》，载《河南社会科学》2007 年第 3 期。

42. 李易骏、古允文：《另一个福利世界？——东亚发展型福利体制初探》，载《台湾社会
    学刊》2003 年第 31 期。

43. 李迎生：《国家、市场与社会政策：中国社会政策发展历程的反思与前瞻》，载《社会
    科学》2012 年第 9 期。

44. 李迎生：《中国普惠型社会福利制度的模式选择》，载《中国人民大学学报》2014 年
    第 5 期。

45. 李宗华等：《老年人社区照顾的本土化实践及反思》，载《甘肃社会科学》2009 年第
    4 期。

46. 梁丽霞：《"照顾责任女性化"及其理论探讨》，载《妇女研究论丛》2011 年第 2 期。

47. 林卡：《东亚生产主义社会政策模式的产生和衰落》，载《江苏社会科学》2008 年第
    4 期。

48. 刘宝驹：《现代中国城市家庭结构变化研究》，载《社会学研究》2000 年第 6 期。

49. 刘红：《中国机构养老需求与供给分析》，载《人口与经济》2009 年第 4 期。

50. 刘继同：《人类需要理论与社会福利制度运行机制研究》，载《中共福建省委党校学
    报》2004 年第 8 期。

51. 刘继同：《中、日、韩健康照顾与社会福利制度结构性特征的比较研究》，载《学习与
    实践》2007 年第 6 期。

52. 刘莉：《中国老龄化成本的特征与风险防范体系构建》，载《浙江社会科学》2013 年
    第 12 期。

53. 刘少杰：《意识形态层次类型的生成及其变迁》，载《学术月刊》2011 年第 2 期。

54. 刘益梅：《公办养老机构的发展困境及其转制探析》，载《新疆大学学报（哲学·人文
    社会科学版）》2019 年第 1 期。

55. 刘紫春、汪红亮：《家国情怀的传承与重构》，载《江西社会科学》2015 年第 7 期。

56. 楼玮群、桂世勋：《上海高龄体弱老人家庭亲属照顾者的生活满意度：照顾资源的作
    用》，载《人口与发展》2012 年第 3 期。

57. 罗淳：《高龄化：老龄化的延续与演变》，载《中国人口科学》2002 年第 3 期。

58. 罗红光：《"家庭福利"文化与中国福利制度建设》，载《社会学研究》2013 年第
    3 期。

59. 骆莉：《关于东亚模式中国家与市场关系的思考》，载《暨南学报（哲学社会科学）》

1999 年第 3 期。

60. 吕立邦：《公共经济学视角下的养老保障问题研究》，载《四川行政学院学报》2018 年第 2 期。

61. 吕新萍：《院舍照顾还是社区照顾？——中国养老模式的可能取向探讨》，载《人口与经济》2005 年第 3 期。

62. 马德坤：《新中国成立以来社会组织治理的政策演变、成就与经验启示》，载《山东师范大学学报（人文社会科学版）》2020 年第 2 期。

63. 茆长宝、穆光宗：《国际视野下的中国人口少子化》，载《人口学刊》2018 年第 4 期。

64. 缪青：《社区养老照顾势在必行》，载《求是》2013 年第 7 期。

65. 徐祖荣：《城市社区照顾模式研究》，载《人口学刊》2008 年第 1 期。

66. 穆光中：《挑战孤独——空巢家庭》，河北人民出版社 2002 年版。

67. 穆光宗：《我国机构养老发展的困境与对策》，载《华中师范大学学报（人文社会科学版）》2012 年第 2 期。

68. 倪超等：《中国人口高龄化：危害、趋势及对策》，载《中国人力资源开发》2014 年第 20 期。

69. 潘锦棠：《经济转轨中的中国女性就业与社会保障》，载《管理世界》2002 年第 7 期。

70. 彭华民：《论需要为本的中国社会福利转型的目标定位》，载《南开学报（哲学社会科学版）》2010 年第 4 期。

71. 彭华民：《中国组合式普惠型社会福利制度的构建》，载《学术月刊》2011 年第 10 期。

72. 钱宁：《"社区照顾"的社会福利政策导向及其"以人为本"的价值取向》，载《思想战线》2004 年第 6 期。

73. 钱宁：《社区照顾与中国社会福利制度的改革》，载《中国青年政治学院学报》2002 年第 4 期。

74. 秦晖：《"大共同体本位"与传统中国社会（下）》，载《社会学研究》1999 年第 4 期。

75. 邱泽奇：《家庭主义价值共识与民营企业发展》，载《人民论坛》2011 年第 5 期。

76. 渠敬东等：《从总体支配到技术治理——基于中国 30 年改革经验的社会学分析》，载《中国社会科学》2009 年第 6 期。

77. 全国老龄工作委员会办公室编：《中国老龄统计汇编（1953－2009）》，华龄出版社 2011 年版。

78. 任强、唐启明：《中国老年人的居住安排与情感健康研究》，载《中国人口科学》2014 年第 4 期。

79. 盛洪：《论家庭主义》，载《新政治经济学评论》2008 年第 2 期。

80. 史柏年：《老人社区照顾的发展与策略》，载《中国青年政治学院学报》1997 年第

1 期。

81. 宋金文：《日本养老历史的社会现象学分析》，载《日本学刊》2004 年第 2 期。

82. 苏薇、郑钢：《家庭照料对照料者心理健康的影响》，载《心理科学进展》2007 年第 6 期。

83. 苏振芳：《我国民政福利事业的历史演变及其构建》，载《福建论坛（人文社会科学版）》2007 年第 4 期。

84. 孙立平等：《改革以来中国社会结构的变迁》，载《中国社会科学》1994 年第 2 期。

85. 谭深：《城市"单位保障"的形成及特点》，载《社会学研究》1991 年第 5 期。

86. 唐钧、刘蔚玮：《中国老龄化发展的进程和认识误区》，载《北京工业大学学报（社会科学版）》2018 年第 4 期。

87. 唐文玉：《行政吸纳服务——中国大陆国家与社会关系的一种新诠释》，载《公共管理学报》2010 年第 1 期。

88. 田雪原：《中国老年人口宏观——1987 年全国 60 岁以上老年人口抽样调查分析》，载《中国人口科学》1988 年第 5 期。

89. 王辉：《新时代养老服务工作的新设计》，载《中国民政》2020 年第 1 期。

90. 王金营：《中国计划生育政策的人口效果评估》，载《中国人口科学》2006 年第 5 期。

91. 王金元：《规范化与个别化：机构养老的艰难抉择》，载《社会科学家》2010 年第 12 期。

92. 王劲松等：《中国民营经济的产业结构演进——兼论民营经济与国有经济、外资经济的竞争关系》，载《管理世界》2005 年第 10 期。

93. 王来华、［美］瑟夫·施耐德约：《论老年人家庭照顾的类型和照顾中的家庭关系——一项对老年人家庭照顾的"实地调查"》，载《社会学研究》2000 年第 4 期。

94. 王莉莉：《中国城市地区机构养老服务业发展分析》，载《人口学刊》2014 年第 4 期。

95. 王宁：《代表性还是典型性？——个案的属性与个案研究方法的逻辑基础》，载《社会学研究》2002 年第 5 期。

96. 王绍光：《变化的政府作用》，载胡鞍钢、王绍光编：《政府与市场》，中国计划出版社 2000 年版。

97. 王绍光：《从经济政策到社会政策：中国公共政策格局的历史性转变》，载《中国公共政策评论》2007 年第 1 期。

98. 王绍光：《治理研究：正本清源》，载《开放时代》2018 年第 2 期。

99. 王思斌：《社会政策时代与政府社会政策能力建设》，载《中国社会科学》2004 年第 6 期。

100. 王思斌：《我国适度普惠型社会福利制度的建构》，载《北京大学学报（哲学社会科学版）》2009 年第 3 期。

101. 王亚敏：《新时期中国人口老龄化特征与趋势分析》，载《经济研究导刊》2013 年第 30 期。

102. 王跃生：《中国城乡老年人居住的家庭类型研究——基于第六次人口普查数据的分析》，载《中国人口科学》2014 年第 1 期。

103. 王震：《我国长期照护服务供给的现状、问题及建议》，载《中国医疗保险》2018 年第 9 期。

104. 王卓祺：《社会和谐与东亚福利》，载王卓祺编：《东亚国家和地区福利制度》，中国社会出版社 2011 年版。

105. 韦红、邢来顺：《浅论近代德国社会保险立法》，载《中南民族学院学报（哲学社会科学版）》1995 年第 1 期。

106. 邬沧萍：《重新审视中国人口"未富先老"的命题》，载《当代中国人口》2008 年第 1 期。

107. 吴建平：《理解法团主义——兼论其在中国国家与社会关系研究中的适用性》，载《社会学研究》2012 年第 1 期。

108. 吴小英：《"去家庭化"还是"家庭化"：家庭论争背后的"政治正确"》，载《河北学刊》2016 年第 5 期。

109. 吴玉韶：《健康、价值、尊严是长寿时代养老的新内涵》，载《中国社会工作》2020 年第 29 期。

110. 吴玉韶等：《中国养老机构发展研究》，载《老龄科学研究》2015，第 8 期。

111. 吴忠民：《从平均到公正：中国社会政策的演进》，载《社会学研究》2004 年第 1 期。

112. 熊跃根：《国家力量、社会结构与文化传统——中国、日本和韩国福利范式的理论探索与比较分析》，载《江苏社会科学》2007 年第 4 期。

113. 熊跃根：《经济不安全和全球化背景下变迁的中国福利体制：政策与实践》，载王卓祺主编：《东亚国家和地区福利制度：全球化、文化与政府角色》，中国社会出版社 2011 年版。

114. 徐道稳：《建国以来我国社会政策的价值转变》，载《中南林业科技大学学报（社会科学版）》2008 年第 2 期。

115. 徐诗举：《家庭养老的经济学思考》，载《北方经贸》2005 年第 6 期。

116. 徐延辉、林群：《福利制度运行机制：动力、风险及后果分析》，载《社会学研究》2003 年第 6 期。

117. 徐勇：《市民社会：现代政治文化的原生点》，载《天津社会科学》1993 年第 4 期。

118. 许爱花：《社会工作视阈下的机构养老服务》，载《江淮论坛》2010 年第 1 期。

119. 许纪霖：《现代中国的家国天下与自我认同》，载《复旦学报（社会科学版）》2015 年第 5 期。

120. 杨光锐：《死亡率和预期寿命的性别差异的生物学分析》，载《人口研究》1987 年第 5 期。

121. 杨菊华等：《新中国 70 年：人口老龄化发展趋势分析》，载《中国人口科学》2019 年第 4 期。

122. 杨善华、贺常梅：《责任伦理与城市居民的家庭养老——以"北京市老年人需求调查"为例》，载《北京大学学报（哲学社会科学版）》2004 年第 1 期。

123. 姚洋：《意识形态演变和制度变迁：以中国国有企业改制为例》，载《江海学刊》2008 年第 5 期。

124. 易文彬：《国际政治经济学视角下的国家与市场》，载《现代经济探讨》2011 年第 7 期。

125. 于潇：《公共机构养老发展分析》，载《人口学刊》2001 年第 6 期。

126. 余华等：《老年期痴呆患者家庭照顾者照顾体验的结构方程模型分析》，载《中国心理卫生杂志》2015 年第 5 期。

127. 俞可平：《社会主义市民社会：一个新的研究课题》，载《天津社会科学》1993 年第 4 期。

128. 郁建兴、关爽：《从社会管控到社会治理——当代中国国家与社会关系的新进展》，载《探索与争鸣》2014 年第 12 期。

129. 郁建兴、任婉梦：《德国社会组织的人才培养模式和经验》，载《中国社会组织》2013 年第 3 期。

130. 郁建兴、徐越倩：《从发展型政府到公共服务型政府——以浙江省为个案》，载《马克思主义与现实》2004 年第 5 期。

131. 郁建兴：《美国社会组织的人才培养模式和经验》，载《中国社会组织》2013 第 1 期。

132. 原新：《以少子化为特征的人口老龄化进程及其对家庭变迁的影响》，载《老龄科学研究》2013 年第 1 期。

133. 原新等：《追赶是中国老龄化社会演进的总特征》，载中国老龄协会编：《新时代积极应对人口老龄化高端研讨会论文集》，华龄出版社 2019 年版。

134. 岳经纶、张孟见：《社会政策视域下的国家与家庭关系：一项实证分析》，载《重庆社会科学》2019 年第 3 期。

135. 岳经纶：《建构"社会中国"：中国社会政策的发展与挑战》，载《探索与争鸣》2010 年第 10 期。

136. 臧乃康：《统治与治理：国家与社会关系的演进》，载《理论探讨》2003 年第 5 期。

137. 张鸿雁、殷京生：《当代中国城市社区社会结构变迁论》，载《东南大学学报（哲学社会科学版）》2000 年第 4 期。

138. 张荆红：《半依附：1949－1956 年中国政治发展的重要特征》，载《武汉大学学报

（哲学社会科学版）》2009 年第 1 期。

139. 张瑞玲：《城市老年人机构养老意愿研究——基于河南省 12 个地市的调查》，载《调研世界》2015 年第 12 期。

140. 张文娟、魏蒙：《城市老年人的机构养老意愿及影响因素研究——以北京市西城区为例》，载《人口与经济》2014 年第 6 期。

141. 张旭昆：《制度系统的结构分析》，载《数量经济技术经济研究》2002 年第 6 期。

142. 张云武：《少子化社会的来临——产生原因与机制》，载《中共杭州市委党校学报》2018 年第 2 期。

143. 张增芳：《老龄化背景下机构养老的供需矛盾及发展思路——基于西安市的数据分析》，载《西北大学学报（哲学社会科学版）》2012 年第 5 期。

144. 章英华、于若蓉：《家庭结构的持续与变迁——海峡两岸老年人居住安排的比较》，载《社会学研究》2014 年第 3 期。

145. 郑秉文、史寒冰：《试论东亚地区福利国家的"国家中心主义"特征》，载《中国社会科学院研究生院学报》2002 年第 2 期。

146. 周冰：《论体制的制度结构》，载《经济纵横》2013 年第 2 期。

147. 周沛：《社区照顾：社会转型过程中不可忽视的社区工作模式》，载《南京大学学报（哲学·人文科学·社会科学版）》2002 年第 5 期。

（二）外文期刊

1. Abel, E. K., "The Ambiguities of Social Support: Adult Daughters Caring for Frail Elderly Parents", *Journal of Aging Studies*, Vol. 3, No. 3, 1989.

2. Abel, E. K. "Informal Care for the Disabled Elderly: A critique of Recent Literature", *Research on Aging*, Vol. 12, No. 2, 1990.

3. Alderfer, C. P., "An Empirical Test of a New Theory of Human Needs", *Organizational Behavior and Human Performance*, Vol. 4, No. 2, 1969.

4. Andrews, K. T., Edwards B., "Advocacy organizations in the U. S. political process", *Annual Review of Sociology*, Vol. 30, No. 1, 2004.

5. Arrow, K. J., "Gifts and exchanges", *Philosophy and Public Affairs*, Vol. 1, No. 4, 1972.

6. Asmus-Szepesi, K. J. E. et al., "Formal and Informal Care Costs of Hospitalized Older People at Risk of Poor Functioning: A Prospective Cohort Study", *Archiver of Geronrology and Geriatrics*, Vol. 59, No. 2, 2014.

7. Bauer, J. M., A. Sousa-Poza, "Impacts of Informal Caregiving on Caregiver Employment, Health and Family", *Journal of Population Ageing*, Vol. 8, No. 3, 2015.

8. Berecki-Gisolf, J. et al., "Transitions into Informal Caregiving and out of Paid Employment of Women in their 50s", *Social Science & Medicine*, Vol. 67, No. 1, 2008.

9. Boersma, A. A. et al. , "Health status of shut–ins in the Marigot Health District, Common-wealth of Dominica", *West Indian Medical Journal*, Vol. 43, No. 3, 1994.

10. Boulton, J. , "Going on the Parish: The Parish Pension and its Meaning in the London Sub-urbs, 1640–1724", in T. Hitchcock, et al (eds.), *Chronicling Poverty The Voices and Strategies of the English Poor*, Macmillan, 1997.

11. Bradshaw, J. , "A Taxonomy of Social Need", in McLachlan, G. (ed.), *Problems and Progress in Medical Care*, Oxford University Press, 1972.

12. Brejning, J. , *Corporate Social Responsibility and the Welfare State: The Historical and Con-temporary Role of CSR in the Mixed Economy of Welfare*, Ashgate Publishing Limited, 2012.

13. Brinberg, D. , P. Castell, "A Resource Exchange Theory Approach to Interpersonal Interac-tions: A test of Foa's Theory", *Journal of Personality and Social Psychology*, Vol. 43, No. 2, 1982.

14. Bruijn, M. de. , "Coping with crisis in Sahelian Africa: Fulbe Agro–Pastoralists and Is-lam", *Focaal*, Vol. 22–23, No. 1, 1994.

15. Croissant A. , "Changing Welfare Regimes in East and Southeast Asia: Crisis, Change and Challenge", *Social Policy and Administration*, Vol. 38, No. 5, 2004.

16. Davey, A. et al. , "Parental Marital Transitions and Instrumental Assistance Between Genera-tions: A Within–Family Longitudinal Analysis", *Advances in Life Course Research*, Vol. 12, 2007.

17. Dean, H. , "Welfare rights and the 'workfare state' ", *Benefits: the Journal of Poverty and Social Justice*, Vol. 30, No. 2, 2001.

18. DiMaggio, P. J. , Powell, W. W. , "The Iron Cage Revisited: Institutional Isomorphism and Collective Rationality in Organizational Fields", *American Sociological Review*, Vol. 48, 1983.

19. Duckett, J. &B. Carrillo, "China's changing welfare mix: Introducing the local perspec-tive", in Duckett, J. & B. Carrillo (eds.), *China's Changing Welfare Mix: Local perspec-tives*, Routledge, 2011.

20. Eggebeen, D. J. &D. P. Hogan, "Giving between Generations in American Families", *Hu-man Nature*, Vol. 1, No. 2, 1990.

21. Evers, A. "Shifts in the Welfare Mix: Introducing a New Approach for the Study of Trans-formations in Welfare and Social Policy", in Evers, A. et al. (eds.), *Shifts in the Welfare Mix: Their Impact on Work, Social Services and Welfare Policies*, Campus Verlag, 1990.

22. Foster, K. W. , "Embedded within State Agencies: Business Associations in Yantai", *The China Journal*, No. 47, 2002.

23. Goldstein, S. M. , "China in Transition: The Political Foundations of Incremental Reform", *The China Quarterly*, Vol. 12, 1995.

24. Gouldner, A. W. , "The Norm Of Reciprocity: A Preliminary Statement", *American Sociological Review*, Vol. 25, No. 2, 1960.

25. Hajer, M. , "Policy without polity? Policy analysis and the institutional void", *Policy Sciences*, Vol. 36, No. 2, 2003.

26. Hamilton, W. D. , "The Evolution of Altruistic Behavior", *The American Naturalist*, Vol. 97, No. 896, 1963.

27. Hamilton, W. D. , "The Genetical Evolution of Social Behaviour. I", *Journal of Theoretical Biology*, Vol. 7, No. 1, 1964.

28. Hasenfeld, Y. , "Book Reviews on 'Helping the Elderly: The Complementary Roles of Informal Networks and Formal Systems' ", *Administrative Science Quarterly*, Vol. 32, No. 4, 1987.

29. He, B. G. , "The Limits of Semi-Civil Society", in He, B. G. (ed.), *The Democratic Implications of Civil Society in China*, Macmillan Press Ltd, 1997.

30. Holliday, I. , "Productivist Welfare Capitalism: Social Policy in East Asia", *Political Studies*, Vol. 48, No. 4, 2000.

31. Horowitz, A. , "Sons and Daughters as Caregivers to Older Parents: Differences in Role Performance and Consequences", *The Gerontologist*, Vol. 25, No. 6, 1985.

32. I-Fen Lin, Hsueh-Sheng Wu, "Intergenerational Exchange and Expected Support Among the Young-Old", *Journal of Marriage and Family*, Vol. 76, No. 2, 2014.

33. Jencks, S. F. et al. , "Rehospitalizations among patients in the Medicare fee-for-service program", *New England Journal of Medicine*, Vol. 360, No. 14, 2009.

34. Jenson, J. , D. Saint-Martin, "New Routes to Social Cohesion? Citizenship and the Social Investment State", *The Canadian Journal of sociology*, Vol. 28, No. 1, 2003.

35. Kaldor, N. , "Welfare Propositions of Economics and Interpersonal Comparisons of Utility", *The Economic Journal*, Vol. 49, No. 195, 1939.

36. Karasik, R. J. , K. Conway-Turner, "Role of Siblings in Adult Daughters' Anticipation of Caregiving", *Journal of Adult Development*, Vol. 2, No. 4, 1995.

37. Klaus, D. , "Why Do Adult Children Support Their Parents?", *Journal of Comparative Family Studies*, Vol. 40, No. 2, 2009.

38. Litwak, E. , H. J. Meyer, "A Balance Theory of Coordination Between Bureaucratic Organizations and Community Primary Groups", *Administrative Science Quarterly*, Vol. 11, No. 1, 1966.

39. Lottmann, R. et al. , "A German-Israeli Comparison of Informal and Formal Service Use A-mong Aged 75+", *Journal of Cross-Cultural Gerontology*, Vol. 28, No. 2, 2013.

40. March, J. G. , Olsen J. P. , "The New Institutionalism: Organizational Factors in Political Life", *The American Political Science Review*, Vol. 78, No. 3, 1984.

41. Marshall, T. H. , "Citizenship and Social Class", in Manza, J. & Sauder M. (eds.), *Inequality and Society: Social Science Perspectives on Social Stratification*, W. W. Norton and Co. , 2009.

42. McLaughlin, E. , C. Glendinning, "Paying for Care in Europe: Is There a Feminist Approach?" in Hantrais, L. , S. Mangen (eds.), *Family Policy and the Welfare of Women*, *Cross-National Research Group*, Loughborough University of Technology, 1994.

43. Munro, L. T. , "Risks, Needs and Rights: Compatible or Contradictory Bases for Social Protection", in Ahmad, M. M. (ed.), *Social Protection for the Poor and Poorest: Concepts, Policies and Politics*, Macmillan, 2008.

44. Nelson, G. M. , "Support for the Aged: Public and Private Responsibility", *Social Work*, Vol. 27, No. 2, 1982.

45. Newton, K. , "Social capital and democracy", *American Behavioral Scientist*, Vol. 40, No. 5, 1997.

46. Ochiai, E. "Care Diamonds and Welfare Regimes in East and South-East Asian Societies: Bridging Family and Welfare Sociology", *International Journal of Japanese Sociology*, Vol. 18, No. 1, 2009.

47. Paraponaris, A. , "Formal and Informal Care for Disabled Elderly Living in the Community: An Appraisal of French Care Composition and Costs", *The European Journal of Health Economics*, Vol. 13, No. 3, 2012.

48. Peng, I. , "The Political and Social Economy of Care: Republic of Korea Research Report 3", *UNRISD Programme on Gender and Development Paper*, No. 6, 2009.

49. Peters, B. G. , Pierre, J. , "Governance Without Government? Rethinking Public Administration", *Journal of Public Administration Research and Theory*, Vol. 8, No. 2, 1998.

50. Razavi, S. "The Political and Social Economy of Care in a Development Context Conceptual Issues, Research Questions and Policy Options", *UNRISD Programme on Gender and Development Paper* , No. 3, 2007.

51. Rose, R. , R. Shiratori "Introduction: Welfare in Society: Three Worlds or One?", in Rose, R. & R. Shiratori (eds.), *The Welfare State East and West*, Oxford University Press, 1986.

52. Rosenau, J. N. , "Governance, Order, and Change in World Politics", in Rosenau, J. N. ,

C. Ernst-Otto（eds），*Govereance without government：Order and Change in World Politics*，Cambridge University Press，1992.

53. Saks，K. et al.，"Quality of Life in Institutional Care"，in Marja，V. et al.（eds.），*Care-Related Quality of Life in Old Age：Concepts，Models and Empirical Findings*，Springer，2008.

54. Scharlach，A. E.，"Relieving feelings of strain among women with elderly mothers"，*Psychology and aging*，Vol. 2，No. 1，1987.

55. Schmitter，P. C. "Still the Century of Corporatism?"，*The Review of Politics*，Vol. 36，No. 1，1974.

56. Skocpol，T.，E. Amenta，"States and Social Policies"，*Annual Review of Sociology*，Vol. 12，1986.

57. Spitze，G. & R. Ward，"Gender，Marriage，and Expectations for Personal Care"，*Research on Aging*，Vol. 22，No. 5，2000.

58. Stone，R. et al.，"Caregivers of the Frail Elderly：A National Profile"，*The Gerontologist*，Vol. 27，No. 5，1987.

59. Trivers，R. L.，"The Evolution of Reciprocal Altruism"，*The Quarterly Review of Biology*，Vol. 46，No. 1，1971.

60. Unger，J.，Chan，Anita，"China，Corporatism，and the East Asian Model"，*The Australian Journal of Chinese Affairs*，Vol. 33，1995.

61. Wee，S. L. et al.，"Determinants of Use of Community-Based Long-Term Care Services"，*Journal of the American Geriatrics Society*，Vol. 62，No. 9，2014.

62. White，G.，"Prospects for Civil Society in China：A Case Study of Xiaoshan City"，*The Australian Journal of Chinese Affairs*，No. 29，1993.

63. Wolff，J. L. &B. J. Jacobs，"Chronic Illness Trends and the Challenges to Family Caregivers：Organizational and Health System Barriers"，in Joseph E. G. & L. K. Robert（eds.），*Family Caregiving in the New Normal*，Elsevier，2015.

64. Yee，J. L. &R. Schulz，"Gender Differences in Psychiatric Morbidity among Family Caregivers：A review and Analysis"，*The Gerontologist*，Vol. 40，No. 2，2000.

65. Zhou，X. G.，"Reply：Beyond the Debate and Toward Substantive Institutional Analysis"，*American Journal of Sociology*，Vol. 105，No. 4，2000.

（三）中译期刊

1. ［美］保罗·迪马久、沃尔特·鲍威尔：《铁的牢笼新探讨：组织领域的制度趋同性和集体理性》，载张永宏编：《组织社会学的新制度主义学派》，上海人民出版社 2007 年版。

2. ［美］西达·斯考克波：《找回国家——当前研究的战略分析》，载 ［美］彼得·埃文斯等编著:《找回国家》,方力维等译,生活·读书·新知三联书店 2009 年版。

3. [美] 罗格·古德曼、彭毅德:《东亚福利制度:巡走游学、适应性变革与国家建设》,载 [丹麦] 戈斯塔·埃斯平-安德森编:《转型中的福利国家——全球经济中的国家调整》,杨刚译,商务印书馆 2010 年版。

4. [美] 彼得·豪尔、罗斯玛丽·泰勒:《政治科学与三个新制度主义》,何俊智译,载《经济社会体制比较》2003 年第 5 期。

5. [美] 凯瑟琳·丝莲等:《比较政治学中的历史制度学派》,载《经济社会体制比较》2003 年第 5 期。

6. [美] V. W. 拉坦:《诱致性制度变迁理论》,载 [美] 科斯等编:《财产权利与制度变迁——产权学派与新制度学派译文集》,刘守英等译,上海人民出版社 1994 年版。

7. [英] 约翰·迈耶、布莱恩·罗恩:《制度化的组织:作为神话和仪式的正式结构》,载张永宏编:《组织社会学的新制度主义学派》,上海人民出版社 2007 年版。

8. [英] 约翰·斯图尔特:《历史情境中的福利混合经济》,载 [英] 马丁·鲍威尔主编:《理解福利混合经济》,钟晓慧译,北京大学出版社 2011 年版。

9. [英] 马丁·鲍威尔:《福利混合经济和福利社会分工》,载 [英] 马丁·鲍威尔主编:《理解福利混合经济》,钟晓慧译,北京大学出版社 2011 年版。

10. [英] 马克·德雷克福特:《私人福利》,载 [英] 马丁·鲍威尔主编:《理解福利混合经济》,钟晓慧译,北京大学出版社 2011 年版。

11. [英] 赫伯特·基奇尔特:《政党竞争和福利制度削减:政治家何时选择不受欢迎的政策?》,载 [英] 保罗·皮尔逊编:《福利制度的新政治学》,汪淳波、苗正民译,商务印书馆 2004 年版。

12. [日] 青木昌彦:《"沿着均衡点演进的制度变迁》,载 [法] 克劳德·梅纳尔主编:《制度、契约与组织:从新制度经济学角度的透视》,刘刚等译,经济科学出版社 2003 年版。

13. [法] 路易·阿尔都塞:《意识形态和意识形态国家机器》,李迅译,载《当代电影》1987 年第 3 期。

三. 学位论文

1. 郭佩:《日本老年照顾责任分担比例测算研究——基于照顾四边形的理论视角》,北京外国语大学 2014 年博士学位论文。

2. 林小莺:《阿尔兹海默氏症病患的家属照顾者情绪困扰调适研究》,华东师范大学 2006 年博士学位论文。

四、其他文献

1. 《〈中国城乡老年人口状况追踪调查〉研究报告(全文)》,载 https://wenku.baidu.com/view/de7b690af78a6529647d5384.html.

2. 《2000 年第五次全国人口普查主要数据公报（第 1 号）》，载 https://www.stats.gov.cn/sj/pcsj/rkpc/5rp/html/append21.htm.

3. 《2009 年国民经济和社会发展统计公报》，载 https://www.stats.gov.cn/xxgk/sjfb/tjgb2020/201310/t20131031_1768616.html.

4. 《2010 年第六次全国人口普查主要数据公报（第 1 号）》，载 https://www.stats.gov.cn/sj/tjgb/rkpcgb/qgrkpcgb/202302/t20230206_1901997.html.

5. 《2015 年全国 1% 人口抽样调查主要数据公报》，载 http://www.gov.cn/xinwen/2016-04/20/content_5066201.htm.

6. 《2019 年国民经济和社会发展统计公报》，载 https://www.stats.gov.cn/sj/zxfb/202302/t20230203_1900640.html.

7. 《第六次全国人口普查主要数据发布》，载 https://www.stats.gov.cn/sj/zxfb/202303/t202 30301_1919256.html.

8. 《第七次全国人口普查主要数据情况》，载 https://www.stats.gov.cn/xxgk/sjfb/zxfb2020/202105/t20210511_1817195.html.

9. 《国家统计局第六次人口普查数据》，载 http://www.stats.gov.cn/tjsj/pcsj/rkpc/6rp/indexch.htm.

10. 《国家统计局第五次人口普查数据》，载 http://www.stats.gov.cn/tjsj/pcsj/rkpc/5rp/index.htm.

11. 《吴玉韶：我国公办养老院占多数 高端养老机构可民办》，载 https://www.cncaprc.gov.cn/ldjhjly/23202.jhtml.

12. 《中国城乡老年人口追踪调查主要数据简报（2010 年）》，载 https://www.cncaprc.gov.cn/cs/193606.jhtml.

13. 《中国统计年鉴-2020》，载 https://www.stats.gov.cn/sj/ndsj/2020/indexch.htm.

14. 全国老龄工作委员会办公室事业发展部：《全国民办养老服务机构基本状况调查》，载 https://wenku.so.com/d/e89e8fc97603b0d819eb56fe7025656d.

15. 田晓航：《民办养老机构过半 我国养老服务体系内涵日益丰富》，载 https://www.rmzxw.com.cn/c/2019-11-19/2469079.shtml.

16. 《习近平在中共中央政治局第三十二次集体学习时强调，党委领导政府主导社会参与全民行动，推动老龄事业全面协调可持续发展》，载《人民日报》2016 年 5 月 29 日，第 001 版.